JN270169

The Social Security and Tax Number System

マイナンバー実務検定 公式テキスト

坂東利国 著
一般財団法人全日本情報学習振興協会 監修

日本能率協会マネジメントセンター

● はじめに ●

　現在では、マイナンバー制度の下で住民票を持つ全ての人に12ケタの数字（マイナンバー）と個人番号カード（ICカード）が配布され、活用に向けて大きく動き始めています。また、世界の主要国でも以前からなんらかの番号制度を採用しています。たとえば、アメリカの社会保障番号、スウェーデンの個人番号制度、ドイツの納税者番号制度、フランスの住民登録番号制度、韓国の住民登録制度などです。

　しかしながら、アメリカや韓国をはじめとする各国では、個人情報の管理面から様々な問題が発生しているのも事実です。日本ではこれらの問題点を踏まえて、慎重に安全管理を図っていく必要があると思われます。

　そして、政府はこの制度が「行政の効率化」「国民の利便性」「公平・公正な社会の実現」に役立つと説明していますが、様々な不安や批判が渦巻いているのも事実です。これは、政府の説明不足や国民総背番号制以来のアレルギーにも原因があると思われますが、根本的にはマイナンバー法に対する正しい理解が不足しており、それが誤解や曲解を生んでいると思われます。

　また、多くの人たちが懸念している特定個人情報漏えいのリスクが、本制度によって少なからず増大することは否めません。それは、実はマイナンバーに限らず、情報化により膨大な情報を便利に活用することができる半面、情報の漏えいリスクはその情報化を停止しない限り避けて通れないのが現実だからです。この様なリスクの低減を図るためには、国や行政機関が十分な予防措置を施して、国民一人一人が安全管理を常に意識していくことが大切です。

　本制度に関して言えば、まずは国民が制度の知識をしっかり身に付けること、そして安全管理措置をしっかり学んでいくことが極めて重要と言えます。

　これらのことから、マイナンバー実務検定は各級により次のとおり「制度、法とガイドライン」に対する理解の向上を目指しています。

- 3級では、日常生活におけるマイナンバー制度の仕組みや利点、マイナンバー法や個人情報を理解し、同時に、どのように情報を護っていくかということを中心に学んでいただきたいと思います。
- 2級では、企業や団体で実務において、マイナンバーを適法に取扱うための注意点、ガイドラインで示された内容を十分に理解していただきたいと思います。
- 1級では、従業員の教育や指導にあたる方々が、従業員が法を守り、安全管理措置を適切に講じているかを監督することができるよう、より高度な法と安全管理についての理解が求められます。

本書とマイナンバー実務検定が、本制度に対する不安を払拭し、制度と法の理解と円滑な利用のために役立てば幸いです。

2015年10月

一般財団法人 全日本情報学習振興協会

マイナンバー実務検定—試験概要

マイナンバー実務検定の実施級と、対象者レベル

- **実務検定1級** ◀ 企業・官公庁の実務者レベル
- **実務検定2級** ◀ 企業・官公庁の管理・指導者レベル
- **実務検定3級** ◀ 業務に直接携わらない一般社会人レベル

試験日程	年4回（5月・8月・11月・2月）
試験会場（予定）	札幌・仙台・福島・埼玉・千葉・東京・横浜・静岡・浜松・名古屋・岐阜・津・京都・大阪・神戸・岡山・山口・福岡・鹿児島・沖縄
試験形態	マークシート方式
制限時間	1級：120分／2級：90分／3級：60分
試験時間	1級：10時00分～12時15分／2級：14時00分～15時45分／3級：10時00分～11時15分
問題数	1級：80問／2級：60問／3級：50問
合格点	1級・2級：80％以上／3級：70％以上
受験料（税抜）	1級：10,000円／2級：8,000円／3級：6,000円

※1級と2級、3級と2級、で併願が可能です。（何級からでも受験できます。）
※同日開催の当協会の試験（情報セキュリティ管理士認定試験など）と2級での併願も可能です。
※2015年9月現在の情報です。最新の情報はHPでご確認下さい。

●お問合せ先●

一般財団法人　全日本情報学習振興協会

東京都千代田区三崎町3-7-12 清話会ビル5階　TEL 03-5276-0030　FAX 03-5276-0551
http://www.joho-gakushu.or.jp/

実務検定1級・2級　出題範囲

1級・2級	番号法の背景・概要	番号法成立の経緯・背景、番号法の成立と施行
		番号法のメリット、今後の課題・留意点など
	第1章（総則）	法の目的（1条）
		定義（2条）
		個人番号、個人番号カード、個人情報、特定個人情報、個人情報ファイル、特定個人情報ファイル、本人、行政機関、個人番号利用事務、情報提供ネットワークシステム、法人番号、など
		基本理念（3条）
		国の責務（4条）
		地方公共団体の責務（5条）
		事業者の努力（6条）
	第2章（個人番号）	個人番号の指定及び通知（7条）
		個人番号とすべき番号の生成（8条）
		個人番号の利用範囲（9条）
		再委託（10条）
		委託先の監督（11条）
		個人番号利用事務実施者等の責務（12条・13条）
		個人番号の提供の要求（14条）
		個人番号の提供の求めの制限（15条）
		個人番号の本人確認の措置（16条）
	第3章（個人番号カード）	個人番号カードの交付等（17条）
		個人番号カードの利用（18条）
	第4章 第1節（特定個人情報の提供の制限等）	特定個人情報の提供の制限（19条）
		特定個人情報の収集等の制限（20条）
	第4章 第2節（情報提供ネットワークシステムによる特定個人情報の提供）	情報提供ネットワークシステム（21条）
		情報提供ネットワークシステムによる特定個人情報の提供（22条）
		情報提供ネットワークシステムにおける情報提供等の記録（23条）
		情報提供ネットワークシステムにおける秘密の管理（24条）
		情報提供ネットワークシステムにおける秘密保持義務（25条）
	第5章（特定個人情報の保護）	特定個人情報ファイルを保有しようとする者に対する指針（26条）
		特定個人情報保護評価（27条）
		特定個人情報ファイルの作成の制限（28条）
		行政機関個人情報保護法等の特例（29条）
		情報提供等の記録についての特例（30条）
		地方公共団体等が保有する特定個人情報の保護（31条）
		個人情報取扱事業者でない個人番号取扱事業者が保有する特定個人情報の保護（32条〜35条）

	第6章 （個人情報 保護委員会）	個人情報保護委員会の組織（36条～49条）
		個人情報保護委員会の業務（50条～56条）
		個人情報保護委員会規則（57条）
	第7章（法人番号）	法人番号（58条～61条）
	第8章（雑則）	雑則（62条～66条）
	第9章（罰則）	罰則（67条～77条）
	附則	附則
	特定個人情報の適正な取扱いに関するガイドライン	条文に関連する箇所が出題範囲となります。
	関連法令等 ※番号法に関連する箇所、基本的な部分が出題範囲となります。	施行令、施行規則、行政機関個人情報保護法、個人情報保護法、特定個人情報保護評価に関する規則、特定個人情報保護評価指針、住民基本台帳法、行政手続等における情報通信の技術の利用に関する法律（行政手続IT利用法）、地方公共団体情報システム機構法など

実務検定3級　出題範囲

3級	番号法成立の経緯・背景	番号法成立の経緯・背景
		番号法の成立と施行
		番号法の今後の課題や留意点
	番号法の概要	番号制度の仕組み
		個人番号・法人番号に対する保護
	個人と番号法	個人番号の通知（通知カード）、個人番号カード
		情報ネットワークシステム、マイナポータル
		個人番号を利用する場面や取扱いの際の遵守事項など
	民間企業と番号法	民間企業にとっての番号法
		個人番号や法人番号を利用する場面や取扱いの際の遵守事項など
	地方公共団体・行政機関・独立行政法人等と番号法	地方公共団体・行政機関・独立行政法人等にとっての番号法
		個人番号や法人番号を利用する場面や取扱いの際の遵守事項など
		特定個人情報について
	番号法のこれから	番号法制度の活用と今後の展開
	罰則	罰則
	特定個人情報の適正な取扱いに関するガイドライン	条文に関連する箇所が出題範囲となります。
	関連法令等	施行令、施行規則、個人情報保護法など、番号法に関連する箇所、基本的な部分が出題範囲となります。

※2015年9月現在の情報です。最新の情報はHPでご確認ください。

| はじめに | 3 |
| 試験概要 | 5 |

第1編 番号法総論

第1章 総論 … 11
- 第1節 社会保障・税番号制度（マイナンバー制度）とは … 12
- 第2節 個人番号（マイナンバー） … 31
- 第3節 通知カードと個人番号カード … 33
- 第4節 民間事業者が個人番号を扱う場面 … 35
- 第5節 個人番号の規制 … 38
- 第6節 個人情報保護委員会による監視・監督とマイナポータルによる監視 … 40
- 第7節 個人情報の分散管理 … 42
- 第8節 法人番号 … 43
- 過去問にチャレンジ … 44

第2編 番号法の構成と理解

第1章 総則・個人番号・個人番号カード … 47
- 第1節 番号法の構成 … 48
- 第2節 番号法の目的と基本理念（番号法1条・3条） … 53
- 第3節 用語の定義（番号法2条） … 58
- 第4節 個人番号の指定・通知等、個人番号カード … 72
- 過去問にチャレンジ … 78

第2章 特定個人情報等の保護措置 … 81
- 第1節 総論 … 82
- 第2節 利用範囲の制限 … 83
- 第3節 取扱いの制限・規制 … 96

第4節	委託の規制 ……………………………………… 144
第5節	安全管理措置 …………………………………… 153
第6節	個人情報保護法制（一般法）の規定の適用 …………… 170

過去問にチャレンジ ……………………………………… 182

第3章 情報提供ネットワークシステムによる特定個人情報の提供 …………………… 191

第1節	情報提供ネットワークシステム（番号法21条）……… 192
第2節	特定個人情報の提供（番号法22条）………………… 194
第3節	情報提供等の記録（番号法23条）…………………… 195
第4節	秘密の管理（番号法24条）及び秘密保存義務（番号法25条） ………………………………………………… 197

過去問にチャレンジ ……………………………………… 198

第4章 特定個人情報保護評価 …………………… 201

| 第1節 | 概要と特定個人情報保護評価指針 …………………… 202 |
| 第2節 | 特定個人情報保護評価の実施（番号法27条）………… 204 |

過去問にチャレンジ ……………………………………… 206

第5章 行政機関個人情報保護法等の特例等 ……… 209

第1節	総論 ……………………………………………… 210
第2節	行政機関個人情報保護法等の特例（29条）…………… 212
第3節	情報提供等の記録についての特則（番号法30条）…… 220
第4節	地方公共団体等が保有する特定個人情報の保護（番号法31条） ………………………………………………… 221
第5節	個人情報取扱事業者でない個人番号取扱事業者が保有する特定個人情報の保護（番号法32条～35条）………… 222

過去問にチャレンジ ……………………………………… 226

第6章 個人情報保護委員会 …… 227
- 第1節　注意 …… 228
- 第2節　総論 …… 229
- 第3節　組織 …… 230
- 第4節　業務 …… 232
- 過去問にチャレンジ …… 235

第7章 法人番号 …… 237
- 第1節　概要 …… 238
- 第2節　個人番号との比較 …… 241
- 過去問にチャレンジ …… 242

第8章 罰則 …… 245
- 第1節　注意 …… 246
- 第2節　総論 …… 247
- 第3節　罰則の内容 …… 248
- 第4節　国外犯・両罰規定 …… 250
- 過去問にチャレンジ …… 251

第9章 附則 …… 253
- 第1節　施行期日（附則1条） …… 254
- 第2節　マイナポータル（附則6条5項・6項） …… 256
- 過去問にチャレンジ …… 257

凡例 …… 258
著者プロフィール …… 260

※本書の内容は発行時における情報にもとづいて掲載しています。

第1編　番号法総論

第1章

総論

第1節　社会保障・税番号制度(マイナンバー制度)とは
第2節　個人番号(マイナンバー)
第3節　通知カードと個人番号カード
第4節　民間事業者が個人番号を扱う場面
第5節　個人番号の規制
第6節　個人情報保護委員会による監視・監督とマイナポータルによる監視
第7節　個人情報の分散管理
第8節　法人番号
過去問にチャレンジ

第 1 節

社会保障・税番号制度（マイナンバー制度）とは

1　番号法（マイナンバー法）の成立

　2013年（平成25年）5月、「行政手続における特定の個人を識別するための番号の利用等に関する法律」（平成25年5月31日法律第27号）が公布されました。同法はマイナンバー法、番号法などと呼ばれ、社会保障・税番号制度（以下マイナンバー制度）の根拠となる法律です。

　マイナンバー制度では、個人番号（マイナンバー）が各種の個人情報と連携され、行政の効率化などが期待されます。その反面、個人番号が不当に利用されて各種の個人情報と連携され漏えいしてしまうと、プライバシー等の個人の権利利益が大きく侵害されてしまう危険があります。

　このため、番号法では、個人番号の取扱いについて種々の規制が設けられ、不正な取得行為等に対する罰則も定められています。

2　マイナンバー制度の概要

　マイナンバー制度とは、住民票を有する全員に、「**1人1番号**」、「**生涯不変**」の個人番号を割り当てて、個人番号を「キー」として、複数の機関が管理している個人の情報が同一人の情報であることの確認を行えるようにするための社会基盤（インフラ）です。

　これまで、行政機関・地方公共団体などは、手作業による事務・書類審査が多く、また、機関同士の情報連携も不足していました。このため、事務の手間や作業の無駄、入力ミスや人違い等の事故の可能性がありました。また、情報連携の不足から、生活保護などの社会保障給付について、本来給付を受けることができないにもかかわらず不正に給付を受ける者がいるという状況も発生していました。

　そこで、1人1番号である個人番号と各種の個人情報を紐付けることで、情報の検索・抽出等を容易にするとともに入力ミスや人違い等の事故を防

1.1 社会保障・税番号制度（マイナンバー制度）とは

図1-1 番号制度導入によるメリット －導入前－

住民 / **行政**

負担①
各種手当の申請時、関係各機関を回って、添付書類を揃える。
・住民票関係情報（市町村長）
・地方税関係除法（市町村長）
・障害者関係情報（都道府県知事）
・医療保険給付関係情報（医療保険者）
・年金給付関係情報（公的年金給付の支給者）

負担②
本来給付を受けることができるが未受給となっている者がいる一方で、本来給付を受けることができないにもかかわらず不正に給付を受けている者がいる状況が発生。

負担③
① 確認作業等に係る業務に多大なコスト
② 業務間の連携が希薄で、重複して作業を行うなど、無駄な経費が多い。

「住民」と「行政」の両者にとって過重な負担

出典：「社会保障・税番号制度概要資料　平成26年10月版」（内閣官房社会保障改革担当室・内閣府大臣官房番号制度担当室）を元に作成

図1-2 番号制度導入によるメリット －導入後－

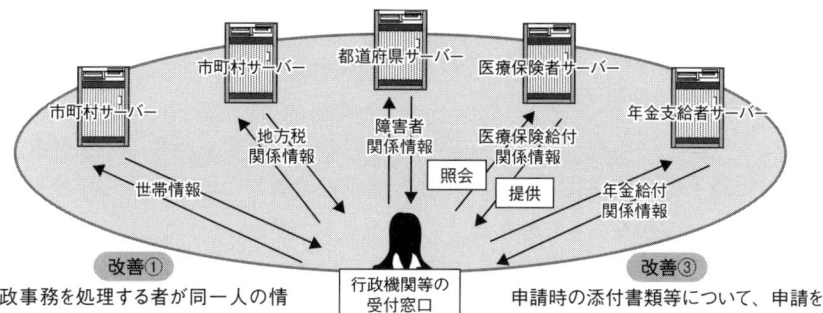

市町村サーバー / 市町村サーバー / 都道府県サーバー / 医療保険者サーバー / 年金支給者サーバー
世帯情報 / 地方税関係情報 / 障害者関係情報 / 医療保険給付関係情報 / 年金給付関係情報
照会 / 提供
行政機関等の受付窓口
申請書

改善①
行政事務を処理する者が同一人の情報であるということの確認を行うことができ、当該個人情報の照会・提供を行うことが可能となる。

改善②
機関や業務の連携が行われることで、より正確な情報を得ることが可能となり、真に手を差し伸べるべき者に対しての、よりきめ細やかな支援が期待される。

改善③
申請時の添付書類等について、申請を受けた行政機関等が、関係各機関に照会を行うことで取得することが可能となるため、窓口で提出する書類が簡素化される。

出典：「社会保障・税番号制度概要資料　平成26年10月版」（内閣官房社会保障改革担当室・内閣府大臣官房番号制度担当室）を元に作成

ぎ、更に「情報提供ネットワークシステム」を導入して行政機関や地方公共団体等の間で情報連携ができるようにすることで、上記の課題を克服しようというのが、マイナンバー制度です。

マイナンバー制度が実現しようとしているものは、①**行政の効率化**、②**公平・公正な社会の実現**、そして③**国民の利便性の向上**です。

---

① **行政の効率化**
　国や地方公共団体などで、情報の照合、転記、入力などに要している時間や労力が大幅に削減される。
　複数の業務の間での連携が進み、作業の重複などの無駄が削減され、手続が正確でスムーズになる。

---

② **公平・公正な社会の実現**
　所得や他の行政サービスの受給状況を把握しやすくし、税や社会保障の負担を不当に免れることや不正受給を防止するとともに、本当に困っている人にきめ細かな支援を行う。

---

③ **国民の利便性の向上**
　社会保障・税関係の申請時に課税証明書などの添付書類が削減されるなど、行政手続が簡素化される。自分の情報の確認や行政サービス等のお知らせを受けられるようにもなる。

図1-3 マイナンバー制度のイメージ

- 市町村
- 健康保険組合
- 日本年金機構
- ハローワーク
- 税務署

A 行政の効率化

B 所得や他の行政サービスの受給状況を把握できる

- マイナンバー 福祉情報／所得情報／住基情報 — 符号
- マイナンバー 保険情報 — 符号
- マイナンバー 年金情報 — 符号
- マイナンバー 雇用保険情報 — 符号
- マイナンバー 税情報 — 符号

情報提供ネットワークシステム

マイナポータル
- アクセスログの確認
- 特定個人情報の確認
- お知らせ
- 各種手続

インターネット

行政機関等の受付窓口

C 申請書類の簡素化

D 自分の情報を確認

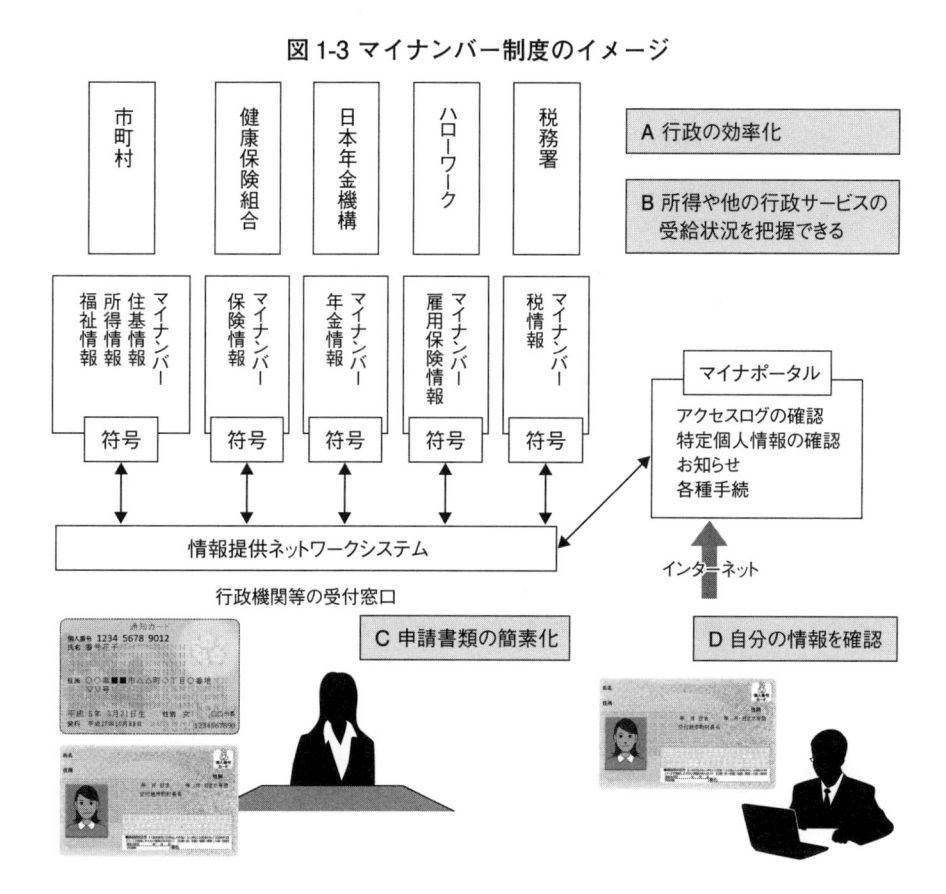

【図1-3の説明】

　各機関が保有している個人情報（市町村であれば福祉情報・所得情報・住基情報等）と個人番号を紐づけて情報の検索・抽出等を容易にすることで、効率的で正確な行政運営【① **A. 行政の効率化**】が期待できる。また、情報提供ネットワークシステムによる情報連携により、【B. 所得や他の行政サービスの受給状況を把握できる】ようにして、税や社会保障の負担を不当に免れることや不正受給を防止する（② **公平・公正な社会の実現**）。更に、住民にとっても、【C. 申請書類の簡素化】や、マイナポータル（情報提供等記録開示システム）の利用等による【D. 自分の情報の確認】などの利益を享受できる（③ **国民の利便性向上**）。

3　制定の経緯

わが国では、マイナンバー制度が導入される以前から、番号制度の導入が試みられてきました。

(1) 国民総背番号制度

1968年(昭和43年)に、佐藤内閣が「各省庁統一個人コード連絡研究会議」を設置。行政機関の業務の無駄と国民へのサービスを向上することを目的として、各省庁が統一の個人コードを利用する番号制度の導入を検討しました。しかし、このいわゆる「国民総背番号制度」は、管理社会につながるのではないかといった危惧などから反対意見が多く、頓挫しました。

(2) 納税者番号制度

その後は、政府税調による納税者番号制度の検討が中心となりました。

「昭和54年度の税制改正に関する答申」で納税者番号制度の導入を検討すべきとの意見が記載されたことに始まります。納税者番号制度の検討は進められ、納税者番号をキーとした所得の名寄せを可能にすることにより、個人の所得の捕捉状況を改善するとともに、税務行政の高度情報化を推進し、行政効率の向上を図ることを目的とした番号制度が提唱されました(「政府税制調査会納税者番号等検討小委員会報告(昭和63年)」)。

1980年(昭和55年)には、納税者番号制度に類似するグリーン・カード制度(少額貯蓄等利用者カード)を導入する所得税法の改正が行われましたが、制度実施への反対が強くなり、1985年(昭和60年)には改正法が廃止されて制度の導入は失敗に終わりました。

その後も、政府税調は、毎年のように答申において納税者番号制度の必要性について言及しましたが、実現しませんでした。

(3) 住民基本台帳ネットワークシステム

税番号制度とは別の流れとして、住民基本台帳ネットワークシステムがあります。

住民基本台帳ネットワークシステム（住基ネット）は、市町村が個別に保有する住民基本台帳をネットワーク化し、全国共通の本人確認ができるようにするシステムです。

1994年（平成6年）より自治省（現総務省）を中心に検討が進められ、1998年（平成10年）には住基ネットを導入する住民基本台帳法の改正法案が国会に提出され、翌1999年（平成11年）に改正法が成立しました。

2002年（平成14年）8月から住基ネットが稼働し、住民への住民票コードの通知等が始まり、2003年（平成15年）8月から住民基本台帳カード（住基カード）の希望者への交付が始まるとともに住基ネットが本格的に運用されています。

住基カードは、写真と基本4情報（氏名・住所・生年月日・性別）等が記載され、ICチップが埋め込まれています。住基カードは公的な身分証明書として利用することができ、インターネットを使った電子申請での本人確認に使えるほか、市町村が行う独自のサービスが受けられるなど、マイナンバー制度における個人番号カードに類似した機能をもっています。

しかし、2014年3月末時点での住基カードの累計交付枚数が約834万枚（普及率は5％程度）にとどまるなど、住基ネットの利用・普及が進みませんでした。その理由としては、国民・住民の利便性を高めるという視点が不十分であった、国民・住民の個人情報保護に対する意識の高まりへの対応が遅れたことなどが指摘されています。

なお、住基ネットの導入については、個人情報保護の観点からの反対が強く、これを直接の契機として、個人情報保護法制が整備されました。すなわち、住民基本台帳法の改正にあたり、自由民主党、自由党及び公明党の3党間で民間部門をも対象とした個人情報保護に関する法整備が約束され、2003年（平成15年）に、民間部門を対象とした「個人情報の保護に関する法律」（個人情報保護法）が成立しています。同法と同時に、行政機関個人情報保護法（1988年に成立していた「行政機関の保有する電子計算機処理に係る個人情報の保護に関する法律」を全面改正）と独立行政法人等個人情報保護法も成立しています。

(4) マイナンバー制度導入の動き

　近年のわが国は、少子高齢化の進行による高齢者の増加、労働人口減少が続き、「格差社会」という言葉に象徴される所得格差や低所得者層の増加といった問題への不安も高まっています。このため、従来以上に、社会保障と税を一体としてとらえ、正確な所得等の情報に基づいて適切に所得の再分配を実施し、国民が社会保障給付を適切に受ける権利を守る必要に迫られています。そのためには、複数の機関に存在する個人の情報が同一人の情報であるということの確認（名寄せ）が必要ですが、わが国には名寄せのための基盤が存在しないという問題がありました。

　そこで、番号を用いて所得等の情報の把握と所得情報の社会保障や税への活用を効率的に行い、情報通信技術を活用することで効率的かつ安全に情報連携を行える仕組みとしての番号制度を整備する必要性が指摘されるようになりました。それまでの番号制度が税の捕捉といった面から議論されたのに対し、このころから、「給付のための番号として制度設計すべきである」、「公平性・透明性を確保し、もって本当に困っている人を助ける社会インフラとしてのメリットが国民に感じられるものとして設計されなければならない」といった視点が強調されるようになりました。これは、税番号制度導入の試みがことごとく失敗したことや、住基ネットの利用が進まなかったことに対する反省でもありました。

　2009年（平成21年）12月、平成22年度税制改正大綱で「社会保障制度と税制を一体化し、真に手を差し伸べるべき人に対する社会保障を充実させるとともに、社会保障制度の効率化を進めるため、また所得税の公正性を担保するために、正しい所得把握体制の環境整備が必要不可欠です。そのために社会保障・税共通の番号制度の導入を進めます。」と、マイナンバー制度の原型についての言及がなされました。

　これ以降、マイナンバー制度導入の動きが活発化し、政府の「社会保障・税に関わる番号制度に関する検討会」や「社会保障・税に関わる番号制度に関する実務検討会」などで検討が進められました。

（5）検討過程

検討過程においては、①番号制度を活用して情報を連携させる範囲をどうするか、②「番号」に何を使うか、③番号やデータベースの管理方式をどうするか、④付番機関、⑤個人情報保護の方策などが論点となりました。

① 番号制度を活用して情報を連携させる範囲

わが国の番号制度に先立ち、各国が様々な態様の番号制度を導入しています（図1-4参照）。

検討においては、A案ドイツ型（税務分野のみ）、B案アメリカ型（税務分野＋社会保障分野）及びC案スウェーデン型（幅広い行政分野で利用）が比較されました（図1-5参照）。A案は税務分野のみの利用のため活用される情報は主に所得等の情報に限られるのに対し、B案では更に世帯状況等や健康状態に関する情報も活用され、C案になると更に行政サービスに必要な多様な情報も活用されることになります。

社会保障制度と税制を一体化し、真に手を差し伸べるべき人に対する社会保障を充実させるとともに、社会保障制度の効率化を進めるため、また所得税の公正性を担保するために番号制度を導入しようというわが国としては、C案を目指すべきなのですが、反面で、利用範囲を拡げるに連れて扱う情報も増え、プライバシー保護の必要性も高まります。

そこで、わが国の番号制度は、必要最小限の範囲で始めて、その検証をしつつ、国民の意見を聞いた上で、幅広い範囲への拡大をすることになりました。すなわち、C案を視野に入れつつ、まずはB案から始めるという方向で検討が進められました。

なお、わが国の番号制度は、社会保障と税の一体改革のなかで導入された経緯があり、社会保障と税の分野での利用が想定されてきましたが、制度検討中の2011年（平成23年）3月に発生した東日本大震災を経て、災害対策の分野も利用分野に追加されました。

図1-4 主要各国の番号制度

	ドイツ	アメリカ	スウェーデン	オーストリア
制度の名称	納税者番号制度	社会保障番号制度	個人番号制度	中央住民登録制度
番号の構成	11桁の番号（無作為）	9桁の数字（地域、発行グループ、シリアル番号）	10桁の数字（生年月日、生誕番号、チェック番号）	12桁の数字（無作為）
付番対象	全ての居住者（外国からの移住者も）	・国民 ・労働許可を持つ在留外国人（本人からの任意の申請に基づき発行）	・国民 ・1年を超える長期滞在者	・オーストリアで出生した国民 ・国内に居住地を得た外国人 ※国外に居住する国民、一時的な外国人居住者は補助登録簿番号で管理
身分証明書（カード等）	eIDカード（ICカード）（納税者番号の記載なし）	社会保障番号証（紙製）	なし（18歳以上の本人が希望すれば国民IDカードが取得可能）	市民カード（ICカード等の物理的媒体ではなく考え方。要件を充たせば保険証カードや携帯電話も可）
利用範囲	税務	年金、医療、その他社会扶助、行政サービス全般の本人確認など	年金、医療、税務、その他行政全般、行政サービス全般の本人確認など	年金、医療、税務など、計26の業務分野で情報連携
民間利用	禁止（税務で必要な用途は可能）	制限なし	制限なし	本人同意があれば民間分野番号を生成して利用可能

1.1 社会保障・税番号制度（マイナンバー制度）とは

フランス	デンマーク	韓国	シンガポール
住民登録番号制度	国民登録制度	住民登録制度	国民登録制度
15桁の数字 （性別、出生年・月、出生県番号、出生自治体番号、証明書番号、チェック番号）	10桁の数字 （生年月日、無作為な数字 （出生世紀、性別））	13桁の数字 （生年月日、性別、申告地番号、届出順番号、チェック番号）	13桁の番号 （2つのアルファベットと7桁の数字） （発行世紀、出生年、シリアル番号、チェック番号）
・フランスで出生した全ての人 ・フランスの社会保障制度利用者	・デンマークで国民登録する者（既に国民登録している母親のもとデンマークで出生した者、電子教会登録簿に出生又は洗礼登録した者、国内に3ヶ月以上合法的に居住する者） ・労働市場補助年金基金に含まれる者、など	・韓国に居住する国民 （17歳到達時に住民登録証の発給申請義務あり） ※韓国に90日以上居住する外国人には外国人登録番号、在外国民及び在外同胞には国内居住申告番号を付与	・国民 ・永住権所有者 ・就労許可を受けた在留外国人
ヴィタルカード （ICチップ搭載の保険証）	なし （2010年、紙製IDカード廃止。国民健康IDカード、運転免許証、パスポートに国民登録番号が記載）	住民登録番号証 （17歳以上は常時携帯。現在ICカードへの移行を計画中）	国民登録番号証 （プラスチック製）
年金、医療、税務、その他（選挙票の交付）など	年金、医療、税務の他、市民生活で必要となる行政サービス	電子政府ログインID、年金、医療、税務など	電子政府ログインID、強制積立貯蓄制度、税務など
許可が必要 （一部を除き殆ど不可）	制限なし	制限なし	制限なし

出典：「社会保障・税番号制度」（番号制度創設推進本部）を元に作成

第1章　総論

図1-5　番号制度の利用範囲

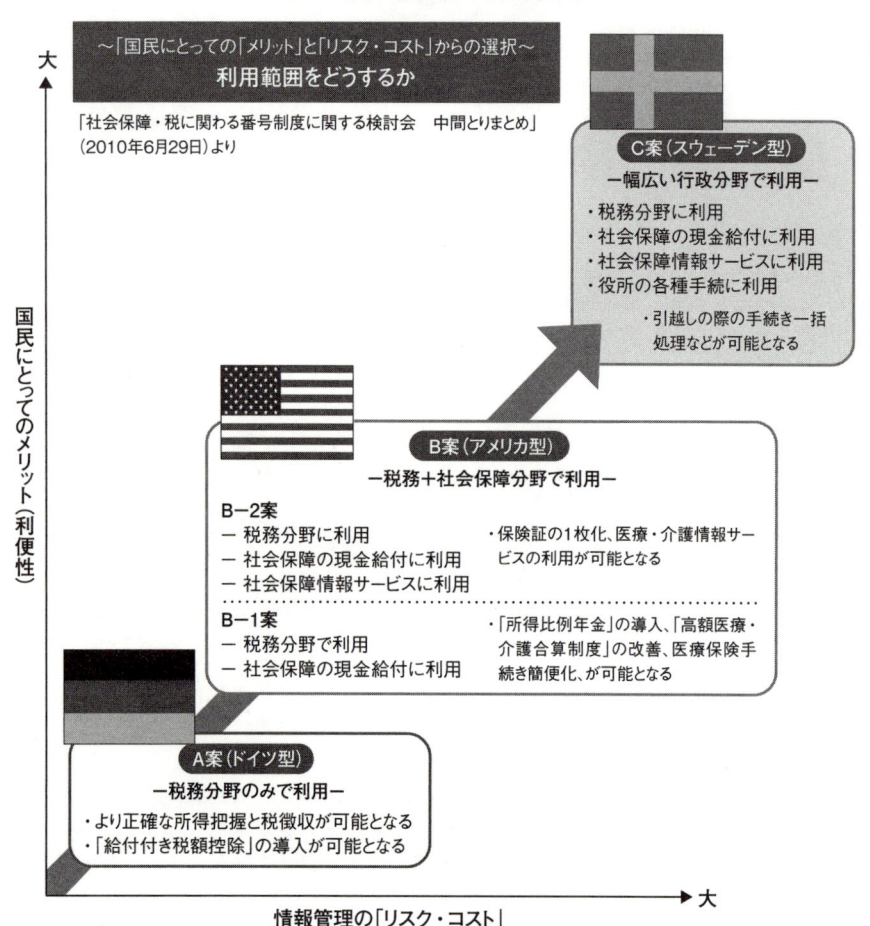

〜「国民にとっての「メリット」と「リスク・コスト」からの選択〜
利用範囲をどうするか

「社会保障・税に関わる番号制度に関する検討会　中間とりまとめ」
（2010年6月29日）より

C案（スウェーデン型）
―幅広い行政分野で利用―
・税務分野に利用
・社会保障の現金給付に利用
・社会保障情報サービスに利用
・役所の各種手続に利用
　・引越しの際の手続き一括処理などが可能となる

B案（アメリカ型）
―税務＋社会保障分野で利用―

B−2案
― 税務分野に利用
― 社会保障の現金給付に利用
― 社会保障情報サービスに利用

・保険証の1枚化、医療・介護情報サービスの利用が可能となる

B−1案
― 税務分野で利用
― 社会保障の現金給付に利用

・「所得比例年金」の導入、「高額医療・介護合算制度」の改善、医療保険手続き簡便化、が可能となる

A案（ドイツ型）
―税務分野のみで利用―
・より正確な所得把握と税徴収が可能となる
・「給付付き税額控除」の導入が可能となる

縦軸：国民にとってのメリット（利便性）大
横軸：情報管理の「リスク・コスト」大

出典：「社会保障・税番号制度」（番号制度創設推進本部）を元に作成

② 番号に何を使うか

　番号制度で用いる「番号」の選択肢としては、①基礎年金番号、②住民票コード、そして③新たな番号が考えられます。
　①は国民全員に付番されていないことや年金情報が紐づけられているため商取引相手等に見せるのはプライバシー保護の観点から望ましいとはいえず、②は全員に付番されているものの、住所・氏名・生年月日・性別の

4情報が直接紐づいた番号であるため、商取引相手等に見せるのはプライバシー保護の観点から望ましくないとされました。そこで、③新たな番号を用いることとし、コストを抑えるために住民票コードに対応した新たな番号を付番することで検討が進められました。

③ 情報管理方式をどうするか

　情報管理方式も問題になりました。

　選択肢としては、①**一元管理方式**と②**分散管理方式**が考えられます。

　①一元管理方式は、各分野で用いられている番号を一本に統一し、分野を超えたデータを一か所で集中して管理する方法であり、アメリカや韓国などが採用しています。②分散管理方式は、情報やデータを分野ごとに別々の機関・データベースで管理する現状を維持しつつ、中継データベースを通じて共通番号を活用して連携する方法であり、オーストリアなどが採用しています。

　①一元管理方式には、情報連携が容易であり運用保全コストに優れているというメリットがあるのですが、他方で、情報漏えいした場合に分野を超えたデータが一挙に漏えいしてしまう危険があります。これに対し②分散管理方式は情報連携基盤の運用保全コストを要するなどの問題がありますが、一元管理方式のような大量漏えいリスクがないため、情報管理方式としては、②分散管理方式が採用されました。

　なお、分散管理方式については、本書の第1編1-7 (p.43)を参照して下さい。

④ 付番機関

　番号を付番・管理する機関については、日本年金機構を廃止してその機能を国税庁に統合して「歳入庁」を設置する方向で検討を進めることになりましたが、当分の間は総務省とすることとされました。

⑤ 個人情報保護の方策

　個人情報保護の徹底の見地から、国民自らが、いつ、誰が、何の目的で

自己の情報にアクセスしたのかをチェックできる環境を整備することや、行政権力から一定程度独立した**第三者機関**による監視の制度を設けること、「偽造」や「なりすまし」を防止するために確実な**本人確認**が行われる仕組みを整備すること、不必要な個人情報は収集しないことなどの法原則を明示するとともに関係法令による罰則を強化することなどが検討されることになりました。

(5) 番号法の成立

　以上の検討を経て、2011年（平成23年）6月、民主党政権下の政府・与党社会保障改革検討本部で「社会保障・税番号大綱」が決定され、法案作成が進められました。

　2012年（平成24年）2月14日に、番号関連3法案（「行政手続における特定の個人を識別するための番号の利用等に関する法律案」「行政手続における特定の個人を識別するための番号の利用等に関する法律の施行に伴う関係法律の整備等に関する法律案」「地方公共団体情報システム機構法案」）が野田内閣で閣議決定され、第180回通常国会に提出されました。しかし、同法案は同年11月16日の衆議院解散により、廃案となります。

　2013年（平成25年）3月1日、廃案となった法案を一部修正して、番号関連4法案（「行政手続における特定の個人を識別するための番号の利用等に関する法律案」「行政手続における特定の個人を識別するための番号の利用等に関する法律の施行に伴う関係法律の整備等に関する法律案」「地方公共団体情報システム機構法案」「内閣法等の一部を改正する法律案」）が安倍内閣で閣議決定され、第183回通常国会に再提出されました。

　番号関連4法案は、2013年（平成25年）5月9日、衆議院本会議において一部修正のうえ可決され、同年5月24日、参議院本会議において可決されて、成立しました。そして、同年5月31日に、番号関連4法が公布されています。

4 番号関連法令とロードマップ

(1) 番号関連法令
番号関連4法として、以下の法律が公布されています。

> ・「行政手続における特定の個人を識別するための番号の利用等に関する法律」（マイナンバー法、番号法、番号利用法）
> ・「行政手続における特定の個人を識別するための番号の利用等に関する法律の施行に伴う関係法律の整備等に関する法律」（整備法）
> ・「地方公共団体情報システム機構法」
> ・「内閣法等の一部を改正する法律」（内閣CIO法）

(2) 番号法関連の政省令
番号法に関連した政令・省令も整備されています（主なものは次のとおり）。

> ・政令：「行政手続における特定の個人を識別するための番号の利用等に関する法律施行令」（平成26年3月31日政令第155号）（番号法施行令、番号法利用施行令）
> ・主務省令：「行政手続における特定の個人を識別するための番号の利用等に関する法律施行規則」（平成26年7月4日内閣府・総務省令第3号。番号法施行規則、番号利用法施行規則）

(3) 規則・ガイドライン（指針）等
特定個人情報保護委員会(注)より、番号法の解釈指針としての各種指針・ガイドラインが告示されています（主な告示は次のとおり）。

〈注〉法改正による改組により、2016年（平成28年）1月1日から「個人情報保護委員会」となります。

これらの指針・ガイドラインは、実務への番号法の適用にあたり、重要な解釈指針となっています。

> - 特定個人情報保護評価指針（2014年（平成26年）4月18日）
> - 特定個人情報の適正な取扱いに関するガイドライン（事業者編）（2014年（平成26年）12月11日）
> - 特定個人情報の適正な取扱いに関するガイドライン（行政機関等・地方公共団体等編）（2014年（平成26年）12月18日）

(4) 番号法の段階的な施行

番号法は段階的に施行されています。主な施行日と施行箇所は、次のとおりです（図1-6参照）。

① 交付の日（平成25年5月31日）から
・総則（第1章（1条〜6条））など

② 平成27年10月5日（交付の日から起算して3年を超えない範囲内において政令で定める日）
・個人番号及び法人番号の付番の開始、個人番号の通知等

③ 平成28年1月1日
・個人番号の利用に関する規定、個人番号カードに関する規定等

④ 平成29年1月（予定）
・情報提供ネットワークシステムを使用した特定個人情報の提供に関係する規定（19条7号、21条〜23条等）

(5) 番号法の改正

2015年（平成27年）9月、番号法の改正法が成立しました。

この改正法案は、同年5月21日に衆議院で可決され、参議院の可決待ちとなっていました。しかし、同年6月1日に日本年金機構が個人情報の大量漏えい事故の発生を公表すると、事故の調査と原因究明のないままで個人番号の利用を始めることに対する反対意見が出るなどして、参議院の審議が見送られていました。そこで、情報漏えい事故の調査が優先されることとなり、年金機構に「不正アクセスによる情報流出事案に関する調査委員会」が設置され、同年8月20日に調査結果報告が発表されました。

1.1 社会保障・税番号制度（マイナンバー制度）とは

図 1-6 マイナンバー制度のロードマップ

年	月	内容	備考
2015年（平成27年）	10月	番号の通知開始	・個人番号の収集可
2016年（平成28年）	1月	番号の利用開始 税務関係の申請書・届出書への番号の開始 雇用保険関係の届出書等への番号の記載開始	・番号カード配布
2017年（平成29年）	1月	情報提供ネットワークシステム運用開始 マイナポータル開始 健康保険・厚生年金保険関係の届出書等への番号の記載開始	・1月―国の機関間での情報連携開始 ・7月―地方公共団体・医療保険者等との情報連携開始（目途）
2018年（平成30年）	10月	施行後3年を目途として利用範囲の拡大等を検討	①戸籍、②旅券、③預貯金付番（口座名義人の特定・現況確認等）、④医療・介護・健康情報の管理・連携等、⑤自動車の登録の事務への拡大等を検討（内閣官房）

※個人番号の通知は2015年10月から、個人番号の利用開始は2016年1月から、次のように順次行われる。
（税務関係）
・税務関係の申請書・届出書は、2017年1月1日提出分からマイナンバーを記載する。
・所得税は2016年分の申告書から、法定調書についても同年1月以降の支払等に係るものからマイナンバーを記載するとされているため（番号整備法）、一般的には2017年に提出する2016年分の申告書・法定調書にマイナンバーを記載することになる（ただし、例えば中途退職者の給与所得の源泉徴収票は退職日から1月以内に交付する義務があるので、このような場合は2016年内に提出する）。
（社会保障関係）
・雇用保険関係の届出書等は2016年1月1日提出分からマイナンバーを記載する。
・健康保険・厚生年金保険関係の届出書等は2017年1月1日提出分からマイナンバーを記載する。
・企業年金については、厚生年金基金の多くが5年以内に解散する方向にあることや、各基金や事業主における事務負担等に鑑み、2017年1月からの個人番号の導入は行わず、それ以降については施行後の状況を踏まえて検討するものとされている。
（情報連携）
・2017年1月から、国の機関間での情報連携が開始される。
・2017年7月からを目途に、地方公共団体・医療保険者等との情報連携が開始される。
※日本年金機構は2016年1月から個人番号を扱うことになっていたが、2015年6月に発覚した日本年金機構の情報漏えい事故を受けて、同年9月のマイナンバー法改正の際に、①個人番号を扱えるようになる時期を最大で2017年5月31日まで、②情報提供ネットワークシステムで情報照会や情報提供できるようになる時期を最大で同年11月30日まで、遅らせる改正が行われた。
※番号法附則6条1項は、「政府は、この法律の施行後3年を目途として、この法律の施行の状況等を勘案し、個人番号の利用及び情報提供ネットワークシステムを使用した特定個人情報の提供の範囲を拡大すること並びに特定個人情報以外の情報の提供に情報提供ネットワークシステムを活用することができるようにすることその他この法律の規定について検討を加え、必要があると認めるときは、その結果に基づいて、国民の理解を得つつ、所要の措置を講ずるものとする」としている。政府では、2014年11月の時点で、①戸籍事務、②旅券事務、③預貯金付番（口座名義人の特定・現況確認等）、④医療・介護・健康情報の管理・連携等、⑤自動車の登録に係る事務への拡大等を検討していた（高度情報通信ネットワーク社会推進戦略本部（IT総合戦略本部）新戦略推進専門調査会マイナンバー等分科会 H.26.11.11）。ただし③や④の一部は、後述する番号法の平成27年改正に盛り込まれている。

これを受けて参議院での改正法案の審議が行われました。

その結果、参議院本会議で可決されましたが、情報漏えい事故を重く見て、次の修正等が加えられました。

・日本年金機構が個人番号を扱えるようになる時期を最大で2017年（平成29年）5月31日まで遅らせる（他の機関は2016年1月から）。
・日本年金機構が情報提供ネットワークシステムで情報照会や情報提供できるようになる時期を最大で2017年11月30日まで遅らせる（情報提供ネットワークシステムの運用開始は同年1月から）。

そして、2015年（平成27年）9月3日に、（法律案に参議院で修正があったため）衆議院での再可決によって、改正法が成立しました。

改正部分の施行期日については、一部の規定を除き、改正法の**公布の日から起算して2年を超えない範囲内において政令で定める日**から施行するとされています（改正法附則1条柱書本文）。

なお、下記①Ａに関する改正部分の施行期日は、**2016年（平成28年）1月1日**とされています（改正法附則1条ただし書2号）。

主な改正点は次の通りです。

① 個人情報の保護に関する法律の一部改正に伴う規定の整備

番号法と同時に行われる個人情報保護法の一部改正により、番号法でも改正の必要が生じた規定について、以下の改正が行われました。

なお、改正個人情報保護法では、番号法を「番号利用法」と略称しています（改正 (個情法) 51条）。

Ａ 個人情報保護委員会の設置に伴う規定の整備等

個人情報保護法の改正により特定個人情報保護委員会が改組されて「**個人情報保護委員会**」が設置されることになりました（改正個人情報保護法第五章「個人情報保護委員会（50条から65条）の新設等」）。

これに伴い、番号法において「特定個人情報保護委員会」の権限等とされている事項を「個人情報保護委員会」の権限等に改めるとともに、番号法における特定個人情報保護委員会に係る規定の配置を整理する等の改正が行われました。

特に、特定個人情報保護委員会の組織等について定めていた番号法の規定（旧36条〜49条）が削除されて改正個人情報保護法に移され、それに続く個人情報保護委員会の業務に関する規定（旧50条〜55条）の条文が繰り上がるなどしたため（新36〜41条）、以降の規定の条数が大きく繰り上がっています。

例えば、罰則の規定（旧67条〜77条）は、51条〜60条に繰り上がっています（なお、旧72条は削除）。

B　個人情報取扱事業者の範囲拡大に伴う規定の整理等

個人情報保護法の改正により、「個人情報取扱事業者」から中小規模の事業者を除外する規定（同法2条5項ただし書5号）が削除され、民間事業者のほとんどが個人情報保護法の適用対象事業者（個人情報取扱事業者）となりました。

このため、番号法における「個人情報取扱事業者でない個人番号取扱事業者」に対する個人情報保護法の規定に準じた規定（番号法32条から35条）を存続させる必要がなくなったため、番号法32条から35条までが削除されました。

② 個人番号の利用範囲・情報連携の範囲の拡充等

番号法は、個人番号の**利用範囲の拡大**を予定しており、3条の「基本理念」にそのことが謳われています（2項以下）。

今回の改正は基本理念に基づくものです。今後も、今回のように利用範囲を拡大する改正が行われるはずです。

A　条例による独自利用における情報提供ネットワークシステムの利用

地方公共団体が条例を定めることにより行う独自利用事務において情報提供ネットワークシステムを利用した情報連携を可能として添付書類の削減を可能とするなどの改正です。

B　医療等分野における個人番号の利用・情報連携の拡充

健康保険組合等の行う特定健康診査情報の管理等における利用や保健指導に関する事務における個人番号の利用、地方公共団体間における予防接種履歴に関する情報連携を可能とする改正です。

③　預貯金口座への個人番号の付番

　預金保険機構等によるペイオフのための預貯金額の合算において個人番号の利用を可能する番号法の改正を行い（改正別表第1　55の2）、同時に行われる国民年金法、国税通則法等の関係法令の改正により、金融機関に対する社会保障制度における資力調査や国税・地方税の税務調査で個人番号が付番された預金情報を効率的に利用できるように所要の措置が講じられます。

第 2 節

個人番号 (マイナンバー)

1 個人番号とその機能

　個人番号(マイナンバー)は、住民票コードを変換して得られる番号であって、当該住民票コードが記載された住民票に係る者を識別するために指定されるものです(番号法 2条5項)。

　12桁(「1234 5678 9012」など)の番号であり、次のような機能があります。

① 個人番号をデータマッチングの「キー」(鍵)とすることで、
② 各種の個人情報(氏名、住所、給与に関する情報、健康保険に関する情報、年金に関する情報、雇用保険に関する情報など)を**紐づけ**し、
③ 各種の個人情報の管理と、検索・抽出や集積がしやすくなる。

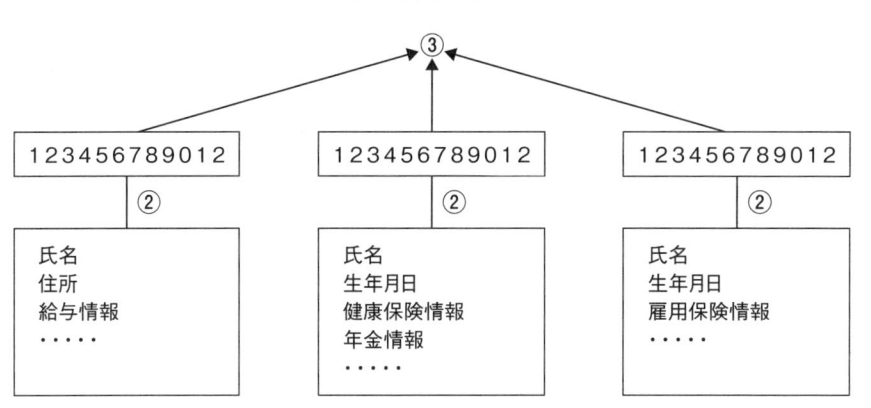

図1-7 個人番号の機能概念図

```
                        ③
          ┌─────────────┼─────────────┐
    ┌───────────┐ ┌───────────┐ ┌───────────┐
    │123456789012│ │123456789012│ │123456789012│
    └───────────┘ └───────────┘ └───────────┘
         │②           │②           │②
    ┌───────────┐ ┌───────────┐ ┌───────────┐
    │氏名        │ │氏名        │ │氏名        │
    │住所        │ │生年月日    │ │生年月日    │
    │給与情報    │ │健康保険情報│ │雇用保険情報│
    │‥‥‥      │ │年金情報    │ │‥‥‥      │
    │            │ │‥‥‥      │ │            │
    └───────────┘ └───────────┘ └───────────┘
```

2　個人番号が必要になる場面

　個人番号（マイナンバー）は、国の行政機関や地方公共団体などにおいて、社会保障、税、災害対策の分野で利用されます。

個人番号が利用される主な場合

社会保障分野	年金分野	・年金の資格取得・確認 ・年金給付の支給	等
	労働分野	・雇用保険等の資格取得・確認 ・雇用保険の失業等給付の支給 ・労災保険の労災保険給付の支給	等
	福祉・医療等の分野	・福祉分野の給付（児童扶養手当の支給、母子家庭自立支援給付金の支給等） ・生活保護の決定・実施 ・介護保険の保険給付の支給・保険料の徴収等 ・健康保険の保険給付の支給、保険料徴収等 ・日本学生支援機構における手続（学資の貸与等）	等
税分野		・確定申告書、届出書、法定調書等に記載 ・国税の賦課・徴収に関する事務 ・地方税の賦課・徴収に関する事務	等
災害対策分野		・被災者生活再建支援金の支給	等
社会保障、地方税、防災に関する事務その他これらに類する事務であって地方公共団体が条例で定める事務			

　国民は国の行政機関や地方公共団体等が個人番号を利用するために、年金、雇用保険、医療保険の手続、生活保護・児童手当等の福祉給付、確定申告などの税の手続などで、申請書等に個人番号を記載することが求められます。

　また、税や社会保険の手続では、勤務先や証券会社・保険会社などの金融機関が個人番号の本人に代わって手続を行うこととされている場合があります（源泉徴収票の作成・提出、健康保険の資格取得届、法定調書の作成・提出等）。この場合には、勤務先や証券会社・保険会社などに個人番号を提出することが求められます。

第 3 節

通知カードと個人番号カード

1 通知カード

　個人番号は、番号法の主要部分の施行日である 2015 年（平成 27 年）10月 5 日において住民基本台帳に記載されている者に指定され、「**通知カード**」により通知されます（ 番号法 附則 3 条 1 項、 番号法 7 条）。通知カード（紙製）は、簡易書留により住民票上の住所に郵送されます。

　通知カードには、個人番号と**基本 4 情報**（氏名・住所・生年月日・性別）が記載されており、個人番号の確認に利用されます。

図 1-8 通知カード（案）

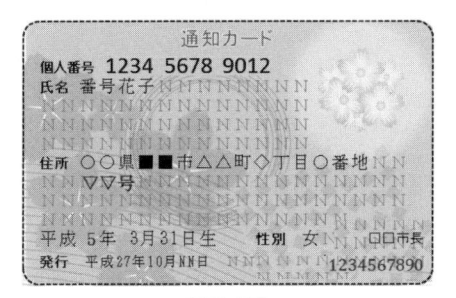

表面（案）

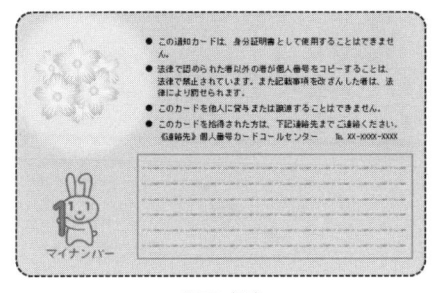

裏面（案）

出典：「社会保障・税番号制度の早わかり」（国税庁）より

2 個人番号カード

　個人番号カードは、2016年（平成28年）1月1日以降に（ 番号法 ）附則1条ただし書4号、政令第171号）、通知カードとともに送付される申請書を郵送するなどして、平成28年1月以降、**希望者に交付**されます（ 番号法 17条）。

　個人番号カードには、表面に**基本4情報**と**顔写真**が記載され、**裏面**に個人番号が記載されており、表面は身分証明書として広く利用することができます（なお、裏面のコピー等は原則としてできません）。

図1-9 個人番号カード（案）

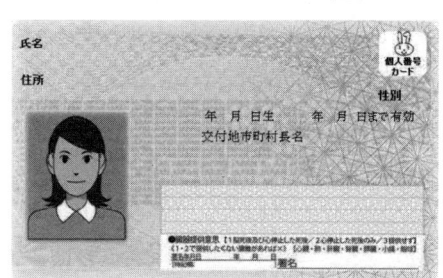

表面

裏面

出典：「個人番号カードの様式について」（総務省）より

第4節 民間事業者が個人番号を扱う場面

一般の民間事業者は、社外の取引先や従業員等から個人番号の提供を受けて、個人番号を扱うことになります。

社外の支払い先の場合

報酬・料金・配当等をセミナーの講演者や著作権者、顧問税理士等の社外の個人に支払い、支払調書を作成する必要のある場合、支払調書に支払先の個人番号を記載して**税務署**に提出するため、支払先から個人番号の提供を受け、個人番号を扱うことになります。

従業員等からの提供の場合

従業員やその扶養親族の個人番号を、源泉徴収票等の法定調書や被保険者資格取得届などに記載して、**税務署・市町村**や**年金事務所・健康保険組合・ハローワーク**などに提出するために、従業員等から個人番号の提供を受け、個人番号を扱うことになります。

これらの事務を、「**個人番号関係事務**」といいます（国の行政機関や地方公共団体等も職員がいるので、給与の源泉徴収票の作成・提出などの個人番号関係事務は行います）。これに対し、国の行政機関や地方公共団体等（税務署・市町村・年金事務所・健康保険組合・ハローワーク等）が行う事務を、「**個人番号利用事務**」といいます。

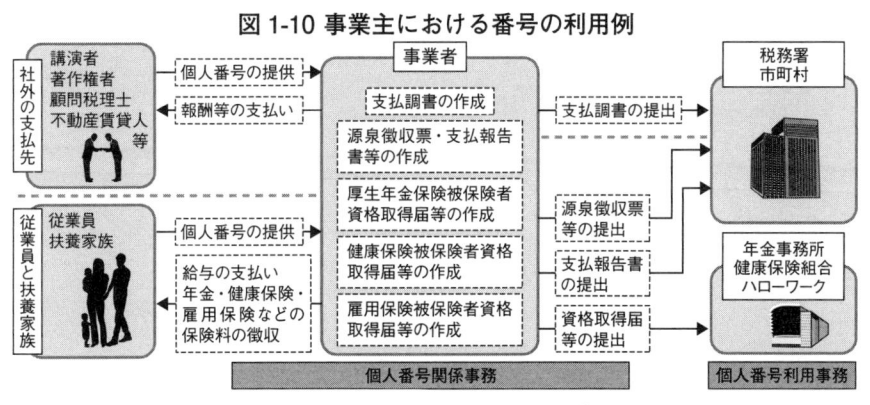

図 1-10 事業主における番号の利用例

出典：内閣官房資料『事業主における番号の利用例』を元に作成

図 1-11 個人番号を記載する書式例①

様式第2号（第６条関係）（第１面）

雇用保険被保険者資格取得届

標準字体 0 1 2 3 4 5 6 7 8 9

（必ず第２面の注意事項を読んでから記載してください。）

帳票種別 14101

1. 個人番号

2. 被保険者番号 □□□□－□□□□□□－□

3. 取得区分 □（1 新規　2 再取得）

4. 被保険者氏名　フリガナ（カタカナ）

5. 変更後の氏名　フリガナ（カタカナ）

6. 性別 □（1 男　2 女）

7. 生年月日 □－□□□□□□（2 大正　3 昭和　4 平成）元号　年　月　日

8. 事業所番号 □□□□－□□□□□□－□

9. 被保険者となったことの原因 □
（1 新規雇用（新規学卒）　2 新規（その他）雇用　3 日雇からの切替　4 その他　8 出向元への復帰等（65歳以上））

10. 賃金（支払の態様－賃金月額：単位千円）□－□□□□（1 月給　2 週給　3 日給　4 時間給　5 その他）百万　十万　万　千円

11. 資格取得年月日 4－□□□□□□ 元号　年　月　日

12. 雇用形態 □（1 日雇　2 派遣　3 パートタイム　4 有期契約労働者　5 季節的雇用　6 船員　7 その他）

13. 職種 □□（01～11）第２面参照

14. 就職経路 □（1 安定所紹介　2 自己就職　3 民間紹介　4 把握していない）

15. １週間の所定労働時間 □□□□ 時間　分

16. 契約期間の定め □
1 有 ― 契約期間 平成 □□□□□□ 年 月 日 から 平成 □□□□□□ 年 月 日 まで
契約更新条項の有無 □（1 有　2 無）
2 無

事業所名（　　）　備考（　　）

17欄から22欄までは、被保険者が外国人の場合のみ記入してください。

17. 被保険者氏名（ローマ字）（アルファベット大文字で記入してください。）

被保険者氏名〔続き（ローマ字）〕

18. 国籍・地域（　　）

19. 在留資格（　　）

20. 在留期間 □□□□□□□□ まで　西暦　年　月　日

21. 資格外活動許可の有無 □（1 有　2 無）

22. 派遣・請負就労区分 □（1 派遣・請負労働者として主として当該事業所で就労する場合　2 1に該当しない場合）

※公共職業安定所記載欄

23. 取得時被保険者種類 □（1 一般　2 短期常態　3 季節　4 高年齢（任意加入）　5 出向元への復帰（65歳以上）等・高年齢）

24. 番号複数取得チェック不要 □（チェック・リストが出力されたが、調査の結果、同一人でなかった場合に「1」を記入。）

25. 国籍・地域コード □□□（18欄に対応するコードを記入）

26. 在留資格コード □□（19欄に対応するコードを記入）

雇用保険法施行規則第6条第1項の規定により上記のとおり届けます。

平成　年　月　日

住　所

事業主　氏　名　記名押印又は署名　印

電話番号

公共職業安定所長　殿

社会保険労務士記載欄	作成年月日・提出代行者・事務代理者の表示	氏　名	電話番号
		印	

※ 所長　次長　課長　係長　係　操作者

※ 備考

確認通知　平成　年　月　日

（この用紙は、このまま機械で処理しますので、汚さないようにしてください。）

1.4 民間事業者が個人番号を扱う場面

図1-12 個人番号を記載する書式例②

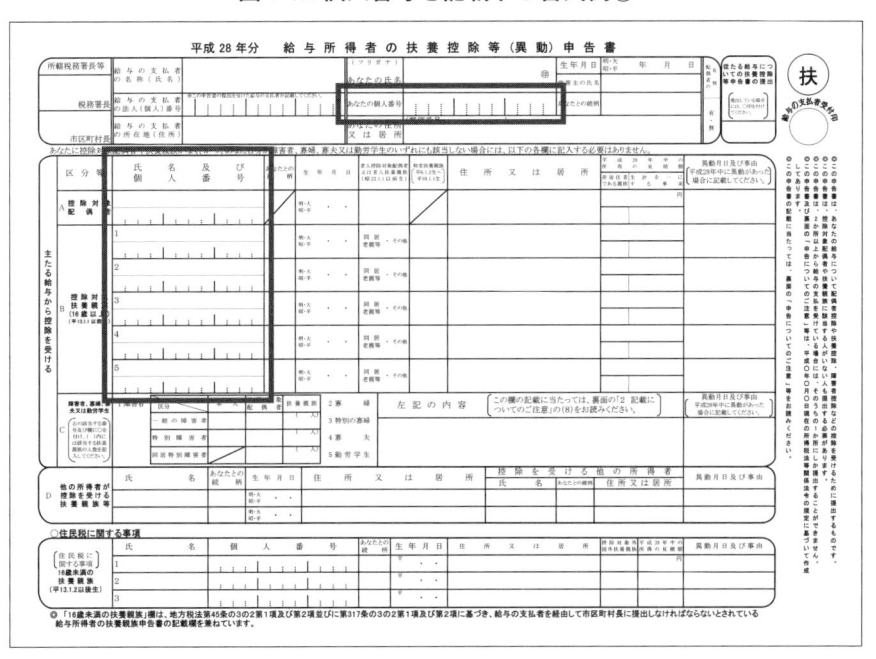

図1-13 個人番号を記載する書式例③

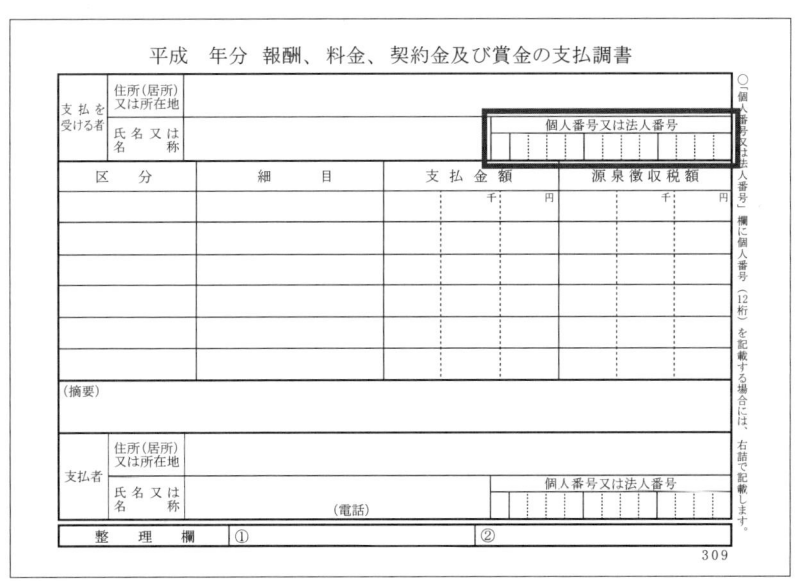

第5節

個人番号の規制

個人番号には、番号法により、以下の規制があります。

1 利用範囲の限定

個人番号は、「社会保障」「税」「災害対策」のうち、法令(番号法 9条各項)が限定的に列挙した特定の事務(個人番号利用事務や個人番号関係事務等)の処理に必要な範囲でしか利用できません(番号法 9条)。

2 取扱いの制限

個人番号は取り扱いが原則として禁止され、法令(番号法 19条各号)が限定的に明記した場合に限り、取扱い(取得・利用・保存・提供)が認められています(番号法 15条・19条・20条)。

3 取得の際の規制

他人から個人番号の提供を受ける際には、なりすましを防ぐために「本人確認の措置」をとらなければならないことになっています(番号法 16条)。

4 委託の規制

個人番号を扱う事務(個人番号利用事務及び個人番号関係事務)を委託する際には、委託者には委託先を監督する義務が課され(番号法 11条)、再委託には最初の委託者の許諾が必要という再委託の制限(番号法 10条)があります。

5　安全管理措置

　個人番号を扱う者（個人番号利用事務実施者及び個人番号関係事務実施者）は、個人番号の漏えい、滅失又は毀損の防止その他の個人番号の「適切な管理のために必要な措置を講じなければならない」とされています（ 番号法 12条）。

第6節 個人情報保護委員会による監視・監督とマイナポータルによる監視

番号法は、個人番号の取扱いの規制だけでなく、規制の実効性を確保するための、次のような方法を設けています。

1 個人情報保護委員会

マイナンバー制度の目玉の一つとして、「個人情報保護委員会」があります。個人情報保護委員会は、第三者機関として、個人番号等の取り扱いを監視・監督する機関です。

監視・監督の方法として、助言・指導や勧告・命令のほかに、立入検査の権限も認められています。

なお、2015年（平成27年）9月に成立した個人情報保護法・番号法の改正法により、特定個人情報保護委員会が改組されて「個人情報保護委員会」が設置されることになりました（改正個人情報保護法第五章「個人情報保護委員会（50条から65条）の新設等」）。

これに伴い、番号法において「特定個人情報保護委員会」の権限等とされている事項を「個人情報保護委員会」の権限等に改めるとともに、番号法における特定個人情報保護委員会に係る規定の配置を整理する等の改正が行われています（個人情報保護委員会に関する改正の施行日は、2016年（平成28年）1月1日です）。

本書では、特定個人情報保護委員会・個人情報保護委員会については、原則として改正後の「個人情報保護委員会」と表記することにします。

2 マイナポータル

マイナポータル（情報提供等記録開示システム。 番号法 附則6条5項）

は、情報提供ネットワークシステムにおける行政機関等・地方公共団体等・健康保険組合等の行政事務を処理する者による自分の特定個人情報（個人番号をその内容に含む個人情報）のやりとりの記録を確認できるほか、行政機関等が保有する自分に関する情報や、行政機関等から自分に対する必要なお知らせ情報等を自宅のパソコン等から確認できるシステムです。

マイナポータルにより、本人も行政機関等によるマイナンバーの取扱いを監視することが可能となります。

図1-14 個人情報保護委員会とマイナポータルによる監視等

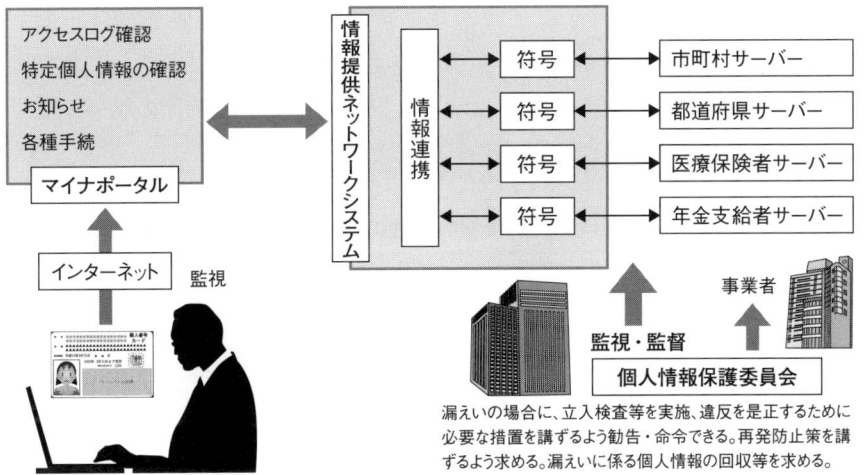

3 罰則

番号法では、罰則規定が詳細に設けられています（**番号法** 67条〜77条）。

それだけでなく、既存の類似法令（行政機関個人情報保護法等）の罰則の概ね2倍程度の刑が規定されています。

法の義務規程に違反した場合には、個人情報保護委員会による監督権限の行使があり得ますが、更に類型的に悪質な漏えい行為等については罰則が適用され、警察や検察の捜査・起訴・裁判による有罪判決を受ける可能性があります。

第7節

個人情報の分散管理

　マイナンバー制度における情報の管理は、共通のデータベースに各機関が保有する個人情報を集約して、そこから各機関が個人情報を閲覧するという「**一元管理**」の方法は採用しません。これまでどおり各機関が個人情報を個別に管理する状態のままで、情報提供ネットワークシステムを介して情報連携をはかるという「**分散管理**」の方法をとっています。

　このため、マイナンバー制度下でも、共通のデータベースから個人情報がまとめて漏れるということはありません。2015年（平成27年）6月に発覚した日本年金機構からの年金情報漏えい事件のように、単一の機関から個人情報が漏えいするリスクは現在と同様ですが、全機関の情報がまとめて漏れるというリスクは基本的にはありません。

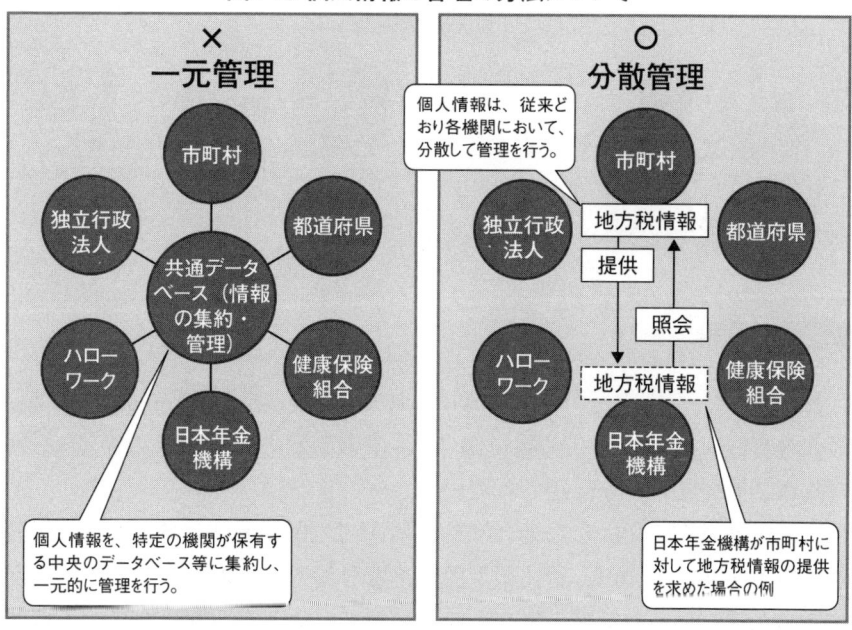

図1-15 個人情報の管理の方法について

出典：「社会保障・税番号制度概要資料平成27年1月版」（内閣官房社会保障改革担当室・内閣府大臣官房番号制度担当室房）を元に作成

第8節 法人番号

　番号法には、個人番号だけでなく「法人番号」についての定めもあります。

　法人番号は、国の機関・地方公共団体等や設立登記をした法人等の団体に対して国税庁長官が通知する13桁の番号です。個人番号と同様、一法人一番号で、不変の番号です。

　法人番号が個人番号と大きく異なるのは、法人番号には利用範囲の制限がなく、自由に流通させることができ、インターネット（法人番号公表サイト）でも公表されるということです。

過去問にチャレンジ

〈3級〉

1．各行政機関で管理していた個人情報について、個人番号をもとに特定の機関に共通のデータベースを構築して運用するという「一元管理」の仕組みが採用されることになっている。
　　ア．正しい　　イ．誤っている　　　　　　　　〈第1回出題　問題1〉

2．個人番号は、アルファベットと数字を合わせたもので、12桁で構成されるものである。
　　ア．正しい　　イ．誤っている　　　　　　　　〈第1回出題　問題5〉

3．「個人番号関係事務」とは、法の規定により個人番号利用事務に関して行われる他人の個人番号を必要な限度で利用して行う事務をいう。
　　ア．正しい　　イ．誤っている　　　　　　　　〈第1回出題　問題14〉

4．個人番号カードに関する以下のアとイの記述のうち、誤っているものを1つ選びなさい。
　　ア．個人番号カードの券面には、氏名、住所、生年月日、性別、個人番号その他政令で定める事項が記載され、顔写真が表示されるが、税や年金の情報などプライバシー性の高い情報及び総務省令で定める事項は、個人番号カードに組み込まれるICチップ内に記録される。
　　イ．個人番号カードの交付が開始された後は、住民基本台帳カードの新規発行はなくなり、個人番号カードがその役割を承継することになると考えられている。
　　　　　　　　　　　　　　　　　　　　　　　〈第1回出題　問題20〉

5．以下のアからエまでの記述のうち、番号法の概要に関する【問題文A】から【問題文C】の内容として正しいものを1つ選びなさい。
　　【問題文A】番号法と個人情報保護法令（行政機関個人情報保護法、独立行政

法人等個人情報保護法、個人情報保護法）の関係は、番号法が一般法であり、その特別法が個人情報保護法令であるという関係にある。

【問題文B】番号法は、行政機関、地方公共団体、独立行政法人等に適用があるが、民間事業者には適用されないことになっている。

【問題文C】番号法によるメリットとして、「行政運営の効率化」、「行政分野におけるより公正な給付と負担の確保」、「国民の利便性の向上」などが挙げられる。

ア．Aのみ正しい。
イ．Bのみ正しい。
ウ．Cのみ正しい。
エ．すべて誤っている。 〈第1回出題　問題32〉

6. 以下のアからエまでの記述のうち、個人番号の提供の求めの制限、及び特定個人情報の提供・収集・保管の制限に関する【問題文A】から【問題文C】の内容として正しいものを1つ選びなさい。

【問題文A】何人も、原則として、他人に対し、個人番号の提供を求めてはならない。

【問題文B】何人も、原則として、他人の個人番号を含む特定個人情報を「収集」することは禁止されているが、他人の個人番号を含まなければ、禁止されていない。

【問題文C】何人も、原則として、他人の個人番号を含む特定個人情報を「保管」することは禁止されているが、他人の個人番号を含まなければ、禁止されていない。

ア．Aのみ誤っている。
イ．Bのみ誤っている。
ウ．Cのみ誤っている。
エ．すべて正しい。 〈第1回出題　問題37〉

第2編 番号法の構成と理解

第1章

総則・個人番号・個人番号カード

第1節　番号法の構成
第2節　番号法の目的と基本理念（ 番号法 1条・3条）
第3節　用語の定義（ 番号法 2条）
第4節　個人番号の指定・通知等、個人番号カード
過去問にチャレンジ

第1節

番号法の構成

1 個人情報保護法制と番号法の関係

(1) 一般法と特別法

　番号法は、個人情報保護法制の**特別法**です（図2-1参照）。

　すなわち、個人情報保護に関する法体系において、民間部門では、個人情報保護法が**一般法**としてあり、更に、個人番号や個人番号と紐づいた個人情報（特定個人情報）については番号法でより厳格な規制がかかるという形になっています。

　公的部門でも、行政機関個人情報保護法（行政機関）や独立行政法人等個人情報保護法（独立行政法人等）、そして個人情報保護条例（地方公共団体）が一般法としてあり、更に、番号法のより厳格な規制が特別法としてかかっています。

　したがって、個人番号と紐づいた個人情報（**特定個人情報**）に関しては、まず特別法である番号法の規定が適用されます。また、同法の規定と一般法である個人情報保護法制の規定が抵触する場合には、個人情報保護法制の規定の適用を排除したり読み替えて適用したりしています（ 番号法 29条）。そして、番号法に規定がない分野については、個人情報を取り扱う主体に応じて、一般法である個人情報保護法（民間事業者）、行政機関個人情報保護法（行政機関）、独立行政法人等個人情報保護法（独立行政法人等）そして個人情報保護条例（地方公共団体）が適用されることになります。

図2-1 個人情報保護法制と番号法の関係

個人情報の保護に関する法律
（個人情報保護法）
《基本法令》

一般法

基本理念
国及び地方公共団体の責務・施策
基本方針の策定　等
（第1章～第3章）

個人情報取扱事業者の義務等
（第4章～第6章）

主務大臣制（法第36条）（事業等分野ごとのガイドライン）
各事業等を所管する大臣が、主務大臣として当該事業における個人情報の適切な取扱いについて、行政責任と権限を有する

27分野40ガイドライン（2012年3月31日現在）

行政機関の保有する個人情報の保護に関する法律（行政機関個人情報保護法）

独立行政法人等の保有する個人情報の保護に関する法律（独立行政法人等個人情報保護法）

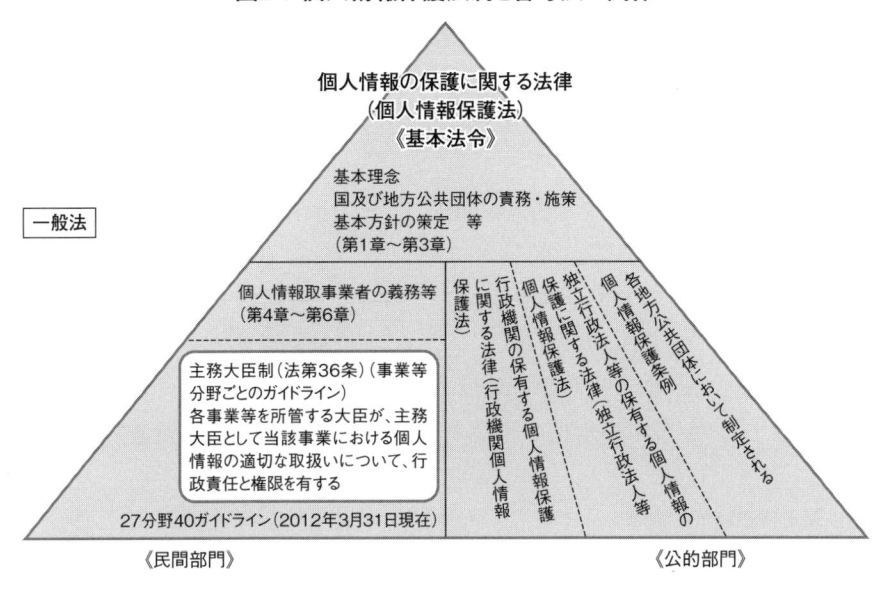

各地方公共団体において制定される個人情報保護条例

《民間部門》　《公的部門》

特別法

行政手続における特定の個人を識別するための番号の利用等に関する法律（マイナンバー法）
（新たな規制の例）
・利用範囲の限定（9条）　　　　・死者の個人番号も保護対象
・取扱いの制限（19条・15条・20条）　・個人情報取扱事業者でない事業者も適用対象
・取得の際の規制（16条）

出典：「個人情報保護に関する法体系イメージ」（パーソナルデータの利用・流通に関する研究会報告書）を元に作成

（2）適用対象

一般法である個人情報保護法制では、個人情報保護法は民間事業者、行政機関個人情報保護法は行政機関、独立行政法人等個人情報保護法は独立行政法人等、個人情報保護条例は地方公共団体や地方独立行政法人等と、個人情報を取り扱う主体ごとに適用される法令が異なっています。このため、個人情報の保護措置を検討する際には、例えば民間事業者であれば、個人情報保護法に民間事業者を対象とした規制が定められており、その他の法令の規制については特に考える必要がないのが一般でした。

これに対し、番号法は、行政機関、独立行政法人等や地方公共団体・地

方独立行政法人、民間事業者の別を問わず、個人番号を取り扱う全ての者に適用されます。このため、例えば民間事業者であれば、個人番号・特定個人情報の保護措置を検討する際には、番号法のどの規定が民間事業者を対象としているのかを確認する必要があります。

(3) 民間事業者の場合 - 個人情報保護法の適用対象外の事業者に対する規制について

　番号法は、規模の大小や扱う情報の多寡を問わず**全ての事業者を対象**としています。

　これに対して、個人情報保護法は、同法の適用対象である「個人情報取扱事業者」〈注〉から中小規模の事業者を除外し、同法の適用対象外としています。

〈注〉個人情報取扱事業者
本書の第 2 編 2-6-2（p.170）を参照してください。

　個人情報に関して、番号法は特別法、個人情報保護法は一般法であり、個人番号と紐づいた個人情報（特定個人情報）に関しては、まず特別法である番号法の規定が適用され、番号法に規定がない分野については、一般法である個人情報保護法が適用されます。もっとも、これは「個人情報取扱事業者」についての話であり、個人情報取扱事業者から除外される中小規模の事業者の場合は、個人情報保護法は適用されません。

　しかし、これでは番号法の規定がない分野において、個人情報取扱事業者でない中小規模の事業者に対する規制が薄くなってしまいます。そこで番号法では、個人情報取扱事業者でない個人番号取扱事業者に対して、特定個人情報の取扱いについて、個人情報保護法が規定する重要な保護措置に準じた規制を設けています。〈注〉

〈注〉2015 年 9 月の番号法改正により、規定が削除されました。詳細は、本書の第 2 編 5-5（p.222）を参照。

2 ガイドライン

(1) ガイドラインの位置づけ

個人情報保護委員会が番号法の解釈指針として次のような告示を出しています。

> ・特定個人情報保護評価指針（2014年（平成26年）4月18日）
> ・特定個人情報の適正な取扱いに関するガイドライン（事業者編）（2014年（平成26年）12月11日）
> ・特定個人情報の適正な取扱いに関するガイドライン（行政機関等・地方公共団体等編）（2014年（平成26年）12月18日）

また、一般法である個人情報保護法においても、各主務大臣がガイドラインを出しています。多数ありますが、例えば、次のようなガイドラインがあります。

> ・個人情報の保護に関する法律についての経済産業分野を対象とするガイドライン（経産省・最終改正2014年（平成26年）12月12日）
> ・金融分野における個人情報保護に関するガイドライン（金融庁・最終改正2015年（平成27年）7月2日）
> ・雇用管理分野における個人情報保護に関するガイドライン（厚労省・2012年（平成24年）5月14日）

これら個人情報保護法のガイドラインと番号法のガイドラインの関係ですが、個人情報保護法（**一般法**）と番号法（**特別法**）の関係と同様になります。

すなわち、個人情報取扱事業者は、個人番号及び特定個人情報については、ガイドラインについても、番号法だけでなく、各主務大臣が告示している個人情報保護法も参照することになります。

(2) ガイドラインを読む際の注意

ガイドラインには、「**しなければならない**」「**してはならない**」と記述している事項と、「**望ましい**」と記述している事項があります。

前者は、法の**義務規定**についての記述であり、ガイドラインの記述に違反した場合には**法令違反**と認定される可能性があり、個人情報保護委員会による監督権限の行使（報告徴収、立入検査、勧告及び命令）があり得ます。

後者は、これに従わなくても直ちに法令違反と認定されることはありません。

第2節

番号法の目的と基本理念（番号法 1条・3条）

[条文]
第1章　総則
（目的）
第1条　この法律は、行政機関、地方公共団体その他の行政事務を処理する者が、個人番号及び法人番号の有する特定の個人及び法人その他の団体を識別する機能を活用し、並びに当該機能によって異なる分野に属する情報を照合してこれらが同一の者に係るものであるかどうかを確認することができるものとして整備された情報システムを運用して、効率的な情報の管理及び利用並びに他の行政事務を処理する者との間における迅速な情報の授受を行うことができるようにするとともに、これにより、行政運営の効率化及び行政分野におけるより公正な給付と負担の確保を図り、かつ、これらの者に対し申請、届出その他の手続を行い、又はこれらの者から便益の提供を受ける国民が、手続の簡素化による負担の軽減、本人確認の簡易な手段その他の利便性の向上を得られるようにするために必要な事項を定めるほか、個人番号その他の特定個人情報の取扱いが安全かつ適正に行われるよう行政機関の保有する個人情報の保護に関する法律（平成十五年法律第五十八号）、独立行政法人等の保有する個人情報の保護に関する法律（平成十五年法律第五十九号）及び個人情報の保護に関する法律（平成十五年法律第五十七号）の特例を定めることを目的とする。

← 目的①
← 目的②
← 目的③
← 目的④

（基本理念）
第3条　個人番号及び法人番号の利用は、この法律の定めるところにより、次に掲げる事項を旨として、行われなければならない。
一　行政事務の処理において、個人又は法人その他の団体に関する情報の管理を一層効率化するとともに、当該事務の対象となる者を特定する簡易な手続を設けることによって、国民の利便性の向上及び行

← 目的①と③に対応

政運営の効率化に資すること。
二　情報提供ネットワークシステムその他これに準ずる情報システムを利用して迅速かつ安全に情報の授受を行い、情報を共有することによって、社会保障制度、税制その他の行政分野における給付と負担の適切な関係の維持に資すること。　　←目的②に対応
三　個人又は法人その他の団体から提出された情報については、これと同一の内容の情報の提出を求めることを避け、国民の負担の軽減を図ること。
四　個人番号を用いて収集され、又は整理された個人情報が法令に定められた範囲を超えて利用され、又は漏えいすることがないよう、その管理の適正を確保すること。

2　個人番号及び法人番号の利用に関する施策の推進は、個人情報の保護に十分配慮しつつ、<u>行政運営の効率化を通じた国民の利便性の向上に資することを旨として</u>、社会保障制度、税制及び災害対策に関する分野における利用の促進を図るとともに、<u>他の行政分野及び行政分野以外の国民の利便性の向上に資する分野における利用の可能性を考慮して行われなければならない。</u>　　←国民の利便性の向上を重視／個人番号の利用範囲の拡大を視野に入れている。

3　個人番号の利用に関する施策の推進は、個人番号カードが第一項第一号に掲げる事項を実現するために必要であることに鑑み、行政事務の処理における本人確認の簡易な手段としての個人番号カードの利用の促進を図るとともに、カード記録事項が不正な手段により収集されることがないよう配慮しつつ、<u>行政事務以外の事務の処理において個人番号カードの活用が図られるように行われなければならない。</u>　　←個人番号カードの利用の拡大も視野に入れている。

4　個人番号の利用に関する施策の推進は、情報提供ネットワークシステムが第一項第二号及び第三号に掲げる事項を実現するために必要であることに鑑み、個人情報の保護に十分配慮しつつ、社会保障制度、税制、災害対策その他の行政分野において、行政機関、地方公共団体その他の行政事務を処理する者が迅速に特定個人情報の授受を行うための手段としての情報提供ネットワークシステムの利用の促進を図るとともに、これらの者が行う<u>特定個人情報以外の情報の授受に情報提供ネットワークシステムの用途を拡大する可能性を考慮して行われなければならない。</u>　　←情報提供ネットワークシステムの利用の拡大も視野に入れている。

1 番号法の目的（ 番号法 1条）

番号法の目的として、法1条には次の4項目が掲げられています。

① 行政事務を処理する者が、情報システムを利用して、効率的な情報の管理・利用、他の行政事務を処理する者との迅速な情報の授受を行うことができるようにする

② ①により、**行政運営の効率化**と行政分野における**より公正な給付と負担の確保**を図る
　すなわち、国や地方公共団体等における無駄や重複等を排除し、行政運営の効率化を図るとともに、税や社会保障の負担を不当に免れることや不正受給を防止するとともに、本当に困っている人にきめ細かな支援を行うことを目的とする。

③ ①により、**国民の利便性の向上**を図る
　すなわち、国民が社会保障・税関係の申請をする際に、課税証明書などの添付書類が削減されるなど、行政手続が簡素化されるとともに、自分の情報の確認や行政サービス等のお知らせを受けられるようにもなることなどを目的とする。

④ 個人情報保護法制の特例を定めること
　個人番号その他の特定個人情報の取扱いが安全かつ適正に行われるよう、個人情報保護法制の特例を定めることを目的とする。
　前述したように、番号法は、個人情報保護法制（行政機関個人情報保護法、独立行政法人等個人情報保護法及び個人情報保護法）の**特別法**に当たる。このことを法の目的として規定している。

2 番号法の基本理念（ 番号法 13条）

　番号法は、その基本理念として、個人番号の利用促進と利用範囲の拡大を視野に入れている点に特徴があります。

(1) 法の目的に対応する基本理念（1項）
　3条1項1号は、1条が定める目的①と③に対応しています。
　3条1項2号は、1条が定める目的②に対応しています。
　3条1項3号は、1条が定める目的③をより具体化したものです。
　3条1項4号は、1条が定める目的④に対応しています。

(2) 行政運営の効率化を通じた国民の利便性の向上（2項）
　個人情報保護法は「個人情報の有用性に配慮しつつ、個人の権利利益を保護することを目的とする」（ 個情法 1条）とし、行政機関個人情報保護法も「行政の円滑な運営を図りつつ、個人の権利利益を保護することを目的とする」（同法1条）としています（独立行政法人等個人情報保護法も同様）。このように、個人情報保護法制の一般法では、**個人情報の有用性**を考慮しつつも、「**個人の権利利益の保護**」を最重要目的としています。

　これに対し、番号法では、「個人情報の保護に十分配慮しつつ」ではあるものの、「**行政運営の効率化を通じた国民の利便性の向上**」を最重要目的としています。この点で、番号法は、他の個人情報保護法制とは性格を異にする面があります。

(3) 社会保障制度、税制及び災害対策に関する分野における利用の促進を図る（2項）
　マイナンバー制度は、主に社会保障と税の分野で利用されます。
　しかし、立法過程において東日本大震災を経験したことから、災害対策分野でも利用されることになりました。

（4）他の行政分野及び行政分野以外の国民の利便性の向上に資する分野における利用の可能性を考慮して行わなければならない（2項）

　マイナンバー制度は、将来的には、社会保障・税・災害対策分野以外の行政分野、ひいては民間にも**利用範囲を拡大**することを視野に入れています。

　例えば、番号法附則6条1項は「政府は、この法律の施行後3年を目途として、この法律の施行状況を勘案し、個人番号の利用……について検討を加え、……所要の措置を講ずるものとする」と規定し、施行後3年を目途とした見直しの際に、個人番号の利用範囲の拡大について政府が検討することとなっています。

（5）個人番号カードの利用の促進等（3項）

　個人番号の利用促進のために、個人番号カードの利用促進も基本理念に入れられ、将来的には民間も含めた活用を視野に入れています。

（6）情報提供ネットワークシステムの利用の促進等

　個人番号の利用促進のために、情報提供ネットワークシステムの利用促進も基本理念に入れられ、社会保障・税・災害対策分野以外の行政分野での利用も視野に入っています。また、現在は、情報提供ネットワークシステムの利用は特定個人情報の授受に限定されているのですが（ 番号法 19条7号）、将来的にはそれ以外の情報の授受にまで用途を拡大することが視野に入れられています。

第3節 用語の定義（番号法 2条）

[条文]
（定義）
第二条（1項・2項略）

3　この法律において「個人情報」とは、行政機関個人情報保護法第二条第二項に規定する個人情報であって行政機関が保有するもの、独立行政法人等個人情報保護法第二条第二項に規定する個人情報であって独立行政法人等が保有するもの又は個人情報の保護に関する法律（以下「個人情報保護法」という。）第二条第一項に規定する個人情報であって行政機関及び独立行政法人等以外の者が保有するものをいう。

> 3項 「個人情報」の定義

4　この法律において「個人情報ファイル」とは、行政機関個人情報保護法第二条第四項に規定する個人情報ファイルであって行政機関が保有するもの、独立行政法人等個人情報保護法第二条第四項に規定する個人情報ファイルであって独立行政法人等が保有するもの又は個人情報保護法第二条第二項に規定する個人情報データベース等であって行政機関及び独立行政法人等以外の者が保有するものをいう。

> 4項 「個人情報ファイル」の定義

5　この法律において「個人番号」とは、第七条第一項又は第二項の規定により、住民票コード（住民基本台帳法（昭和四十二年法律第八十一号）第七条第十三号に規定する住民票コードをいう。以下同じ。）を変換して得られる番号であって、当該住民票コードが記載された住民票に係る者を識別するために指定されるものをいう。

> 5項 「個人番号」の定義

6　この法律において「本人」とは、個人番号によって識別される特定の個人をいう。

7　この法律において「個人番号カード」とは、氏名、住所、生年月日、性別、個人番号その他政令で定める事項が記載され、本人の写真が表示され、かつ、これらの事項その他総務省令で定める事項（以下「カード記録事項」という。）が電磁的方法（電子的方

> 7項 「個人番号カード」の定義

1.3 用語の定義（法2条）

法、磁気的方法その他の人の知覚によって認識することができない方法をいう。第十八条において同じ。）により記録されたカードであって、この法律又はこの法律に基づく命令で定めるところによりカード記録事項を閲覧し、又は改変する権限を有する者以外の者による閲覧又は改変を防止するために必要なものとして総務省令で定める措置が講じられたものをいう。

8　この法律において「特定個人情報」とは、個人番号（個人番号に対応し、当該個人番号に代わって用いられる番号、記号その他の符号であって、住民票コード以外のものを含む。第七条第一項及び第二項、第八条並びに第五十一条並びに附則第三条第一項から第三項まで及び第五項を除き、以下同じ。）をその内容に含む個人情報をいう。

> 8項「特定個人情報」の定義

9　この法律において「特定個人情報ファイル」とは、個人番号をその内容に含む個人情報ファイルをいう。

> 9項「特定個人情報ファイル」の定義

10　この法律において「個人番号利用事務」とは、行政機関、地方公共団体、独立行政法人等その他の行政事務を処理する者が第九条第一項又は第二項の規定によりその保有する特定個人情報ファイルにおいて個人情報を効率的に検索し、及び管理するために必要な限度で個人番号を利用して処理する事務をいう。

> 10項「個人番号利用事務」の定義
> 9条1項及び2項とリンクしている。

11　この法律において「個人番号関係事務」とは、第九条第三項の規定により個人番号利用事務に関して行われる他人の個人番号を必要な限度で利用して行う事務をいう。

> 11項「個人番号関係事務」の定義
> 9条3項とリンクしている。

12　この法律において「個人番号利用事務実施者」とは、個人番号利用事務を処理する者及び個人番号利用事務の全部又は一部の委託を受けた者をいう。

> 12項「個人番号利用事務実施者」の定義

13　この法律において「個人番号関係事務実施者」とは、個人番号関係事務を処理する者及び個人番号関係事務の全部又は一部の委託を受けた者をいう。

> 13項「個人番号関係事務実施者」の定義

14　この法律において「情報提供ネットワークシステ

> ム」とは、行政機関の長等（行政機関の長、地方公共団体の機関、独立行政法人等、地方独立行政法人（地方独立行政法人法（平成十五年法律第百十八号）第二条第一項に規定する地方独立行政法人をいう。以下同じ。）及び地方公共団体情報システム機構（以下「機構」という。）並びに第十九条第七号に規定する情報照会者及び情報提供者をいう。第二十七条及び附則第二条において同じ。）の使用に係る電子計算機を相互に電気通信回線で接続した電子情報処理組織であって、暗号その他その内容を容易に復元することができない通信の方法を用いて行われる第十九条第七号の規定による特定個人情報の提供を管理するために、第二十一条第一項の規定に基づき総務大臣が設置し、及び管理するものをいう。

〔14項 「情報提供ネットワークシステム」の定義〕

> 15　この法律において「法人番号」とは、第四十二条第一項又は第二項の規定により、特定の法人その他の団体を識別するための番号として指定されるものをいう。

〔15項 「法人番号」の定義〕

1　個人情報（番号法 2条3項）

　番号法は、個人情報保護法制の一般法に対する特別法であり、各個人情報保護法法制で別々に「個人情報」の定義規定があるため、番号法は、それぞれの個人情報保護法法制の定義を踏襲しています。

　「個人情報」の定義の共通点は、
①**生存する**　②**個人に関する情報である**　③**特定の個人が識別できる**
という点です。

「個人情報」の定義

保有主体	番号法における「個人情報」	定義の共通点
民間事業者・地方公共団体	個人情報保護法2条1項が規定する「個人情報」	①生存する ②個人に関する情報であって、 ③特定の個人が識別できるもの
行政機関	行政機関個人情報保護法2条2項が規定する「個人情報」	
独立行政法人等	独立行政法人等個人情報保護法2条2項が規定する「個人情報」	

2 個人情報ファイル（ 番号法 2条4項）

「個人情報ファイル」も、各個人情報保護法制で定義規定があるので、番号法は各個人情報保護法制の定義を踏襲しています。ここで、「個人情報ファイル」は、行政機関個人情報保護法と独立行政法人等個人情報保護法で用いている用語であり、個人情報保護法においては「個人情報データベース等」がこれに相当します。

なお、個人情報ファイルは「個人情報」であることが前提なので、個人情報ファイルには死者の情報は含みません。

「個人情報ファイル」の定義

保有主体	番号法における「個人情報ファイル」	定義の共通点
民間事業者・地方公共団体	個人情報保護法2条2項が規定する「個人情報データベース等」	保有する個人情報を容易に検索できるように体系的に構成（一定の基準に基づいて情報を整理）したもの
行政機関	行政機関個人情報保護法2条4項が規定する「個人情報ファイル」	
独立行政法人等	独立行政法人等個人情報保護法2条4項が規定する「個人情報ファイル」	

3 個人番号（ 番号法 2条5項）

「個人番号」は、**住民票コード**を変換して得られる番号であって、当該住民票コードが記載された住民票に係る者を識別するために指定されるものです。

12桁の番号で、原則として生涯変更できません（盗用・漏洩等の被害を受けた場合に限り変更できる。 番号法 7条1項2項参照）。

死者の番号も含みます（個人情報のような「生存する」という要件がない）。このため、死亡届が出されて住民登録が抹消されても、個人番号が廃止されたり他の個人に付番されたりすることはありません。

4 本人（番号法 2条6項）

「本人」とは、個人番号によって識別される特定の個人です。

5 個人番号カード（番号法 2条7項）

「個人番号カード」は、券面に**個人番号**と**基本4情報**（氏名、住所、生年月日、性別）を記載し、本人の**顔写真**が表示され、**IC チップ**に基本4情報や個人番号、電子証明書等の情報が記録されたカードです。

通知カード（後述）は住民票のある全員に交付されますが、個人番号カードは**希望者**にのみ交付されることになっています。

個人番号カードは、本人確認のための身分証明書として利用できるだけでなく、図書館カードや印鑑登録証など地方公共団体が独自に条例で定めるサービスに利用でき、e-Tax 等の電子申請等が行える電子証明書も標準搭載できます（FAQ 3-2）。

マイナポータルにログインするために、この電子証明書が必要となります（FAQ 3-4）。

図2-2 個人番号カード（案）

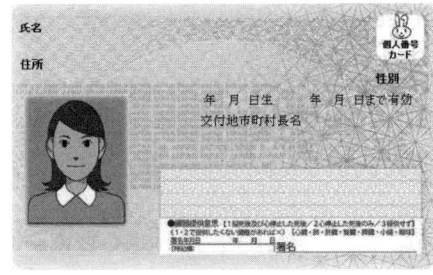

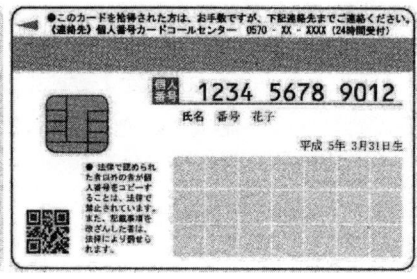

表面　　　　　　　　　　　　　裏面

出典：「個人番号カードの様式について」（総務省）より

6 　特定個人情報（ 番号法 　2条8項）

(1) 定義

「**特定個人情報**」は、**個人番号をその内容に含む個人情報**です。

ここでいう「**個人番号**」は、**個人番号に対応し、当該個人番号に代わって用いられる番号、記号その他の符号**であって、住民票コード以外のものを含みます（8項カッコ書）。これは、個人番号の成り代わり物と評価できるものを含む個人情報の提供等の取扱いも規制しないと、個人番号を含む個人情報の取扱いを規制した意味がないからです（住民票コードについては、本来的に個人番号に対応し個人番号に代わって用いられることを目的として住民票に記載されているものではないため、上記符号には該当しないことにしています）。

したがって、例えば、全ての個人番号の最後に0を足したり、1をA、2をB、3をC……と置き換える方法をとっても「個人番号」です。

また、情報提供ネットワークシステムを使用した情報提供等の際に用いられる符号も、「個人番号」です（逐条解説（19条の解説）参照）。

(2) 特定個人情報等

「特定個人情報**等**」という語は法律で定義されている用語ではありません。特定個人情報保護ガイドラインにおいて、「事業者は、個人番号及び特定個人情報（以下「特定個人情報等」という）の漏えい、滅失又は毀損（以下「情報漏えい等」という）の防止等のための安全管理措置」（を講じなければならない）などとして用いられています。

生存する者の個人番号は、**個人情報**（生存する個人の情報であって、特定の個人を識別できるもの）であり、したがって**特定個人情報**でもあります。このため、生存する者については個人番号と特定個人情報とを厳密に区別して安全管理措置等を論ずる意味は大きくなく、「個人番号及び特定個人情報」とせずに「特定個人情報」と表現しておけば足りるといえます。

しかし、個人番号には**死者の番号**も含まれるところ、死者の個人番号は個人情報・特定個人情報ではありません。このため、死者については個人

番号を「特定個人情報」から区別して安全管理措置を論ずる意味があるので、「個人番号及び特定個人情報（特定個人情報等）」という用語の必要性があります。

(3) 特定個人情報に関する各種の問題

　事業者等が扱っている情報が「特定個人情報」に該当すると、当該情報は番号法の厚い保護措置の対象となり、特に行政機関の長等は、特定個人情報ファイルを保有することになると特定個人情報保護評価を実施しなければならないといった、それに応じた対応が必要となるため、当該情報が特定個人情報に該当するか否かは重要な問題になります。

①　個人番号の暗号化

　個人番号を暗号化等により秘匿化すれば、「個人番号」ではなくなるのでしょうか。

　個人番号を暗号化しても、「個人番号に対応し、当該個人番号に代わって用いられる番号、記号その他の符号」（ 番号法 2条8項カッコ書）に該当することは上述しました。このため、暗号化した個人番号も「個人番号」に該当するとされています（Q＆A 9-2）。

　したがって、暗号化した個人番号を含む個人情報は、特定個人情報として番号法の規制対象となるので注意が必要です。

　なお、個人番号や特定個人情報を暗号化することは、個人番号・特定個人情報の**技術的安全管理措置**として望ましい手法の一つであることは言うまでもありません。

②　個人番号をバラバラの数字に分解した場合

　個人番号をバラバラの数字に分解して保管しても、事務処理の際にはバラバラに分解した数字を復元して利用することになるため、バラバラにした数字の全体が「個人番号」に該当すると解されています（Q＆A 9-3）。

③　データベースの利用と「特定個人情報」

　個人番号はデータマッチングの「キー」として機能し、各種の個人情報を**紐づけ**し、検索・抽出や集積がしやすくなるものです。

　このため、あらゆる個人情報と個人番号が紐づけされ悪用されてしまうと、個人番号によって大量の個人情報が検索・集積され、プライバシー等の人権が侵害される危険があります。そこで法は、個人番号と紐づけられた「特定個人情報」の取扱いを、個人情報保護法制におけるよりも厳しく規制しています（ 番号法 15条、19条、20条等）。

　したがって、当該情報が「特定個人情報」に該当するかどうかの判断においては、当該情報が個人番号と紐づけられているかどうかが重要な判断要素になります。

　例えば、データベースを利用する場合は、別のテーブル、別のデータベースの情報を含め、個人番号にアクセスできる者が**個人番号と紐づけて**アクセスできる個人情報は、全て「特定個人情報」であると解されています（保護評価指針解説 p.32 ～ p.37 参照）。

　当該情報がパソコン画面では個人番号と共に表示されていないけれども、システム内で当該情報と個人番号が紐づけられているような場合には、番号法違反となってしまうことがあるので（特定個人情報の収集・保管を制限する 番号法 20条や特定個人情報ファイルの作成を制限する 番号法 28条の違反等）、個人番号に**アクセスできる**権限の**管理**や適切な**アクセス制御**を実施することが重要です。

図2-3 データベースを用いる場合の特定個人情報の範囲（概念）

特定個人情報	個人情報	個人番号
	○○○	123 456 789 012
	△△△	210 987 654 321
	×××	･･･････

ID	支給日	基本給	･･･
543-210	･･･	･･･	･･･
654-321			
･･･-･･･			

個人番号と紐づけてアクセス可

特定個人情報	個人情報	個人番号
	○○○	123 456 789 012
	△△△	210 987 654 321
	×××	･･･････

アクセス制御

ID	支給日	基本給	･･･
543-210	･･･	･･･	･･･
654-321			
･･･-･･･			

個人番号と紐づけてのアクセス不可

7 特定個人情報ファイル（**番号法** 2条9項）

　特定個人情報ファイルは、個人番号をその内容に含む個人情報ファイルです。個人情報ファイル（4項）に個人番号が紐づけられたもの、または特定個人情報がデータベース化したもの（容易に検索できるように一定の基準に基づいて情報を整理したもの）が、特定個人情報ファイルであるといえます。

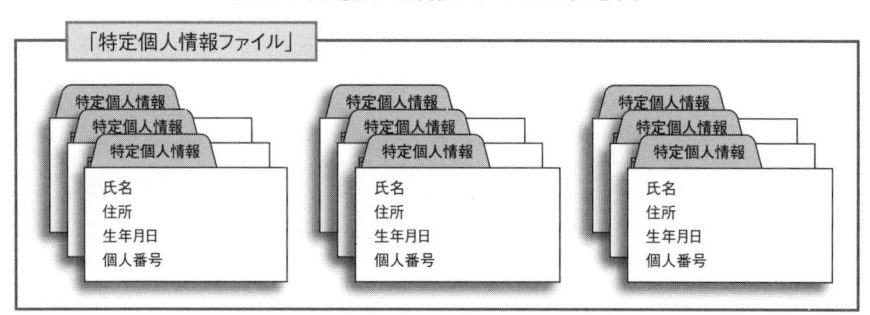

図 2-4 特定個人情報ファイルの概念図

8 個人番号利用事務と個人番号関係事務

（1）個人番号利用事務（**番号法** 2条10項、9条1項・2項）

　「個人番号利用事務」は、行政機関、独立行政法人等、地方公共団体等、健康保険組合等の、**行政事務を処理する者**が、**番号法9条1項または2項の規程**により、その保有する特定個人情報ファイルにおいて個人情報を効率的に検索し、及び管理する事務です。

　番号法9条1項の規程により個人番号利用事務を行うことができる者と事務については、法別表第1の上欄と下欄に列挙されています。

　番号法9条2項の規程による場合とは、法別表第1の下欄に掲げられていない事務であっても、社会保障、地方税又は防災に関する事務その他これらに類する事務のうち、地方公共団体の長等が、個人番号を利用することを条例で定めることができるものです。

(2) 個人番号関係事務（番号法 2条11項、9条3項）

「個人番号関係事務」は、**番号法9条3項**の規定により個人番号利用事務に関して行われる他人の個人番号を必要な限度で利用して行う事務とされています。

従業員等を有する全事業者が個人番号を扱うことになるのが、個人番号関係事務です。

個人番号利用事務・個人番号関係事務の規定

個人番号利用事務と個人番号関係事務		
個人番号利用事務 ＝行政事務を処理する者が9条1項または2項によりその保有する特定個人情報ファイルにおいて個人情報を効率的に検索・管理するために必要な限度で個人番号を利用して処理する事務	9条1項による事務	別表第1の上欄に掲げる者が、同表下段に掲げる事務の処理に関して保有する特定個人情報ファイルにおいて個人情報を効率的に検索し、及び管理する事務 ※別表第1の上段に掲げる者＝国の行政機関、独立行政法人等、地方公共団体等、健康保険組合・全国健康保険協会・社会福祉協議会等の行政事務を処理する者
	9条2項による事務	地方公共団体の長その他の執行機関が、社会保障、地方税または防災に関する事務であって条例で定めるものの処理に関して保有する特定個人情報ファイルにおいて個人情報を効率的に検索し、及び管理する事務
個人番号関係事務 ＝9条第3項の規定により個人番号利用事務に関して行われる他人の個人番号を利用して行う事務 9条3項による事務	9条3項による事務	本人から個人番号の提供を受けて、その個人番号を個人番号利用事務実施者に提供する事務

個人番号利用事務（9条1項、9条2項）の例

社会保障分野	年金分野	・年金の資格取得・確認 ・年金給付の支給　　　　　　　　　等	9条1項別表第1で定める事務
	労働分野	・雇用保険等の資格取得・確認 ・雇用保険の失業等給付の支給 ・労災保険の労災保険給付の支給　等	
	福祉・医療等の分野	・福祉分野の給付（児童扶養手当の支給、母子家庭自立支援給付金の支給等） ・生活保護の決定・実施 ・介護保険の保険給付の支給・保険料の徴収等 ・健康保険の保険給付の支給、保険料徴収等 ・日本学生支援機構における手続（学資の貸与等）　等	
税分野		・国税の賦課・徴収に関する事務 ・地方税の賦課・徴収に関する事務　　等	
災害対策分野		・被災者生活再建支援金の支給　　等	
社会保障、地方税、防災に関する事務その他これらに類する事務であって地方公共団体が条例で定める事務			9条2項条例で定める事務

【個人番号関係事務の例】

・事業者が、従業員等から個人番号の提供を受けて、これを給与所得の源泉徴収票、給与支払報告書に記載して、税務署長（源泉徴収票）・市町村長（支払報告書）に提出する事務
・事業者が、従業員等から個人番号の提供を受けて、これを健康保険・厚生年金保険被保険者資格取得届、雇用保険被保険者資格取得届等の書類に記載して、健康保険組合・日本年金機構・ハローワークに提出する事務
・行政機関等や地方公共団体等が、職員の個人番号を給与所得の源泉徴収票に記載して、税務署長に提出する事務
・事業者が講師に講演料を支払った場合に、講師の個人番号を報酬、料金、契約金及び賞金の支払調書に記載して、税務署長に提出する事務
・従業員や職員等の給与受給者が、扶養家族の個人番号を扶養控除等（異動）申告書に記載して、勤務先の事業者・行政機関などに提出する事務
・個人番号関係事務の委託を受けた事業者が委託のために行う事務

1.3 用語の定義（法2条）

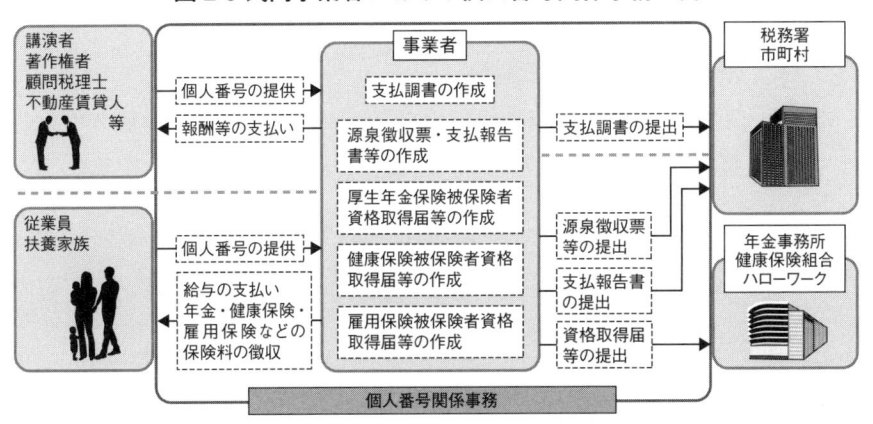

図 2-5 民間事業者における個人番号関係事務の例

[図: 民間事業者における個人番号関係事務のフロー図。講演者・著作権者・顧問税理士・不動産賃貸人等および従業員・扶養家族から事業者へ個人番号の提供が行われ、事業者は支払調書の作成、源泉徴収票・支払報告書等の作成、厚生年金保険被保険者資格取得届等の作成、健康保険被保険者資格取得届等の作成、雇用保険被保険者資格取得届等の作成を行い、税務署・市町村、年金事務所・健康保険組合・ハローワークへ提出する。]

出典：内閣官房資料『事業主における番号の利用例』を元に作成

（3）個人番号利用事務等

番号法では、個人番号利用事務と個人番号関係事務をあわせて「**個人番号利用事務等**」と略称しています（番号法 10条1項）。

9 個人番号利用事務実施者と個人番号関係事務実施者

（1）個人番号利用事務実施者（番号法 2条12項）

「個人番号利用事務実施者」は、個人番号利用事務を処理する者及び個人番号利用事務の全部又は一部の委託を受けた者です。

（例）国の行政機関（税務署・ハローワークなど）、独立行政法人等、地方公共団体等、健康保険組合・日本年金機構など

（2）個人番号関係事務実施者（番号法 2条13項）

「個人番号関係事務実施者」は、個人番号関係事務を処理する者及び個人番号関係事務の全部又は一部の委託を受けた者です。

一般の民間事業者のほとんどは、この個人番号関係事務実施者として、個人番号を取り扱うことになります。

行政機関等や地方公共団体等も、職員の源泉徴収票を作成し届出する事務等の個人番号関係事務を行います。

(3) 個人番号利用事務等実施者

番号法では、個人番号利用事務実施者と個人番号関係事務実施者をあわせて「**個人番号利用事務等実施者**」と略称しています（ 番号法 12条）。

(4) 委託を受けた者

個人番号利用事務実施者には、個人番号利用事務の全部又は一部の**委託を受けた者**を含みます（ 番号法 2条12項）。

個人番号関係事務実施者にも、個人番号関係事務の全部又は一部の**委託を受けた者**を含みます（ 番号法 2条13項）。

個人番号利用事務・個人番号関係事務の委託そのものは番号法でも禁じていないので、委託を受けた者にも個人番号を保護する義務を課すために、委託を受けた者を個人番号利用事務実施者・個人番号関係事務実施者に含めています（ 番号法 12条の安全管理措置を講ずる義務等が課されています）。

10　情報提供ネットワークシステム（ 番号法 2条14項）

「情報提供ネットワークシステム」は、各行政機関が管理しているコンピュータを情報ネットワークで相互に接続した情報処理システムです。内容を容易に復元することができない暗号その他の通信の方法を用いて行われる特定個人情報の提供を管理するために、規定に基づき総務大臣が設置・管理するものです。

行政事務を行う者が迅速かつ安全に情報の授受を行い、情報を共有し、法の目的（1条）を実現するための要となるシステムです。

11　法人番号（ 番号法 2条15項）

法人番号は、番号法42条1項又は2項の規定により、特定の法人その

他の団体を識別するための番号として指定されるものです。

　法人番号の通知や特徴、個人番号との比較については、本書の第2編7-2（p.241～）を参照して下さい。

第4節 個人番号の指定・通知等、個人番号カード

1 個人番号の指定・通知と変更等

(1) 個人番号の指定・通知（ 番号法 7条1項）

　個人番号は、市町村長及び特別区の区長が指定し通知します（ 番号法 7条1項）。

　指定・通知の対象者は、**住民票に住民票コードが記載されている者**です（ 番号法 7条1項）。このため、住民票コードが住民票に記載されている日本国民だけでなく、住民票作成の対象となる外国人住民（中長期在留者、特別永住者、一時庇護者及び仮滞在許可者、経過滞在者）も個人番号が指定されます。

　他方で、日本人でも、国外滞在者で住民票がない場合は個人番号の指定の対象外となります（住民票が作成されれば対象となる）。

〈国外転出者と個人番号〉
・個人番号が指定・通知された後に国外へ転出し、その後帰国した場合は、転出前と同じ個人番号を利用することになる（FAQ 2-5）。
・日本国外にいて、個人番号の指定・通知に関する規定の施行日である2015年（平成27年）10月5日時点に日本国内に住民票がない者は、個人番号の指定は行われず、帰国して国内に住民票を作成したときに初めて個人番号が指定される（FAQ 2-6）

(2) 個人番号の通知の方法（ 番号法 7条1項）

　市区町村長が、券面に個人番号と基本4情報（①氏名 ②住所 ③生年月日 ④性別）を記載した**通知カード**で通知します（ 番号法 7条1項）。

　通知カード（紙製）は、簡易書留で住民票の住所に郵送されます。

1.4　個人番号の指定・通知等、個人番号カード

図2-6 通知カード（案）

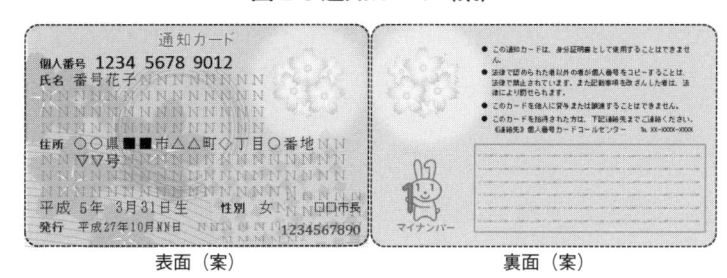

表面（案）　　　　　　　　　裏面（案）

出典：「社会保障・税番号制度の早わかり」（国税庁）より

（3）個人番号の変更（ 番号法 ７条２項）

① 変更できる場合

個人番号は、**漏えいして不正に用いられるおそれがあると認められるとき**に限り、変更することができます（ 番号法 ７条２項）。

このため、個人番号は原則として生涯不変です。

② 変更する者と変更の方法

・市町村長（区長）が、
・本人の請求又は職権により、
・新たな個人番号を指定し、通知カードにより通知します（ 番号法 ７条２項）。

（4）通知カードの記載事項の変更、紛失、返納等

① 記載事項の変更（ 番号法 ７条４項・５項）

転居による住所変更や結婚・離婚・養子縁組・改名などにより通知カードの記載事項に変更がある場合には、以下のような手続を要します。

・市町村長への転入の届出と同時に通知カードを提出しなければならず、市町村長が記載事項を変更する（ 番号法 ７条４項）。
・通知カードの記載事項に変更があったときは、14日以内に住所地市町村長に届け出て、通知カードを提出しなければならない（同条５項）。

② 紛失の場合（ 番号法 7条6項）

通知カードを紛失した場合は住所地市町村長に届け出なければなりません（同条6項）。通知カードの拾得者によるなりすまし等を防止するためです。

③ 返納（ 番号法 7条7項）

個人番号カードの交付を受ける際に通知カードを返納することを要します（同条7項）。

通知カードの返納と個人番号カードの交付後は、個人番号カードで、番号の確認（裏面）と身元確認（表面）を行います。

④ 個人番号の生成等（ 番号法 8条）

市町村長が指定する個人番号は、地方公共団体情報システム機構（本法では「機構」と略称されています。）が、市町村長から通知された住民票コードを変換して生成し（ 番号法 8条1項）、市町村長に通知します（同条2項）。そして、市町村長が、生成された番号を個人番号として指定し（「付番」といいます）、住民に通知します。

「機構」は、地方公共団体システム機構法に基づいて設置される地方共同法人であり、個人番号の生成機関です。

2 個人番号カードの交付等と利用の促進

個人番号カードは、券面に**個人番号**と**基本4情報**（氏名、住所、生年月日、性別）を記載し、本人の**顔写真**が表示され、**IC チップ**に基本4情報や個人番号、電子証明書等の情報が記録されたカードです（ 番号法 2条7項）。

個人番号の利用促進のために、番号法の基本理念として、個人番号カードの利用促進が謳われており、将来的には民間も含めた活用を視野に入れています（ 番号法 3条3項）。

1.4　個人番号の指定・通知等、個人番号カード

図2-7 個人番号カード（案）

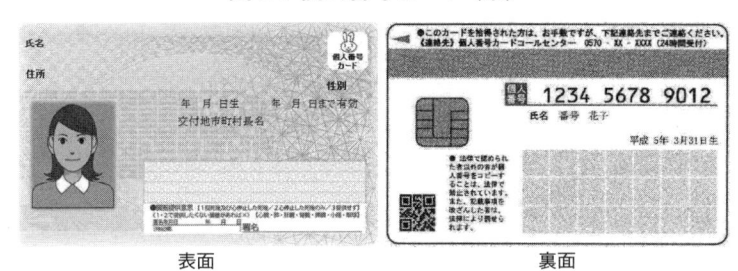

表面　　　　　　　　　裏面

出典：「個人番号カードの様式について」（総務省）より

(1) 個人番号カードの交付等（ 番号法 17条1項）

　個人番号カードは、**申請により**（＝希望者に）、市町村長が交付します（ 番号法 17条1項）。

　交付の際には、通知カードを返納し、本人確認の措置をとることを要します（同条1項）。

〈個人番号カードの交付手順（FAQ 3-9）〉
・通知カードとともに申請書が送付される。
・申請書に顔写真を貼付して返信用封筒で送付する。
・交付通知書が送付され、市区町村の窓口に出向き、
・本人確認のうえ、交付される。

(2) 個人番号カードの記載事項の変更、紛失、返納等
① 　記載事項の変更（ 番号法 17条2項～4項）

　転居による住所変更や結婚・離婚・養子縁組・改名などにより個人番号カードの記載事項に変更がある場合には、以下のような手続を要します。

・市町村長への転入の届出と同時に個人番号カードを提出しなければならず、市町村長が記載事項を変更する（ 番号法 17条2項・3項）。
・個人番号カードの記載事項に変更があったときは、14日以内に住所地市町村長に届け出て、個人番号カードを提出しなければならない

(　番号法　17条4項)。

②　紛失の場合（　番号法　17条5項）

　個人番号カードを紛失した場合は住所地市町村長に届け出なければなりません（　番号法　17条5項）。個人番号カードの拾得者によるなりすまし等を防止するためです。

③　有効期限と返納（　番号法　17条6項・7項）

　個人番号カードには**有効期限**があります（　番号法　17条6項）。

　個人番号カードの有効期限は、20歳以上は10年、20歳未満は5年です（FAQ 3-8）。

　個人番号カードに有効期限が設けられているのは、個人番号カードには顔写真が表示されるところ、年月の経過とともに容貌も変化し、身分証明書としての機能が低下するからです。また、なりすまし対策として、一定期間経過後に個人番号カードを失効させ、本人確認の機会を設ける必要があることや、セキュリティ技術の進歩に対応する必要があることも理由としてあげられます。

　有効期限が満了した場合等には、住所地市町村長に個人番号カードを返納しなければなりません（同条7項）。

(3) 個人番号カードの利用促進（　番号法　18条）

　個人番号の利用促進のために、番号法の基本理念として、個人番号カードの利用促進が謳われています（　番号法　3条3項）。このため、番号法には個人番号カードの利便性を向上するための規定があります（　番号法　18条）。

　すなわち、個人番号カードは、**本人確認の措置**（　番号法　16条）において利用するほか、下記の場合の利用が認められています。

　なお、下記の独自利用は、個人番号カードのICチップ内の空き領域を利用して行います（　番号法　18条柱書）。また、本条により独自利用する者は、カード記録事項の漏えい、滅失又は毀損の防止その他のカード記録事項の安全管理を図るため必要なものとして総務大臣が定める基準に従っ

1.4 個人番号の指定・通知等、個人番号カード

てカードを取り扱わなければならないとされています（同条柱書）。

【独自利用が認められる場合】
・市町村の機関が地域住民の利便性の向上に資するものとして条例で定める事務への独自利用（ 番号法 18条1号）
・特定の個人を識別して行う事務を処理する行政機関、地方公共団体、民間事業者その他の者であって政令で定める者の事務への独自利用（同条2号）

3 通知カードと個人番号カードの比較

	通知カード	個人番号カード
	※1	※2
交付等	市町村長が、住民票を有する全員あてで、住民票上の住所に郵送（7条）。（簡易書留）	市町村長が、希望者に（申請により）、通知カードの返納を受けて交付（17条）。
記載事項等	個人番号 基本4情報（氏名・住所・生年月日・性別）	個人番号、基本4情報 顔写真、ICチップ
利用等	番号確認	番号確認 身元確認（身分証明書として利用） ICチップの利用（行政手続のオンライン申請、印鑑登録証・図書館カードの利用、住民票・印鑑登録証等の取得等。将来的には、オンラインバンキング、引越時の各種届出や電気・ガス・水道などの民間サービスの届出をワンストップ化も検討中）。
手続等	記載事項の変更（7条4項5項） 紛失の届け出（7条6項） 個人番号カード交付時の返納（7条7項）	記録事項の変更（17条2項4項） 紛失の届け出（17条5項） 有効期限満了時の返納（17条7項）

※1「社会保障・税番号制度の早わかり」（国税庁）より
※2「個人番号カードの普及・利活用について」（総務省）より

過去問にチャレンジ

〈3級〉

問題1． 番号法には規定されていない事項が、個人情報保護法令には規定されている場合、個人情報保護法令が適用される。

　　ア．正しい　　イ．誤っている　　　　　　　〈第1回出題　問題2〉

問題2． 以下は、番号法におけるさまざまな用語に関する説明である。以下のアからエまでのうち、
（　　　）内に入る最も適切な語句の組合せとして正しいものを1つ選びなさい。

> ・番号法における「（　a　）」とは、行政機関個人情報保護法における行政機関のことをいう。
> ・番号法における「（　b　）」とは、7条の規定により、住民票コードを変換して得られる番号であって、当該住民票コードが記載された住民票に係る者を識別するために指定されるものをいう。
> ・番号法における「（　c　）」とは、個人番号をその内容に含む個人情報をいう。

　ア．a．地方公共団体　　b．特定個人番号　　c．特定個人情報
　イ．a．地方公共団体　　b．個人番号　　　　c．特定情報
　ウ．a．行政機関　　　　b．特定個人番号　　c．特定情報
　エ．a．行政機関　　　　b．個人番号　　　　c．特定個人情報

〈第1回出題　問題33〉

〈2級〉

問題3． 番号法におけるさまざまな用語に関する以下のアからエまでの記述のうち、誤っているものを1つ選びなさい。

　ア．番号法における「行政機関」とは、行政機関個人情報保護法における行政

機関のことをいう。
イ．番号法における「個人情報」とは、行政機関個人情報保護法における個人情報であって行政機関が保有するものをいい、個人情報保護法における個人情報は含まれない。
ウ．番号法における「個人情報ファイル」とは、行政機関個人情報保護法における個人情報ファイルであって行政機関が保有するもの、独立行政法人等個人情報保護法における個人情報ファイルであって独立行政法人等が保有するもの、個人情報保護法における個人情報データベース等であって行政機関及び独立行政法人等以外の者が保有するものをいう。
エ．番号法における「個人番号」とは、住民票コードを変換して得られる番号であって、当該住民票コードが記載された住民票に係る者を識別するために指定されるものをいう。 〈第1回出題　問題5〉

問題4． 番号法におけるさまざまな用語に関する以下のアからエまでの記述のうち、誤っているものを1つ選びなさい。
ア．番号法における「本人」とは、個人番号によって識別される特定の個人をいう。
イ．番号法における「通知カード」とは、氏名、住所、生年月日、性別、個人番号等が記載され、本人の写真が表示され、かつ、これらの事項等が電磁的方法により記録されたカードであって、これらの事項の閲覧や改変を防止するための措置が講じられたものをいう。
ウ．番号法における「特定個人情報」とは、個人番号をその内容に含む個人情報をいう。
エ．番号法における「特定個人情報ファイル」とは、個人番号をその内容に含む個人情報ファイルをいう。 〈第1回出題　問題6〉

問題5． 番号法3条には、番号法における個人番号及び法人番号の利用に関する基本理念が規定されている。以下のアからエまでの記述のうち、この番号法の基本理念に関する【問題文A】から【問題文C】の内容として正しいものを1つ選びなさい。

【問題文A】個人番号及び法人番号の利用に関する施策の推進は、行政運営の効率化を通じた国民の利便性の向上に資することを旨として、社会保障制度、税制及び災害対策に関する分野における利用の促進を図ることが重要であり、個人情報の保護の観点から、他の行政分野や民間でも利用する可能性を考慮してはならないと規定されている。

【問題文B】個人番号の利用に関する施策の推進は、行政事務の処理における本人確認の簡易な手段としての個人番号カードの利用の促進を図るとともに、カード記録事項が不正な手段により収集されることがないよう配慮しつつ、行政事務以外の事務の処理において個人番号カードの活用が図られるように行われなければならないと規定されている。

【問題文C】個人番号の利用に関する施策の推進は、個人情報の保護に十分配慮しつつ、社会保障制度、税制、災害対策その他の行政分野において、行政機関、地方公共団体その他の行政事務を処理する者が迅速に特定個人情報の授受を行うための手段としての情報提供ネットワークシステムの利用の促進を図って行われなければならないと規定されている。

ア．Aのみ誤っている。
イ．Bのみ誤っている。
ウ．Cのみ誤っている。
エ．すべて正しい。

〈第1回出題　問題7〉

第2編 番号法の構成と理解

第2章
特定個人情報等の保護措置

第1節　総論
第2節　利用範囲の制限
第3節　取扱いの制限・規制
第4節　委託の規制
第5節　安全管理措置
第6節　個人情報保護法制（一般法）の規定の適用
過去問にチャレンジ

第1節

総論

　「個人番号」は、住民票に係る者を識別するために指定される12桁の番号であり、データマッチングの「キー」(鍵)として機能し、各種の個人情報が個人番号と**紐づけ**されることで、個人情報の検索・抽出や集積、連携がしやすくなります。これにより、行政の効率化、公平・公正な社会の実現そして国民の利便性の向上が期待できます。

　他方で、あらゆる個人情報と個人番号が紐づけされ悪用されてしまうと、個人番号によって大量の個人情報が検索・集積され、プライバシー等の人権が侵害される危険があります。

　そこで法は、個人番号や、個人番号と紐づけられた「特定個人情報」について、個人情報保護法制の一般法におけるよりも厳格な保護措置を設けています。保護措置は、個人番号・特定個人情報の「**利用範囲の制限**」、「**取扱いの制限**」、そして「**安全管理措置**」に分類することができます。

　そして、これらの保護措置の実効性を担保するために、**個人情報保護委員会**には、特定個人情報の取扱いに関する監視・監督を行うため、個人番号利用事務実施者や個人番号関係事務実施者に対する指導・助言、勧告、命令や、立入検査等の権限が認められています。

　また、**マイナポータル**(情報提供等記録開示システム)により、本人も行政事務を処理する者による特定個人情報の取扱いを監視することが可能となるため、保護措置の実効性を担保する制度であるといえます。

　そして、違法行為に対する罰則も、個人情報保護法制の一般法におけるよりも強化され、保護措置の実効性を担保しています。

第2節

利用範囲の制限

[条文]
（利用範囲）

第九条　別表第一の上欄に掲げる行政機関、地方公共団体、独立行政法人等その他の行政事務を処理する者（法令の規定により同表の下欄に掲げる事務の全部又は一部を行うこととされている者がある場合にあっては、その者を含む。第三項において同じ。）は、同表の下欄に掲げる事務の処理に関して保有する特定個人情報ファイルにおいて個人情報を効率的に検索し、及び管理するために必要な限度で個人番号を利用することができる。当該事務の全部又は一部の委託を受けた者も、同様とする。

> 1項　個人番号利用事務（別表第1）

2　地方公共団体の長その他の執行機関は、福祉、保健若しくは医療その他の社会保障、地方税（略）又は防災に関する事務その他これらに類する事務であって条例で定めるものの処理に関して保有する特定個人情報ファイルにおいて個人情報を効率的に検索し、及び管理するために必要な限度で個人番号を利用することができる。当該事務の全部又は一部の委託を受けた者も、同様とする。

> 2項　個人番号利用事務（条例で定める場合）

3　健康保険法……（略）……その他の法令又は条例の規定により、別表第一の上欄に掲げる行政機関、地方公共団体、独立行政法人等その他の行政事務を処理する者又は地方公共団体の長その他の執行機関による第一項又は前項に規定する事務の処理に関して必要とされる他人の個人番号を記載した書面の提出その他の他人の個人番号を利用した事務を行うものとされた者は、当該事務を行うために必要な限度で個人番号を利用することができる。当該事務の全部又は一部の委託を受けた者も、同様とする。

> 3項　個人番号関係事務

4　前項の規定により個人番号を利用することができることとされている者のうち所得税法第二百二十五条第一項第一号、第二号及び第四号から第六号までに掲げる者は、激（げき）甚（じん）災害に対処する

> 4項　激甚災害時等に金融機関が支払を行う場合の事務

ための特別の財政援助等に関する法律（略）第二条第一項に規定する激甚災害が発生したときその他これに準ずる場合として政令で定めるときは、内閣府令で定めるところにより、あらかじめ締結した契約に基づく金銭の支払を行うために必要な限度で個人番号を利用することができる。

5　前各項に定めるもののほか、第十九条第十一号から第十四号までのいずれかに該当して特定個人情報の提供を受けた者は、その提供を受けた目的を達成するために必要な限度で個人番号を利用することができる。

> 5項　法19条11号から14号までに基づき特定個人情報の提供を受けた目的を達成するために必要な限度で利用する事務

1　概要

　番号法は、個人番号を利用できる事務の範囲を、社会保障、税、災害対策分野でしかもその中で限定的に定めた特定の事務（個人番号利用事務や個人番号関係事務等）に限定しています（番号法 9条）。このため、個人番号を利用しようとする者は、番号法があらかじめ限定的に定めた事務の中から具体的な利用目的を特定した上で個人番号を利用することを要し、**特定した利用目的の範囲を超えて個人番号を利用することができないのが**原則です。

　番号法があらかじめ限定的に定めた本来の事務（本来の利用目的）は、次の4類型です。

【本来の利用目的である事務】
① 個人番号利用事務（9条1項による別表第1関係の場合）
② 個人番号利用事務（9条2項による条例で定める場合）
③ 個人番号関係事務（9条3項）
④ 法19条11号から14号までに基づき特定個人情報の提供を受けた目的を達成するために必要な限度で利用する事務（同条5項）

　そして、番号法が、例外的に本来の利用目的を超えた個人番号の利用（**目的外利用**）を認める場合が次の2類型です。

> 【例外的に認める目的外利用の事務】
> ① 激甚災害時等に金融機関が支払を行う場合の事務（同条4項）
> ② 人の生命、身体又は財産の保護のために必要がある場合であって、本人の同意があり、又は本人の同意を得ることが困難である場合（法29条1項・2項又は3項により読み替えて適用される行政機関個人情報保護法8条2項1号・独立行政法人等個人情報保護法9条2項1号又は個人情報保護法16条3項2号、法32条）

なお、番号法では、特定個人情報ファイルを作成できる範囲についても、原則として、個人番号利用事務や個人番号関係事務等を処理するために必要な範囲に限定しています（ 番号法 28条。本書の第2編2-2-7（p.94）を参照）。

2　法があらかじめ限定的に定めた4類型の事務

法9条は、個人番号を利用できる範囲について、以下4類型の事務を限定的に定めています（ 番号法 9条1～3項、5項）。

なお、法9条4項（激甚災害等における利用）は**目的外利用**の場合なので、後述3（例外的に認められる目的外利用の場合）の箇所で説明します。

(1) 個人番号利用事務（別表第1関係。 番号法 9条1項）

個人番号利用事務は、行政機関等（国の行政機関・独立行政法人等）、地方公共団体等（地方公共団体・地方独立行政法人）その他の行政事務を処理する者が、**法9条1項または2項の規定により**、その保有する特定個人情報ファイルにおいて個人情報を効率的に検索し、及び管理する事務です（ 番号法 2条10項）。

別表第1の下欄に、**法9条1項**の個人番号利用事務が列挙されています。

個人番号利用事務は、行政機関等や地方公共団体等のほか、民間事業者でも健康保険組合等、行政事務を処理する者が法令に基づいてこれを行います。

また、民間事業者でも、個人番号利用事務の委託を受けた事業者は、個人番号利用事務を行うことができます。

個人番号利用事務の具体例等については、本書の第2編1-3-8（p.68）を参照してください。

(2) 個人番号利用事務（条例で定める場合。 番号法 9条2項）

地方公共団体の場合は、別表第1の下欄に掲げられていない事務であっても、「社会保障、地方税又は防災に関する事務その他これらに類する事務」のうち、個人番号を利用することを**条例で定める**ものについて、個人番号を利用することができます（ 番号法 9条2項）。

例えば、甲市が、乳幼児医療手当給付事務（別表第1には掲げられていない）について、法9条2項に基づき、当該事務において個人番号を利用する旨の条例を制定して、当該手当の申請書に記載された申請者の個人番号を利用して、甲市のデータベースから当該申請者の必要なデータを検索する場合は、この事務は、個人番号利用事務にあたります（特定個人情報GL（行政機関等・地方公共団体等編）第4-1-(1)-①Aa参照）。

(3) 個人番号関係事務（ 番号法 9条3項）

個人番号関係事務は、**法9条3項**の規定により個人番号利用事務に関して行われる他人の個人番号を必要な限度で利用して行う事務です（ 番号法 2条11項）。

事業を行う全ての者（行政機関等・地方公共団体等・民間事業者）が個人番号を扱うことになるのが、個人番号関係事務です。

個人番号関係事務の具体例等については、本書の第2編1-3-8（p.68）を参照して下さい。

(4) 法19条11号から14号までに基づき特定個人情報の提供を受けた目的を達成するために必要な限度で利用する事務（ 番号法 9条5項）

法19条11号から14号までに基づき特定個人情報の提供を受けた目的

を達成するために必要な限度で利用する事務（ 番号法 9条5項）は、行政機関などが行う可能性のある事務です。下表の場合には、題意のとおり特定個人情報の提供を受けた者は、その提供を受けた目的を達成するために必要な限度で個人番号を利用することができます。

法19条11号から14号までに基づく提供の場合

11号	個人情報保護委員会が法38条1項により特定個人情報の提出を求めた場合の提供
12号	公益上の必要があるときの提供 ①各議院の審査・調査の手続、②訴訟手続その他裁判所における手続、③裁判の執行、④刑事事件の捜査、租税に関する法律の規定に基づく犯則事件の調査、⑥会計検査院の検査、公益上の必要があるとき（施行令26条により、独禁法・金商法による犯則事件の調査、租税調査、個人情報保護法による報告徴収等）
13号	人の生命、身体又は財産の保護のための提供
14号	個人情報保護委員会規則に基づく提供

※条数は2015年改正後のもの

3 例外的に認められる目的外利用の事務

前記4類型の事務（ 番号法 9条1～3項、5項）は、個人番号を本来の利用目的の範囲内で利用する場合にあたりますが、以下の2類型は、本来の利用目的を超えた個人番号の利用（**目的外利用**）の場合にあたります。

番号法は、個人番号の目的外利用を、次の2類型だけ認めています。

(1) 激甚災害時等に金融機関が支払を行うための事務（ 番号法 9条4項）

激甚災害時等に金融機関が支払を行うための事務（ 番号法 9条4項）は、銀行等の預金取扱金融機関等や金融機関に該当する独立行政法人等が、本来の利用目的である個人番号関係事務のために保管している顧客の個人番号を、激甚災害等の事態に際して目的外利用することを認める規定です。

この場合は、個人番号の利用を認める必要性が認められ、他方で、プラ

イバシー等の人権侵害の危険がないことから、例外的に目的外利用が認められています。

(内容)

「激甚災害に対処するための特別の財政援助等に関する法律」2条1項の激甚災害が発生したとき、又は「災害対策基本法」63条1項その他内閣府令で定める法令の規定により一定の区域への立ち入りを制限、禁止され、もしくは当該区域からの退去を命ぜられたときに、金融機関が支払調書の作成等の個人番号関係事務を処理する目的で保有している個人番号を、顧客に対する金銭の支払いを行うという別の目的のために、顧客の預金情報等の検索に利用することができることになっています。

(2) 人の生命、身体又は財産の保護のために必要がある場合であって、本人の同意があり、又は本人の同意を得ることが困難である場合

人の生命、身体又は財産の保護のために必要がある場合であって、本人の同意があり、又は本人の同意を得ることが困難である場合も、支払調書の作成等の個人番号利用事務等を処理する目的で保有している個人番号の利用を認める必要性が認められ、他方で、プライバシー等の人権侵害の危険がないことから、例外的に目的外利用が認められています（ 番号法 29条1項・2項又は3項により読み替えて適用される行政機関個人情報保護法8条2項1号・独立行政法人等個人情報保護法9条2項1号又は個人情報保護法16条3項2号、 番号法 32条）。

なお、地方公共団体等においては、法31条の規定に基づき、行政機関等と同様の適用となるよう、個人情報保護条例の改正等が必要となる場合があります（法31条については、本書の第2編5-4（p.221）を参照）。

4 民間事業者の場合 – 利用目的による制限（読替え後の (個情法) 16条）

> [条文] ※ 個人情報保護法
> （利用目的による制限）
> 第十六条　個人番号取扱事業者は、~~あらかじめ本人の同意を得ないで~~、前条の規定により特定された利用目的の達成に必要な範囲を超えて、個人情報を取り扱ってはならない。
> 2　（略）
> 3　（略）

目的外利用の原則禁止
なお、法29条3項により、特定個人情報に関しては、個人情報保護法16条1項の「あらかじめ本人の同意を得ないで」という字句は削除される（＝特定個人情報は本人の同意に関わらず、目的外利用は原則禁止）。

(1) 利用目的による制限（目的外利用の原則禁止）

　一般法たる個人情報保護法では、個人情報の取得の際に**利用目的を特定**することが求められています（(個情法) 15条1項）〈注1〉。そして番号法では、個人番号を利用できる事務の範囲が社会保障、税、災害対策分野において限定的に定めた特定の事務（個人番号利用事務や個人番号関係事務等）に限定されています〈注2〉。

　したがって、個人番号を利用しようとする者は、番号法があらかじめ限定的に定めた事務の中から具体的な利用目的を特定して個人番号を取得することを要し、かつ**特定した利用目的の範囲を超えて個人番号を利用すること（目的外利用）はできない**のが原則です。

〈注1〉個人情報の利用目的の特定については、本書の第2編 2-3-3 ①（p.106）を参照
〈注2〉個人番号の利用範囲の限定については、本書の第2編 2-2-2（p.85）を参照

　そして、個人情報保護法では、本人の同意を得れば目的外利用が許されますが（(個情法) 16条1項）、番号法では、**本人の同意を得たとしても目的外利用は認めていない**ので（(番号法) 29条3項による (個情法) 16条1項の読替え等）、注意が必要です。

　なお、"(番号法) 29条3項による (個情法) 16条1項の読替え"の解説については、本書の第2編 5-2-2（p.214）を参照してください。

（2）利用目的の範囲内かどうかの判断

　上述したように、個人番号・特定個人情報は、取得の際に特定した利用目的の範囲を超えて利用できません。

　そして、利用目的の範囲を超えて個人番号を利用する必要が生じた場合は、**利用目的の変更**の手続〈注〉を実施して変更後の利用目的の範囲内で利用するか、又は改めて利用目的を特定した上で個人番号を再取得して利用するようにしなければなりません。

　このため、当該利用行為が利用目的の範囲内であるかどうかの判断が問題になる場合があります。

　当該行為が利用目的の範囲内の行為であるかの判断については、明確な基準は公表されていませんが、一応、事業者と本人との関係に照らし、当該利用行為の発生が当初特定した利用目的から予想できる範囲内にあるかどうかで判断することになるといえるでしょう。

〈注〉利用目的の変更
利用目的の変更の手続については、本書の第2編 2-3-3（1）①B（p.108）を参照

【問題となる事例】

① 「源泉徴収票作成事務」とだけ利用目的を特定して従業員から個人番号の提供を受けていた場合に、健康保険・厚生年金加入等の事務のために個人番号を利用する必要が生じた。この場合は健康保険・厚生年金保険加入等の事務は利用目的の範囲内か（個人番号を利用できるか）？
　→　利用目的の範囲を超えている（目的外利用になる）。従って、そのままでは健康保険・厚生年金加入等の事務に個人番号を利用することはできない。利用目的の変更の手続か個人番号の再取得を実施する必要がある。

② 利用目的を「源泉徴収票作成事務」と特定した場合に、給与支払報告書や退職所得の特別徴収票の作成は利用目的の範囲内といえるか？
　→　源泉徴収票と統一的な書式で作成することになる給与支払報告書や退職所得の特別徴収票の作成は、「源泉徴収票作成事務」に含まれるので、利用目的の範囲内である（Q&A 1-2）＝利用目的の変更や個人

番号の再取得を経ずに給与支払報告書・退職所得の特別徴収票の作成において個人番号を利用できる。

③ 「扶養控除等申告書作成」と利用目的を特定した場合に、源泉徴収票の作成は利用目的の範囲内といえるか？
   → 扶養控除等申告書作成という利用目的には源泉徴収票作成事務も含まれると解されるので、利用目的の範囲内（Q＆A 1-2-2）＝源泉徴収票作成事務に個人番号を利用できる。

④ 平成28年分の源泉徴収票作成事務のために提供を受けた個人番号を、平成29年分以降の源泉徴収票作成事務のために利用することは、利用目的の範囲内といえるか？
   → 同一の雇用契約に基づいて発生する事務であるから、利用目的の範囲内である（特定個人情報GL（事業者編）第4-1-(1)-①Ba参照）＝翌年以降も個人番号を利用できる。

⑤ 前の雇用契約の源泉徴収票作成事務のために個人番号の提供を受けていたところ、一旦退職し再雇用された場合に、再就職後の源泉徴収票作成事務のために以前取得していた個人番号を利用することは、利用目的の範囲内といえるか？
   → 利用目的の範囲内である＝再就職後の個人番号関係事務に退職前の個人番号を利用できる（同上）。

⑥ 講師と講演契約を締結した際に講演料の支払いに伴う支払調書の作成事務のために個人番号の提供を受けたところ、後の講演契約に基づく講演料の支払いに伴う支払調書作成のためにその個人番号を利用することは利用目的の範囲内といえるか？
   → 利用目的の範囲内である＝後の支払分の支払調書作成事務にも個人番号を利用できる（同上）。

⑦ 同一の賃貸人との間で、前の不動産賃貸借契約の締結時に賃料の支払調書作成事務のために個人番号の提供を受けていた場合に、追加で締結した不動産賃貸借契約に基づく賃料の支払調書作成事務は利用目的の範囲内といえるか？
   → 利用目的の範囲内である＝後の賃貸借契約の支払調書作成の事務に

個人番号を利用できる (同上)。

(3) 予想される複数の事務を全て掲げる方法による特定

上の①の事例のように、目的外利用となってしまう場合には、個人情報保護法15条2項による**利用目的の変更**を行う必要があります。

①の事例だと、「源泉徴収票作成のため」という利用目的を「源泉徴収票作成のため及び健康保険・厚生年金事務のため」に変更することになります。この場合、変更後の利用目的を本人に通知又は公表することが必要です（ 個情法 18条3項）。

そこで、そのような手間を省くために、個人番号の取得の段階で、あらかじめ予想される複数の事務（源泉徴収票作成のため、健康保険・厚生年金事務のため、雇用保険関係の事務など）を全て掲げておくのが一般です。このような包括的な特定方法が利用目的の「特定」として適切といえるのかという疑問もありますが、**事業者と従業員等との間で発生が予想される事務であれば、全て利用目的としてあげておくことは可能**と解されています（特定個人情報GL（事業者編）第4-1-(1)-①Ba、逐条解説、Q&A 2-2-2）。個人番号は利用範囲が番号法で制限されているため（ 番号法 9条）、その範囲内で利用目的（個人番号を利用する事務）を包括的に掲げたとしても、本人の個人番号がどのような目的で利用されるのかを一般的かつ合理的に予想できる程度に具体的に特定できているといえ、利用目的の特定の趣旨に反しないからです。〈注〉

〈注〉個人情報の利用目的の特定については、本書の第2編 2-3-3 ①（p.106）を参照

5 行政機関等（行政機関・独立行政法人等）の場合

一般法である行政機関個人情報保護法は、個人情報の利用目的による制限や利用目的の変更について次のような定めがあり、個人番号・特定個人情報についても適用されます。なお、独立行政法人等についても、独立行政法人等個人情報保護法に同様の規定があります（独立行政法人等個人情報保護法3条1項・2項・3項、9条1項・2項）。

【利用目的に関する行政機関個人情報保護法の規定】
・行政機関は、個人情報を保有するに当たっては、法令の定める所掌事務を遂行するために必要な場合に限り、かつ、その利用の目的をできる限り特定しなければならない（同法3条1項）。
・行政機関は、前項の規定により特定された利用目的の達成に必要な範囲を超えて、個人情報を保有してはならない（同法3条2項）。
・法令に基づく場合又は本人の同意がある場合等に、個人情報を目的外利用することができる（同法8条1項・2項）。

これに対し、特別法である番号法では、個人番号の目的外利用は本人の同意に関わらず認めておらず、目的外利用できる場合も2類型に限定しています。このため、個人番号（特定個人情報）にそのまま行政機関個人情報保護法等を適用してしまうと、番号法の規制と整合しないことになってしまいます。

そこで番号法は、同法の規制と整合しない行政機関個人情報保護法・独立行政法人等個人情報保護法の規定を読み替えています（ 番号法 29条1項2項で、行政機関個人情報保護法8条2項1号・独立行政法人等個人情報保護法9条2項1号の法令に基づく場合又は本人の同意がある場合の目的外利用を認める部分を削除して読み替える）。

以上より、行政機関・独立行政法人等は、特定個人情報については、行政機関個人情報保護法・独立行政法人等個人情報保護法の適用においても、本人の同意に関わらず原則として目的外利用できず、目的外利用できる例外も上記2類型に限られます。

6 地方公共団体等の場合

地方公共団体においては、利用目的の制限について各地方公共団体が定める個人情報保護条例によることになりますが、法31条の規定に基づき、行政機関等と同様の適用となるよう、個人情報保護条例の改正等が必要と

なる場合があります。

法31条については、本書の第2編5-4（p.221）を参照

7 特定個人情報ファイルの作成の制限（番号法 28条）

[条文]
（特定個人情報ファイルの作成の制限）
第二十八条　個人番号利用事務等実施者その他個人番号利用事務等に従事する者は、第十九条第十一号から第十四号までのいずれかに該当して特定個人情報を提供し、又はその提供を受けることができる場合を除き、個人番号利用事務等を処理するために必要な範囲を超えて特定個人情報ファイルを作成してはならない。

> 特定個人情報ファイルを作成できる場合は限定されている。

（1）規制の内容

個人番号利用事務実施者・個人番号関係事務実施者や個人番号利用事務等に従事する者が特定個人情報ファイルを作成することができるのは、下記の場合に限定されています（番号法 28条）。

① 個人番号利用事務及び個人番号関係事務（個人番号利用事務等）を処理するために必要な範囲
② 法19条11号から14号までのいずれかに該当して特定個人情報を提供することができ、又は提供を受けることができる場合

②の場合について

	法19条11号から14号の規定
11号	個人情報保護委員会が法38条1項により特定個人情報の提出を求めた場合の提供
12号	公益上の必要があるときの提供 ①各議院の審査・調査の手続、②訴訟手続その他裁判所における手続、③裁判の執行、④刑事事件の捜査、租税に関する法律の規定に基づく犯則事件の調査、⑥会計検査院の検査、公益上の必要があるとき（施行令26条により、独禁法・金商法による犯則事件の調査、租税調査、個人情報保護法による報告徴収等）
13号	人の生命、身体又は財産の保護のための提供
14号	個人情報保護委員会規則に基づく提供

※条数は2015年改正後のもの

　このため、民間事業者は、従業員等の個人番号を利用して営業成績等を管理するデータベース（特定個人情報ファイル）を作成することはできません（特定個人情報GL（事業者編）第4-1-(2)参照）。営業成績等の管理は、従業員等の源泉徴収票作成事務、健康保険・厚生年金保険被保険者資格取得届出事務等の個人番号関係事務を処理するために必要な範囲内の事務でも、法19条11号から14号のいずれかに該当する事務でもないからです。

(2) 違反への担保措置

　本条違反の行為は、個人情報保護委員会による監督（勧告や命令）の対象となります（ 番号法 改正前51条・改正後37条）。

第3節

取扱いの制限・規制

　個人情報保護法制（一般法）では、個人情報等の取扱いに関し、個人情報等の提供を求めることができる場合や収集・保管できる場合、提供できる場合について、これを厳格に制限する規定はありません。

　これに対し、番号法では、次のように、個人番号・特定個人情報の取扱いの制限を一般法の場合よりも厳しくしています。

取得の段階
- 何人も、特定個人情報の提供が認められている場合を除き、他人に対し、特定個人情報の提供を求めてはならない（ 番号法 15条）。
- 本人から個人番号の提供を受ける際には、本人確認の措置が義務付けられている（ 番号法 16条）。

利用・保存の段階
- 何人も、特定個人情報の提供が認められている場合を除き、特定個人情報を収集・保管してはならない（ 番号法 20条）。

提供の段階
- 特定個人情報を提供できる場合は、法19条各号に該当する場合に限定されている（ 番号法 19条）。

　本書では、個人番号・特定個人情報の取扱いの制限・規制について、取得、利用・保存、提供及び削除・廃棄という取扱いの段階に分類して、それぞれ解説していきます。

1 取得段階の制限・規制－個人番号の提供の要求
（ 番号法 14条）

〔条文〕
（提供の要求）
第十四条　個人番号利用事務等実施者は、個人番号利用事務等を処理するために必要があるときは、本人又は他の個人番号利用事務等実施者に対し個人番号の提供を求めることができる。
2　（2項は略）

（1）個人番号利用事務等を処理するための提供の要求
（ 番号法 14条1項）

　個人番号利用事務実施者又は個人番号関係事務実施者（＝個人番号利用事務等実施者）は、個人番号利用事務又は個人番号関係事務（＝個人番号利用事務等）を処理するために必要がある場合に、法14条1項により、本人又は他の個人番号利用事務等実施者に対し個人番号の提供を求めることができます。

　法14条1項は、個人番号利用事務等実施者が、個人番号の提供を求めることができる場合を**個人番号利用事務等を処理するために必要がある場合**に限定するとともに、他者に対して個人番号の提供を求めることの根拠となる規定です。

① 本人に対する個人番号の提供の要求

　個人番号関係事務実施者である民間事業者は、従業員等に対し、**法14条1項を根拠**として、給与の源泉徴収事務や健康保険・厚生年金保険届出事務等（個人番号関係事務）を処理するために必要な個人番号の提供を求めることになります。行政機関等及び地方公共団体等も、職員の給与の源泉徴収事務等（個人番号関係事務）を処理するために、職員に対し、本条を根拠として、個人番号の提供を求めることになります。

　同様に、個人番号関係事務実施者である事業者は、講演料や著作権料、

地代等の支払先（個人）に対し、本条を根拠として、支払調書作成事務に必要な個人番号の提供を求めることになります。

また、個人番号利用事務実施者である国税庁長官（の下級行政庁である税務署長）は、本人が確定申告をする際に、本条を根拠として、国税の賦課・徴収に関する事務（個人番号利用事務）を処理するために必要な個人番号の提供を求めることになります。

【個人番号の提供を拒否された場合】

　事業者は、法定調書等の税務関係書類や社会保障関係の書類に従業員等の個人番号を記載することが法令で義務付けられています（税関係書類は国税通則法・所得税法等）。他方で、「本人」に事業者に対し個人番号を提供することを義務付ける法令上の規定はありません。このため、従業員等の「本人」が個人番号の提供を拒んだ場合の事業者の対応が問題となります。

　残念ながら、現時点では明確な解決方法がなく、「個人番号の提供を受けられない場合でも、安易に個人番号を記載しないで書類を提出せず、個人番号の記載は、法律（国税通則法、所得税法等）で定められた義務であることを伝え、提供を求めてください。」とされ（国税庁FAQ2-10）、「それでも提供を受けられないときは、書類の提出先の機関（※個人番号利用事務実施者）の指示に従ってください。」（FAQ4-2-5）とのことです。

　そして、個人番号利用事務実施者たる国税庁によると、本人に提供を求めてもなお提供を受けられない場合には、「提供を求めた経過等を記録、保存するなどし、単なる義務違反でないことを明確にしておいてください。経過等の記録がなければ、個人番号の提供を受けていないのか、あるいは提供を受けたのに紛失したのかが判別できません。特定個人情報保護の観点からも、経過等の記録をお願いします。」と説明されています（国税庁FAQ2-10）。この説明では明確でないのですが、書類に個人番号を記載していないことをもって、個人番号利用事務実施者が書類を受理しないということはないとされているので（国税庁FAQ2-3-2・雇用保険FAQ11）、個人番号の提供を拒否された場合は、個人番号を記載しないで書類を提出

することになります。

　なお、雇用保険FAQでは「個人番号の提供が受けられなかった場合であっても、理由書の提出や提供が受けられなかった理由等の説明は不要です。」と説明されていますが、手続をスムーズに進めるためには個人番号利用事務実施者に説明した方がよい場合もあるでしょうし、また事業者の自己防衛として、提供を受けた個人番号を紛失した（安全管理義務違反）わけではないことを明らかにしておくために、提供を受けられなかったことの記録を残しておくべきでしょう。

【個人番号の未記載や誤記の場合】
　書類の記載対象者には個人番号を有していない者もおり、その場合には個人番号を記載することはできないので、法定調書等に個人番号を記載していないことをもって個人番号利用事務実施者が書類を受理しないということはありません（国税庁FAQ2-3-2を参照）。
　また、個人番号・法人番号を記載しなかった場合や記載に誤りがあった場合の罰則規定があるわけでもありません（国税庁FAQ2-3-3、Q&A6-3）。
　このように、個人番号の記載は、「法令で定められた義務」（FAQ4-2-5）であるとはいえ、罰則等を伴わない「努力義務」にとどまります（雇用保険FAQは「努力義務」であることを明記しています）。
　また、個人番号の正確性の確保が求められることについては、本書の第2編2-6-2(6)（p.173）を参照

② 他の個人番号利用事務等実施者に対する個人番号の提供の要求
　個人番号関係事務実施者である事業者の場合、従業員等が、扶養控除等（異動）申告書に扶養親族の個人番号を記載して事業者に提出します。この場合の従業員等は、「個人番号関係事務実施者」としてその扶養親族の個人番号を事業者に提出することになるとされています〈注〉。そこで、民間事業者は、法14条1項を根拠として、個人番関係事務実施者である従業員等に対し、扶養親族の個人番号の提供を求めることになります。

〈注〉従業員等は、扶養親族の個人番号を記載した扶養控除等(異動)申告書を提出する法令上の義務を負っていることから(所得税法194条1項)、「個人番号関係事務実施者」として扱われる(特定個人情報GL(事業者編)第4-3-(1))。

　また、(個人番号利用事務実施者である国税庁長官の下級行政庁である)税務署長は、個人番号関係事務実施者である事業者に対し、本条を根拠として、給与の源泉徴収票に従業員等の個人番号を記載して提出することを求めることになります。

　税務署長が、個人番号関係事務実施者である日本年金機構〈注〉から、個人番号の記載された公的年金等の源泉徴収票を受け取る場合も同様です。

〈注〉日本年金機構は、個人番号利用事務実施者として年金支給事務を行う。それだけでなく、個人番号関係事務実施者として、公的年金等の源泉徴収票を個人番号利用事務実施者である税務署長に提出することになる。

(2) 機構に対する機構保存本人確認情報の提供の要求(番号法 14条2項)

　法14条2項は、個人番号利用事務実施者を対象とする規定です。

　本条は、政令で定める個人番号利用事務実施者が、本人から提示を受けた個人番号の真正性を確認するなどの個人番号利用事務を処理するために必要があるときは、機構(地方公共団体情報システム機構)に対し、その者の個人番号を含む機構保存本人確認情報の提供を求めることができるとしています。

(3) 提供を求める時期

① 原則

　個人番号利用事務等実施者は、次のように、**個人番号利用事務等を処理するために必要があるときに**、個人番号の提供を求めることになります。

(個人番号の提供を求める時期－原則)
A　行政機関等及び地方公共団体等の個人番号利用事務実施者は、本人が申請・届出を行う時点で、個人番号の提供を求めることができる。
B　個人番号関係事務実施者である事業者は、個人番号関係事務が発生した時点で、個人番号の提供を求めることができる。

② 修正
　このように、個人番号関係事務実施者は、具体的に個人番号関係事務を処理する必要が生じた時点で、個人番号の提供を求めることができるのが原則です。
　もっとも、この原則を厳格に解すると実務上の不都合が出るため、実際には、「本人との法律関係に基づき、個人番号関係事務の発生が予想される場合」には、契約締結時点等、**当該個人番号関係事務の発生が予想できる時点**で個人番号の提供を求めることが可能と解されています（特定個人情報GL（事業者編）第4-3-(1)-②）。〈注〉
〈注〉「契約内容等から個人番号関係事務が明らかに発生しないと認められる場合」には、個人番号の提供を求めてはならないとされています（同上）。

【個人番号の提供を求めることができる時点】
・従業員等
従業員等の給与所得の源泉徴収票、健康保険・厚生年金保険被保険者資格取得届出等の作成事務の場合は、（給与の支払いのときではなく）雇用契約の締結時点（特定個人情報GL（事業者編）第4-3-(1)-②）
・内定者
その立場や状況が個々に異なることから一律に取り扱うことはできないが、例えば、正式な内定通知がなされ、入社に関する誓約書を提出した場合等、内定者が確実に雇用されることが予想される場合には、その時点で個人番号の提供を求めることができると解される（Q&A4-1）。
・非上場会社の株主
非上場会社の株主に対する配当金の支払いに伴う支払調書の作成事務の場合は、（支払いの確定の都度が原則だが）当該株主が株主としての地位を得

た時点でも提供を求めることが可能（特定個人情報 GL（事業者編）第 4-3-(1) - 2）

・不動産の賃貸人
地代等の支払いに伴う支払調書の作成事務の場合は、契約締結時点で提供を求めることが可能（同上）
但し、契約締結時点で、不動産の使用料（賃料）の年中の支払金額の合計が所得税法の定める一定金額（2015 年 4 月 1 日現在で年 15 万円）を超えず支払調書の提出が不要であることが明らかである場合には、契約締結時点で個人番号の提供を求めることはできない（Q&A 4-2）。
一方、年の途中で契約を締結したことから、その年は支払調書の提出が不要であっても、翌年は支払調書の提出が必要となることが明らかであれば、翌年の支払調書作成・提出事務のために個人番号の提供を求めることができると解される（同上）。

・契約の締結時点で支払金額が定まっておらず、支払調書の提出要否が明らかでない場合
作家や画家に対する原稿料や画料、講演料等は、年中の全ての支払金額が 5 万円を超える場合に支払調書の提出を要するが（2015 年 4 月 1 日現在の所得税法）、具体的金額が定まっていない場合でも、「顧客との法律関係に基づいて、個人番号関係事務の発生が予想される場合」として、契約締結時点で個人番号の提供を受けることができると解される。
但し、その後に個人番号関係事務が発生しないことが明らかになった場合には、できるだけ速やかに個人番号を廃棄又は削除する必要がある（以上、Q&A 17-1）。

・人材派遣会社に派遣登録をした者
派遣登録しただけでは雇用されるかどうかが未確定で給与の源泉徴収票等の個人番号関係事務の必要が認められないため、提供を求めることはできず、雇用契約成立時が原則である。
しかし、登録時しか本人確認した上で個人番号の提供を求める機会がなく、実際に雇用する際の給与支給条件等を決める等、近い将来雇用契約が成立する蓋然性が高いと認められる場合は、雇用契約が成立した場合に準じて提供を求めることができると解される（Q&A4-5）

2 取得段階の制限・規制－個人番号の提供の求めの制限（ 番号法 15条）

〔条文〕
（提供の求めの制限）
第十五条　何人も、第十九条各号のいずれかに該当して特定個人情報の提供を受けることができる場合を除き、他人（自己と同一の世帯に属する者以外の者をいう。第二十条において同じ。）に対し、個人番号の提供を求めてはならない。

> 法が限定的に明記する場合を除き、個人番号の提供を求めることを禁止

(1) 概要と趣旨

法15条は、**法が限定的に明記する場合**（法19条各号に該当し個人番号の提供を受けることができる場合）を除き、個人番号の提供を求めることを禁止することにより、個人番号の保護を図る規定です。

プライバシー等の人権が侵害される危険があるため、法は個人番号や、個人番号とひも付けられた特定個人情報について、個人情報保護法制の一般法におけるよりも厳格な保護措置を設け、個人番号の利用範囲を制限するほか（ 番号法 9条）、個人番号の提供を求めることができる場合を限定し（ 番号法 14条）、特定個人情報の提供・収集・保管を原則的に禁止し、法19条各号に該当する場合に限り例外的に提供・収集・保管を認めるという取扱いの制限を規定しています（ 番号法 19条・20条）。

法15条も同様の趣旨から、特定個人情報の提供の求めを規制するものです。

(2) 法15条の内容

① 対象者

「何人」も本規定の対象です。

したがって、民間事業者、行政機関等、地方公共団体等を問わず、他人に対し個人番号の提供を求めることは原則として禁止され、法19条各号に該当して特定個人情報の提供を受けることができる場合に限り、個人番

号の提供を求めることができます。

② 「個人番号」

「個人番号」は、個人番号に対応し、当該個人番号に代わって用いられる番号、記号その他の符号であって、住民票コード以外のものを含むとされています（ 番号法 2条8項）。本書の第2編1-3-6 p.63「特定個人情報」参照。

③ 提供を求めることができる場合

番号法19条は、特定個人情報の提供を原則禁止とし、一定の場合（同条各号で限定的に明記した場合に該当するとき）に限り、特定個人情報の提供を認めています。そこで番号法15条でも、番号法19条各号で限定的に明記された場合に該当して特定個人情報の提供を受けることができる場合に、個人番号の提供を求めることができることとしています。

番号法19条各号で限定的に明記された場合の主なものは、次のとおりです。

【19条各号で限定的に明記された場合（抄）】
1号 個人番号利用事務実施者が個人番号利用事務を処理するために必要な限度で提供するとき
2号 個人番号関係事務実施者が個人番号関係事務を処理するために必要な限度で提供するとき
3号 本人又は代理人が個人番号利用事務実施者等に提供する場合
5号 委託、合併に伴う提供
7号 情報ネットワークシステムを通じた提供
12号 公益上の必要があるときの提供
13号 人の生命、身体又は財産の保護のための提供

【例】
○ 民間事業者や行政機関等・地方公共団体等は、給与の源泉徴収票の作

成提出等の個人番号関係事務を処理するために、従業員等や職員ら本人に対し、個人番号の提供を求めることができる（番号法19条3号に該当し本人から個人番号の提供を受けることができる場合にあたる）。
- ○ 地方公共団体等は、生活保護その他の社会保障給付に関する個人番号利用事務を実施するために、住民本人に対し、個人番号の提供を求めることができる（同上）。
- × 民間事業者・行政機関等・地方公共団体等何人も、従業員の営業成績管理や職員の人事評価の管理の目的で、従業員や職員に対し個人番号の提供を求めることはできない（番号法19条各号のいずれにも該当しない）。
- × 顧客の購入動向データベースの管理に用いる目的で、顧客に対し個人番号の提供を求めることはできない（同上）。

④ 「他人」について

　番号法15条と番号法20条における「他人」は、「自己と同一の世帯に属する者以外の者をいう。」とされています。

　「自己と同一の世帯に属する者」を「他人」としないのは、例えば幼児の個人番号や特定個人情報は、親権者である親が管理するのが通常であるから、親が子の個人番号・特定個人情報の提供を求めることができるようにする必要があるからです。

　なお、ここでいう「世帯」とは、「住居及び生計を共にする者の集まり」を指すものと解されています（Q＆A 5-1）。

(3) 違反への担保措置

　本条違反の行為は、個人情報保護委員会による監督（勧告や命令等）の対象となります（ 番号法 改正前51条・改正後37条）。

3 取得段階の制限・規制－利用目的の特定と変更等

　個人番号は、番号法で限定的に明記された事務の中から、具体的な**利用**

目的を特定した上で利用するのが原則です。

また、個人番号・特定個人情報を本人から直接取得する際には、特定した利用目的を、あらかじめ本人に**明示**しなければならないのが原則です。

そして、個人番号は、**特定した利用目的の範囲内でのみ**利用でき、利用目的の範囲を超えて利用する場合には、**利用目的の変更**の手続を経る必要があります。

ここでは、利用目的の特定と変更について(1) 民間事業者の場合、(2) 行政機関等の場合、(3) 地方公共団体等の場合に分けて説明します。

(1) 民間事業者の場合

民間事業者のうち、「個人情報取扱事業者」〈注〉は、特定個人情報の取扱いについて、個人情報保護法の適用を受け、個人番号(特定個人情報)に関し、利用目的の特定・変更、通知・公表、明示等の義務(個情法 15条・18条等)を負います。

〈注〉個人情報取扱事業者
本書の第2編 2-6-2 (p.170)を参照して下さい。

① 利用目的の特定・変更(個情法 15条)

> [条文]
> (個人情報の特定) ※ 個人情報保護法
> 第十五条 個人情報取扱事業者は、個人情報を取り扱うに当たっては、その利用の目的(以下「利用目的」という。)をできる限り特定しなければならない。
> 2 個人情報取扱事業者は、利用目的を変更する場合には、変更前の利用目的と相当の関連性を有すると合理的に認められる範囲を超えて行ってはならない。

→ あらかじめ利用目的の特定が必要

→ 利用目的の変更についての規定

A 利用目的の特定(個情法 15条1項)

個人情報取扱事業者は、個人情報を取り扱うにあたっては、その利用目的をできる限り**特定**しなければなりません(個情法 15条1項)。利用目

的の特定は、特定した利用目的を通知・公表等する義務（個情法 18 条）や特定した利用目的の範囲を超えた利用の禁止（個情法 16 条 1 項）の出発点になる規制です。利用目的を特定することにより、本人が自己の個人情報が利用される範囲を合理的に想定できるようにするとともに、個人情報取扱事業者が個人情報を取り扱える範囲を画すことになります。

そこで、利用目的の特定においては、本人が自らの個人番号がどのような目的で利用されるのかを一般的かつ合理的に予想できる程度に具体的に特定する必要があると解されています（特定個人情報 GL（事業者編）第 4-1-（1）- ①Ba 参照）。

これを個人番号の利用目的についてみると、「源泉徴収票作成事務」や、「健康保険・厚生年金加入等事務」という程度であれば特定できており（同上）、個人番号の提出先を具体的に示す必要まではないとされています（Q&A1-1）。

また、例えば従業員等から個人番号の提供を受ける場合には、事業者と従業員等との間で発生が予想される事務であれば、「源泉徴収票作成事務」、「健康保険・厚生年金加入等事務」、「雇用保険届出等事務」など予想される事務の全てを掲げることができると解されています（特定個人情報 GL（事業者編）第 4-1-（1）- ①Ba、Q&A1-3 参照）。

【個人情報取扱事業者でない事業者と利用目的の特定】
改正前の個人情報保護法では、個人情報取扱事業者に該当しない中小規模の事業者は、個人情報保護法が適用されないため、利用目的を特定する義務を負わない。
ただし、そのような事業者でも、番号法により、個人番号の利用範囲が限定され（法 9 条）、また個人番号関係事務を処理するために必要な範囲を超えて特定個人情報を扱うことが禁止される（法 32 条）。
このため、そのような事業者でも、個人番号を取り扱う際には、どの事務を処理するために個人番号を利用するのかを決める必要があるため、事実上、利用目的の特定を行うことになる（Q & A 1-9）。
なお、2015 年（平成 27 年）9 月に改正された個人情報保護法では、中小

規模の事業者を個人情報取扱事業者から除外する規定が削除されたので、民間事業者のほぼ全てが個人情報取扱事業者として利用目的特定の義務を負うことになります。Bの利用目的変更の義務も同様です。

B　利用目的の変更（(個情法) 15条2項）

　個人情報取扱事業者は、特定した利用目的を変更する場合には、「変更前の利用目的と相当の関連性を有すると合理的に認められる範囲」を超えて行うことは許されません（改正前 (個情法) 15条2項）。なお、2015年の改正により、変更が許される範囲が「変更前の利用目的と関連性を有すると合理的に認められる範囲」に変更され、「相当の」が削除されて緩和されました（改正後 (個情法) 15条2項）。

　そして、利用目的を変更した場合は、変更された利用目的について、本人に通知し、又は公表しなければなりません（(個情法) 18条3項）。通知・公表の具体的方法については、「利用目的の通知等」の項（p.109）を参照。

(2) 行政機関等の場合

　行政機関・独立行政法人等（＝行政機関等）は、特定個人情報の取扱いについて、行政機関個人情報保護法・独立行政法人等個人情報保護法の適用を受け、個人番号（特定個人情報）に関し、利用目的の特定・変更等の義務が課されています。

【利用目的に関する行政機関個人情報保護法の規定】
・行政機関は、個人情報を保有するに当たっては、法令の定める所掌事務を遂行するために必要な場合に限り、かつ、その利用の目的をできる限り特定しなければならない（同法3条1項）。
・行政機関は、前項の規定により特定された利用目的の達成に必要な範囲を超えて、個人情報を保有してはならない（同法3条2項）。
・行政機関は、利用目的を変更する場合には、変更前の利用目的と相当の関連性を有すると合理的に認められる範囲を超えて行ってはならない（同

法3項)。

　独立行政法人等についても、独立行政法人等個人情報保護法に上と同様の規定があります(独立行政法人等個人情報保護法3条1項・2項・3項)。
　なお、行政機関個人情報保護法・独立行政法人等個人情報保護法が定める目的外利用の例外と番号法による読替え等については、本書の第2編5-2(p.212)を参照してください。

(3) 地方公共団体等の場合

　地方公共団体においては、各地方公共団体が定める個人情報保護条例によることになりますが、番号法31条の規定に基づき、行政機関等と同様の適用となるよう、個人情報保護条例の改正等が必要となる場合があります。
　法31条については、本書の第2編5-4(p.221)を参照

4　取得段階の制限・規制－利用目的の通知等

(1) 民間事業者の場合（個情法　18条）

[条文] ※個人情報保護法
(取得に際しての利用目的の通知等)
第十八条　個人情報取扱事業者は、個人情報を取得した場合は、あらかじめその利用目的を公表している場合を除き、速やかに、その利用目的を、本人に通知し、又は公表しなければならない。
2　個人情報取扱事業者は、前項の規定にかかわらず、本人との間で契約を締結することに伴って契約書その他の書面(略)に記載された当該本人の個人情報を取得する場合その他本人から直接書面に記載された当該本人の個人情報を取得する場合は、あらかじめ、本人に対し、その利用目的を明示しなければならない。ただし、人の生命、身体又は財産の保護のために緊急に必要がある場合は、この限りでない。

> 直接取得以外の場合：利用目的の通知又は公表

> 直接取得の場合：利用目的のあらかじめの明示

> 3　（3項以下略）

　民間事業者のうち、個人情報取扱事業者〈注〉は、特定個人情報の取扱いについて、個人情報保護法の適用を受けます。

〈注〉個人情報取扱事業者
本書の第2編2-6-2（p.170）を参照してください。

　個人番号（特定個人情報）を取得する際には、本人から個人番号（特定個人情報）を直接取得する場合とそれ以外の場合で、利用目的の通知・公表等の方法が異なります。

① 　直接取得の場合（ 個情法 18条2項）
　源泉徴収票作成事務のために従業員から個人番号の提供を受ける場合のように、本人から**直接**、書面等で個人番号（特定個人情報）の提供を受ける場合は、あらかじめ、本人に対し、その利用目的を**明示**しなければならないのが原則です。
　「明示」は利用目的を明確に示すことをいい、利用目的をわかりやすい箇所に記載した書類を、本人に提示する・手渡す・郵送する、または本人が常時使用するメールやFAX等の媒体で送信する等の方法が考えられます（経産GL p.11 同旨）。

② 　直接取得以外の場合（ 個情法 18条1項）
　扶養控除等（異動）申告書の届出事務のために従業員からその扶養親族の個人番号の提供を受ける場合のように、本人（扶養親族）から直接ではない形で個人番号（特定個人情報）の提供を受ける場合は、あらかじめ利用目的を公表している場合を除き、速やかに、その利用目的を本人に**通知**し又は**公表**しなければならないとされています。
　「通知」は取得後でも構いません（「速やかに」であることが必要）。
　「通知」の方法としては、本人に口頭で伝達する・チラシを交付する、本人であることを確認のうえ電話で伝える、本人に文書で郵送する、本人

が常時使用するメールやFAX等の媒体で伝達するなどが考えられます（雇用管理GL事例集p.6）。なお、従業員の扶養親族の場合は、利用目的を記載した書面を従業員が扶養親族に示せば、事業者が扶養親族に利用目的を「通知」したことになると考えられます。

「公表」の方法としては、一般にはWEBページのアクセス容易な場所への掲載が考えられますが、従業員の場合は、就業規則の記載と周知、回覧板の利用、パンフレット・社内報の配布、事務所内の掲示板への掲示などが考えられます（雇用管理GL事例集p.6参照）。

(2) 行政機関等の場合

一般法である行政機関個人情報保護法は、個人情報の取得に際しての利用目的の明示について次のような定めがあり、特定個人情報についても適用されます。なお、独立行政法人等についても、独立行政法人等個人情報保護法に、同様の規定があります（独立行政法人等個人情報保護法4条）。

> [条文]
> （利用目的の明示）※行政機関個人情報保護法
> 第四条　行政機関は、本人から直接書面等に記録された当該本人の個人情報を取得するときは、次に掲げる場合を除き、あらかじめ、本人に対し、その利用目的を明示しなければならない（行政機関個人情報保護法4条）
> 一　（1号〜4号略）

(3) 地方公共団体等の場合

地方公共団体においては、各地方公共団体が定める個人情報保護条例によることになります。

ただし、法31条の規定に基づき、行政機関等と同様の適用となるよう、個人情報保護条例の改正等が必要となる場合があります。

法31条については、本書の第2編5-4（p.221）を参照

5 取得段階の制限・規制－5本人確認の措置（番号法 16条）

〔条文〕
（本人確認の措置）
第十六条　個人番号利用事務等実施者は、第十四条第一項の規定により本人から個人番号の提供を受けるときは、当該提供をする者から**個人番号カード**若しくは通知カード及び当該通知カードに記載された事項がその者に係るものであることを証するものとして主務省令で定める書類の提示を受けること又はこれらに代わるべきその者が本人であることを確認するための措置として政令で定める措置をとらなければならない。

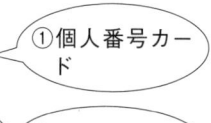

①個人番号カード
②通知カード＋身元確認書類
③その他の措置

(1) 概要と趣旨

法16条は、個人番号利用事務実施者及び個人番号関係事務実施者（＝個人番号利用事務等実施者）が、法14条1項の規定により**本人から**個人番号の提供を受けるときは、本人確認の措置をとらなければならない旨を定めています。

本人確認の措置には、①示された番号が正しい番号であることの確認（**番号確認**）と、②当該番号の提供者が番号の正しい持ち主であることの確認（**身元確認**）が含まれています。

この本人確認の措置の趣旨は、個人番号の提供を受ける際に、提供者が他人の個人番号を告知してなりすましを行うことを防止することにあります。

海外で共通番号制度を導入した国では、番号のみによる本人確認を行ったために、他人の共通番号を利用したなりすまし犯罪が多発したといわれています。そこで我が国では、①番号確認だけでなく、②身元確認を必要としています。

(2) 本人確認の措置を要する場合

法14条1項は、「個人番号利用事務等実施者は、個人番号利用事務等を

処理するために必要があるときは、本人又は他の個人番号利用事務等実施者に対し個人番号の提供を求めることができる」と定めています。

そして、法 16 条の本人確認の措置は、「法 14 条 1 項の規定により本人から個人番号の提供を受けるとき」に求められるものです。

したがって、個人番号利用事務等実施者が他の個人番号利用事務等実施者から個人番号の提供を受けるときには、法 16 条は適用されず、本人確認の措置を講ずる必要はありません。

例えば、税務署（個人番号利用事務実施者）が事業者（個人番号関係事務実施者）から、給与の源泉徴収票の提出とともに従業員の個人番号の提供を受けるときは、税務署が従業員の本人確認の措置をとる必要はありません。この場合は、事業者が従業員の本人確認をして個人番号を取得しているので、なりすましの危険はありません。

このように他の個人番号利用事務等実施者から個人番号の提供を受けるときは、他の個人番号利用事務等実施者が「本人から」個人番号の提供を受ける際に本人確認の措置を実施していることが前提なので、改めて本人確認の措置を講ずることを要しないことにしたのです。

(3) 本人確認措置の内容

番号法 16 条は、以下の 3 つのいずれかによる本人確認の措置を認めています。

法が定める本人確認の措置

番号確認 （正しい番号であることの確認）	身元（実存）確認 （手続を行っている者が 番号の正しい持主であることの確認）
①個人番号カードの提示	
または	
②通知カードの提示	＋ 当該通知カードに記載された事項がその者に係るものであることを証するものとして主務省令で定める書類の提示 ※「主務省令」＝番号法施行規則

または
③これらに代わるべきその者が本人であることを確認するための措置として政令で定める措置 ※「政令」＝番号法施行令

① 個人番号カードの提示

個人番号は、【ア．裏面に個人番号が記載】され、【イ．表面には基本4情報（氏名、住所、生年月日、性別）が記載】され顔写真も表示されているので、その提示により、【ア．番号確認】と【イ．身元確認】の両方ができます。

図2-8 個人番号カード（案）

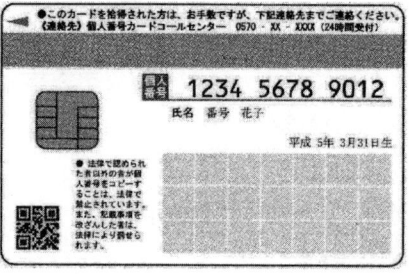

表面　　　　　　　　　　　　　　　　裏面

出典：「個人番号カードの様式について」（総務省）より

② 通知カードの提示＋主務省令で定める書類の提示

通知カードは、個人番号と基本4情報は記載されていますが、顔写真の表示がないため、それだけでは【ア．番号確認】しかできないので、更に主務省令（番号法施行規則）で定める身元確認書類の提示による【イ．身元確認】が必要です。

2.3 取扱いの制限・規制

図 2-9 通知カード（案）

表面（案）　　　　裏面（案）

出典：「社会保障・税番号制度の早わかり」（国税庁）より

　主務省令（番号法施行規則）で定める書類の例については、【本人確認措置一覧】を参照してください（本人確認措置一覧では、番号法施行規則を「則」と略記しています）。

③　①②に代わるべきその者が本人であることを確認するための措置として政令で定める措置

　【ア．番号確認】と【イ．身元確認】それぞれについて、政令（番号法施行令）で、①②に代わる方法が定められています。

　番号法施行令で定める措置については、【本人確認措置一覧】を参照してください（本人確認措置一覧では番号法施行令は「令」と略記しています）。

（4）本人確認措置の具体的内容
①　本人から個人番号の提供を受ける場合

　以下の例のように、個人番号利用事務等実施者が本人から個人番号の提供を受ける場合は、対面による場合のほか、郵送、オンライン及び電話による場合があります。そして、これらの場合ごとに、具体的な本人確認措置が定められています。

【本人から個人番号の提供を受ける場合の例】
・民間事業者が、従業員等に対し、給与の源泉徴収事務や健康保険・厚生年金保険届出事務等（個人番号関係事務）を処理するために必要な個人番号の提供を求める。
・行政機関等及び地方公共団体等が、職員の給与の源泉徴収事務等（個人番号関係事務）を処理するために、職員に対し、個人番号の提供を求める。
・民間事業者が、講演料や著作権料、地代等の支払先（個人）に対し、支払調書作成事務に必要な個人番号の提供を求める。
・社会保障給付等の申請者に対し、地方公共団体等が、社会保障給付に関する事務（個人番号利用事務）を処理するために必要な個人番号の提供を求める。
・国税庁長官（の下級行政庁である税務署長）が、本人が確定申告をする際に、国税の賦課・徴収に関する事務（個人番号利用事務）を処理するために必要な個人番号の提供を求める。

〈一覧の凡例〉
法：番号法　　　則：番号法施行規則　　　令：番号法施行令
国税庁告示：平成27年国税庁告示第2号
〈用例〉
則6①二＝番号法施行規則6条1項2号　　令12①一＝番号法施行令12条1項1号

本人確認措置一覧 - 本人から個人番号の提供を受ける場合

	番号確認
対面	① 個人番号カードの提示【法16】 または ② 通知カードの提示【法16】 または ③ 個人番号が記載された住民票の写し・住民票記載事項証明書の提示【令12①一】 または ④ ①から③までが困難であると認められる場合【則3①】 　ア　過去に本人確認の上、特定個人情報ファイルを作成している場合には、当該特定個人情報ファイルの確認【則3①三】 　イ　官公署又は個人番号利用事務実施者・個人番号関係事務実施者から発行・発給された書類その他これに類する書類であって個人番号利用事務実施者が適当と認める書類（ⅰ個人番号、ⅱ氏名、ⅲ生年月日又は住所、が記載されているもの）【則3①四】 　（国税庁告示5） 　・源泉徴収票、支払通知書 　・自身の個人番号に相違ない旨の本人による申立書（本人の署名・押印＋個人番号＋生年月日／住所。かつ作成日から6か月以内）
郵送	上記の書類またはその写しの提出【令12①本文、則11】
オンライン	① 個人番号カード（ICチップの読み取り）【則4一】 または ② 以下のいずれかの措置 　イ　過去に本人確認の上、特定個人情報ファイルを作成している場合には、当該特定個人情報ファイルの確認【則5二イ】 　ロ　官公署若しくは個人番号利用事務実施者・個人番号関係事務実施者から発行・発給された書類その他これに類する書類であって個人番号利用事務実施者が適当と認める書類（ⅰ個人番号、ⅱ氏名、ⅲ生年月日又は住所、が記載されているもの）若しくはその写し又は当該書類に係る電磁的記録の送信【則4二ロ】 　（国税庁告示9） 　・番号カード・通知カード・住民票又は写しを郵送 　・源泉徴収票・支払通知書又は写しを郵送 　（国税庁告示10） 　・上記の書類のイメージデータ等（画像データ、写真等）のメールや専用ページによる送信
電話	本人確認の上特定個人情報ファイルを作成している場合であって、個人番号利用事務・個人番号関係事務を処理するにあたって電話で個人番号の提供を受け、当該ファイルにおいて個人情報を検索、管理する場合に限る。 過去に本人確認の上作成している特定個人情報ファイルの確認【則3①三】

	身元（実存）確認
対面	① 個人番号カードの提示【法16】 a　運転免許証、運転経歴証明書、旅券、身体障害者手帳、精神障害者保健福祉手帳、療育手帳、在留カード、特別永住者証明書の提示【則1①一、則2一】 または b　官公署から発行・発給された書類その他これに類する書類であって、写真の表示等の措置が施され、個人番号利用事務実施者が適当と認めるもの（ⅰ氏名、ⅱ生年月日又は住所、が記載されているもの）の提示【則1①二、則2二】 （国税庁告示1） ・写真付きの学生証／社員証（氏名＋住所／生年月日） c　①、a．bまでが困難であると認められる場合は、以下の書類を2つ以上の提示【則1①三、則3②】 　　イ　公的医療保険の被保険者証、年金手帳、児童扶養手当証書、特別児童扶養手当証書 　　ロ　官公署又は個人番号利用事務実施者・個人番号関係事務実施者から発行・発給された書類その他これに類する書類であって個人番号利用事務実施者が適当と認めるもの（ⅰ氏名、ⅱ生年月日又は住所が記載されているもの）の提示 （国税庁告示2） ・写真なしの学生証・社員証（氏名＋生年月日又は住所の記載が必要） ・**税・社会保険料・公共料金の領収書、納税証明書** ・印鑑登録証明書、戸籍の附票の写し、住民票の写し、母子健康手帳 等 d　個人番号の提供を行う者と雇用関係にあること等の事情を勘案し、人違いでないことが明らかと個人番号利用事務実施者が認めるときは、身元（実存）確認書類は要しない。【則3⑤】 （国税庁告示2） ・過去に本人であることを確認済（※）であって、対面で確認することによって本人であることが確認できる場合（雇用関係、継続的取引） ・扶養親族等から個人番号の提供をうける場合で、その旨を対面で確認することによって本人であることを確認できる場合
郵送	上記の書類またはその写しの提出【令12①本文、則11】
オンライン	① 個人番号カード（ICチップの読み取り）【則4一】 a　公的個人認証による電子署名【則4二ハ】 または b　個人番号利用事務実施者が適当と認める方法【則4二ニ】 （国税庁告示11） ・民間発行の電子書名 ・個人番号関係事務実施者が本人であることを確認した上で発行したID・パスワードによるログイン ・身元確認書類（個人番号カード、運転免許書等）のイメージデータ等（画像データ、写真等）のメール送信
電話	本人確認の上特定個人情報ファイルを作成している場合であって、個人番号利用事務・個人番号関係事務を処理するにあたって電話で個人番号の提供を受け、当該ファイルにおいて個人情報を検索、管理する場合に限る。 本人しか知り得ない事項その他の個人番号利用事務実施者が適当と認める事項の申告【則3④】 （国税庁告示7） ・個人番号利用事務等実施者により各人別に付された番号、本人との取引等において使用している金融機関の口座番号（本人名義）、証券番号等の取引固有の情報のうち複数の事項の申告（社員番号、契約番号、保険始期日（終期日）、保険契約者名、被保険者名、保険金受取名、顧客番号（ID）、証券番号、口座番号、取引口座に係る指定した時点の銘柄や残高、直近の取引年月日など）

※過去に本人であることを確認済み＝番号法や税法（所得税法224②等）又は国税庁告示で定めるものと同程度の本人確認書類（運転免許書、写真付き学生証等）による確認を行っている必要がある（国税庁）

② 代理人から個人番号の提供を受ける場合

　個人番号利用事務等実施者が代理人から個人番号の提供を受ける場合も、対面による場合のほか、郵送、オンライン及び電話による場合があります。そして、これらの場合ごとに、具体的な本人確認措置が定められています。

　なお、代理人から提供を受ける場合の本人確認については、代理権の確認と代理人の身元確認そして本人の番号確認が必要であり、本人の身元確認は不要です。

本人確認措置一覧 - 代理人から個人番号の提供を受ける場合

	代理権の確認
対面	① 法定代理人の場合は、戸籍謄本その他その資格を証明する書類の提示【則6①一】 ② 任意代理人の場合には、委任状 の提示【則6①二】 または ③ ①②が困難であると認められる場合には、官公署又は個人番号利用事務実施者・個人番号関係事務実施者から本人に対し一に限り発行・発給された書類その他の代理権を証明するものとして個人番号利用事務実施者が適当と認める書類【則6①三】 （国税庁告示12） ・本人・代理人の氏名＋住所または生年月日＋押印のある届出書類 ・本人しか持ち得ない書類の提出（本人の個人番号カード、本人の健康保険証など）
郵送	上記の書類またはその写しの提出【令12①】
オンライン	○本人及び代理人のⅰ氏名、ⅱ生年月日又は住所、並びに代理権を証明する情報の送信を受けることその他の個人番号利用事務実施者が適当と認める方法【則10一】 （国税庁告示19） ・委任状のデータのメールや専用ページによる送信 ・本人の利用者識別番号を入力した上での送信
電話	本人確認の上特定個人情報ファイルを作成している場合であって、個人番号利用事務・個人番号関係事務の処理にあたって電話で個人番号の提供を受け、当該ファイルにおいて個人情報を検索、管理する場合に限る。 本人及び代理人しか知り得ない事項その他の個人番号利用事務実施者が適当と認める事項の申告【則9③】 （国税庁告示16） ・本人と代理人の関係及び個人番号利用事務等実施者により各人別に付された番号、本人との取引等を行う場合において使用している金融機関の口座番号（本人名義）、証券番号、直近の取引年月日等の取引固有の情報のうち複数の事項の申告（本人と代理人の関係＋本人の社員番号、契約番号、保険始期日（終期日）、保険契約者名、被保険者名、保険金受取名、顧客番号（ＩＤ）、証券番号、口座番号、取引口座に係る指定した時点の銘柄や残高、直近の取引年月日など）

	代理人の身元の確認
対面	① 代理人の個人番号カード、運転免許証、運転経歴証明書、旅券、身体障害者手帳、精神障害者保健福祉手帳、療育手帳、在留カード、特別永住者証明書の提示【則7①一】 または ② 官公署から発行・発給された書類その他これに類する書類であって、写真の表示等の措置が施され、個人番号利用事務実施者が適当と認めるもの（ⅰ氏名、ⅱ生年月日又は住所、が記載されているもの）の提示【則7①二】→　国税庁告示13 ②'法人の場合は、登記事項証明書その他の官公署から発行・発給された書類及び現に個人番号の提供を行う者と当該法人との関係を証する書類その他これらに類する書類であって個人番号利用事務実施者が適当と認める書類（ⅰ商号又は名称、ⅱ本店又は主たる事務所の所在地、が記載されているもの）の提示【則7②】→　国税庁告示14 または ③ ①②が困難であると認められる場合は、以下の書類を2つ以上の提示【則9①】 1号　公的医療保険の被保険者証、年金手帳、児童扶養手当証書、特別児童扶養手当証書 2号　官公署又は個人番号利用事務実施者・個人番号関係事務実施者から発行・発給された書類その他これに類する書類であって個人番号利用事務実施者が適当と認めるもの（ⅰ氏名、ⅱ生年月日又は住所、が記載されているもの）→　国税庁公示15 ④ ①②が困難であると認められる場合であって、財務大臣、国税庁長官、都道府県知事又は市町村長が代理人たる税理士等から租税に関する事務において個人番号の提供を受けるときは、税理士名簿等の確認をもって③に代えることができる。【則9②】 ⑤ 個人番号の提供を行う者と雇用関係にあること等の事情を勘案し、人違いでないことが明らかと個人番号利用事務実施者が認めるときは、身元（実存）確認書類は要しない【則9④】 （国税庁告示17） ・過去に本人であることの確認済み（※）であって、対面で確認することによって本人であることが確認できる場合（雇用関係、継続的取引）
郵送	上記の書類またはその写しの提出【令12①】
オンライン	○代理人の公的個人認証による電子署名の送信を受けることその他の個人番号利用事務実施者が適当と認める方法【則10二】 （国税庁告示20） ・代理人の署名用電子証明書 ・代理人の民間電子証明書（電子署名法による設定を受けた者の発行する電子証明書） ・個人番号関係事務実施者が本人であることを確認した上で発行したID・パスワードによるログイン ・上記の書類のイメージデータ等（画像データ、写真等）のメールや専用ページによる送信
電話	本人確認の上特定個人情報ファイルを作成している場合であって、個人番号利用事務・個人番号関係事務を処理するにあたって電話で個人番号の提供を受け、当該ファイルにおいて個人情報を検索、管理する場合に限る。 本人及び代理人しか知り得ない事項その他の個人番号利用事務実施者が適当と認める事項の申告【則9③】 （国税庁告知16） ・本人と代理人の関係及び個人番号利用事務等実施者により各人別に付された番号、本人との取引等を行う場合において使用している金融機関の口座番号（本人名義）、証券番号、直近の取引年月日等の取引固有の情報のうち複数の事項の申告（本人と代理人の関係＋本人の社員番号、契約番号、保険始期日（終期日）、保険契約者名、被保険者名、保険金受取名、顧客番号（ID）、証券番号、口座番号、取引口座に係る指定した時点の銘柄や残高、直近の取引年月日など）

※過去に本人であることを確認済み＝番号法や税法（所得税法224②等）又は国税庁告示で定めるものと同程度の本人確認書類（運転免許証、写真付き学生証等）による確認を行っている必要がある（国税庁）

本人確認措置一覧 - 代理人から個人番号の提供を受ける場合

	本人の番号確認
対面	① 本人の個人番号カード又はその写しの提示【則8】 または ② 本人の通知カード又はその写しの提示【則8】 または ③ 本人の個人番号が記載された住民票の写し・住民票記載事項証明書又はその写しの提示【則8】 または ④ ①から③までが困難であると認められる場合【則9⑤】 3号　過去に本人確認の上特定個人情報ファイルを作成している場合には、当該特定個人情報ファイルの確認 4号　官公署又は個人番号利用事務実施者・個人番号関係事務実施者から発行・発給された書類その他これに類する書類であって個人番号利用事務実施者が適当と認める書類（ⅰ個人番号、ⅱ氏名、ⅲ生年月日又は住所、が記載されているもの） （国税庁告示18） ・源泉徴収書、支払通知書 ・自身の個人番号に相違のない旨の本人による申立書（本人の署名・押印・個人番号・生年月日／住所、かつ作成日から6か月以内）
郵送	上記の書類またはその写しの提出【令11】
オンライン	イ　過去に本人確認の上特定個人情報ファイルを作成している場合には、当該特定個人情報ファイルの確認【則10三イ】 ロ　官公署若しくは個人番号利用事務実施者・個人番号関係事務実施者から発行・発給された書類その他これに類する書類であって個人番号利用事務実施者が適当と認める書類（ⅰ個人番号、ⅱ氏名、ⅲ生年月日又は住所、が記載されているもの）若しくはその写し又は当該書類に係る電磁的記録の送信【則10三ロ】 （国税庁告示21） ・番号カード・通知カード住民票又は写しを郵送 ・源泉徴収票・支払通知書又は写しを郵送 ・上記の書類のイメージデータ等（画像データ、写真等）のメールや専用ページによる通信
電話	本人確認の上特定個人情報ファイルを作成している場合であって、個人番号利用事務・個人番号関係事務を処理するにあたって電話で個人番号の提供を受け、当該ファイルにおいて個人情報を検索、管理する場合に限る。 過去に本人確認の上作成している特定個人情報ファイルの確認【則9③】

（5）従業員等から扶養親族の個人番号の提供を受ける場合

　事業者は、従業員から、その扶養親族の個人番号の提供を受ける場合があります。この場合の本人確認については、扶養親族の個人番号の提供が誰に義務づけられているのかによって異なります（FAQ 4-3-6）。

①　多くの場合

　事業者が従業員からその扶養親族の個人番号の提供を受ける場合の多くは、事業者が扶養親族の本人確認の措置をとる必要はありません。

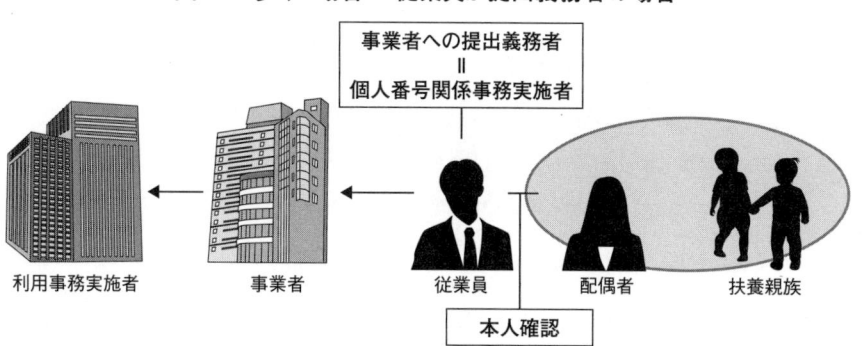

図2-10　多くの場合―従業員が提出義務者の場合

　例えば、事業者は、従業員の扶養控除等（異動）申告書に扶養親族の個人番号を記載したものを税務署に提出することになりますが、そのために従業員からその扶養親族の個人番号の提供を受けることになります。そして、扶養控除等（異動）申告書の提出義務者は法令により従業員とされています（所得税法194条1項）。このように、従業員が事業者に扶養親族の個人番号を提供する場合の多くは、扶養親族の個人番号を記載した申請書等の提出義務者が従業員とされています。

　この場合は、当該書類の提出義務者たる従業員が扶養親族の個人番号を扱う「個人番号関係事務実施者」として扶養親族から個人番号の提供を受けて、事業者に提出することになります。したがってこの場合は、法16条により、「個人番号関係事務実施者」たる従業員が、「本人」たる扶養親

族の本人確認の措置をとる〈注〉ことになるのです。

　そして、事業者は、「個人番号関係事務実施者」たる従業員から個人番号の提供を受けるので、改めて扶養親族の本人確認の措置をとる必要がないのです（ 番号法 16条は「**本人から個人番号の提供を受けるとき**」に限り本人確認の措置をとることを求めています）。

〈注〉扶養親族の本人確認措置
従業員が扶養親族の本人確認の措置をとる場合、【ア．番号確認】については、扶養親族の個人番号カードや通知カード等ですることになります。【イ．身元確認】については、扶養親族等から個人番号の提供を受ける場合で、その者を対面で確認することによって本人であることが確認できる場合の身元確認書類の提供は不要とされているので（番号法施行規則3条5号、国税庁告示8）、従業員は扶養親族の身元を「対面で確認」すれば足りることになります。

② 国民年金の第3号被保険者の届出の場合

　国民年金法の第3号被保険者（従業員の配偶者等。第2号被保険者は従業員）の個人番号が記載された国民年金第3号被保険者該当届などを事業者が受け取って日本年金機構に提出する場合については、事業者は第3号被保険者（配偶者）の本人確認の措置をとる必要があります。

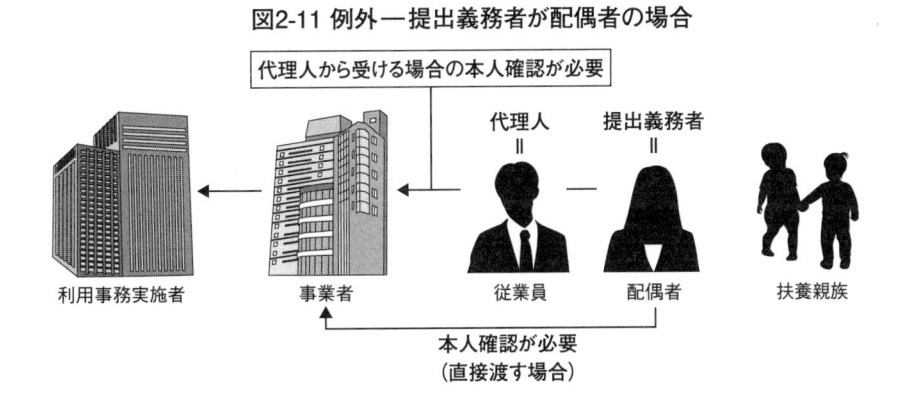

図2-11 例外―提出義務者が配偶者の場合

代理人から受ける場合の本人確認が必要

利用事務実施者　事業者　従業員　代理人　提出義務者　配偶者　扶養親族

本人確認が必要
（直接渡す場合）

　国民年金の第3号被保険者資格取得届等の届出義務者は、第3号被保険

者(配偶者)であるため、本来は、配偶者が事業者に届出書を提出することになります。したがって、配偶者が自ら事業者に提出すれば、事業者は、本人(配偶者)から個人番号の提供を受ける場合の本人確認の措置をとることになります【本人確認措置一覧 - 本人から個人番号の提供を受ける場合】を参照)。

しかし、実際には、従業員が配偶者から届出書を預かって事業者に提出しているのが通常です。この場合の法的な構成については、従業員等が配偶者の代理人として届出書を提出すると解するのが一般です(従業員等が配偶者から提出の委託を受けていると解することもできます)。

したがって、この場合は、事業者は代理人から個人番号の提供を受ける場合の本人確認の措置をとる必要があります。

代理人から個人番号の提供を受ける場合の本人確認の措置は、【ア．代理権の確認、イ．代理人の身元確認、ウ．本人の番号確認】が必要です(番号法施行規則6～8条)(【本人確認措置一覧 - 代理人から個人番号の提供を受ける場合】を参照)。

6　利用・保存段階の制限・規制（ 番号法 20条）

〔条文〕
(収集等の制限)
第二十条　何人も、前条各号のいずれかに該当する場合を除き、特定個人情報(他人の個人番号を含むものに限る。)を収集し、又は保管してはならない。

> 法が限定的に明記する場合(19条各号に該当する場合)に限り、収集・保管できる。

(1) 概要と趣旨

他人の特定個人情報を収集・保管することは**原則**として**禁止**されており、例外的に、法19条各号に定める場合に限り、他人の特定個人情報を収集・保管できます（ 番号法 20条）。

あらゆる個人情報と個人番号が紐づけされ悪用されてしまうと、個人番号によって大量の個人情報が検索・集積され、プライバシー等の人権が侵

害される危険があります。そこで法は、個人番号や個人番号と紐づけられた「特定個人情報」について、個人情報保護法制の一般法におけるよりも厳格な保護措置を設け、法9条で利用範囲の制限を、法14条・15条・19条で提供の求めや提供することなどの取扱いの制限を定めています。

法20条も同様の趣旨から、特定個人情報の収集・保管を規制するものです。

(2) 内容
① 適用を受ける者
「何人」も本規定の適用を受け、特定個人情報の収集・保管を制限されます。

したがって、個人番号利用事務等実施者の従業員・職員等が、その担当する個人番号利用事務等に必要な範囲を超えて、例えば売却目的で特定個人情報を収集・保管することは許されません。

② 規制対象
法20条の規制対象は、「他人の個人番号を含む」特定個人情報に限ります。本人が自身の特定個人情報を収集・保管することは当然認めるべきだからです。

なお、「他人」とは、「自己と同一の世帯に属する者以外の者」です（法15条参照）。したがって、子や配偶者ら自己と同一の世帯に属する者の特定個人情報を収集・保管しても本条違反にはなりません。

また、「個人番号」には「個人番号に対応し、当該個人番号に代わって用いられる番号、記号その他の符号」も含みます（ 番号法 2条8項が本条においても同様である旨を規定しています）。

③ 収集・保管できる場合
特定個人情報を収集・保管できるのは、法19条各号のいずれかに該当する場合です。19条各号については、P.129　提供段階の制限・規制（ 番号法 19条）を参照

④ 「収集」

情報を閲覧するだけでは特定個人情報の「収集」にあたりませんが、個人番号をメモにとる場合や、人から個人番号を記載したメモを受け取る場合、電子計算機等からデータを取得する場合は、特定個人情報の「収集」にあたります。

⑤ 「保管」

個人番号が記載・記録された文書・電磁的記録を自宅に持ち帰る場合は、特定個人情報の「保管」にあたります。

【保管の継続】

雇用契約や土地の賃貸借契約のように継続的な契約関係にある場合には、従業員や賃貸人から提供を受けた個人番号を翌年度以降も源泉徴収票や支払調書の作成等の個人番号関係事務に利用する必要が認められる。したがって、そのような場合には、特定個人情報を継続的に保管できると解される（特定個人情報GL（事業者編）第 4-3-(3)-B）。

従業員等が休職していて復職が未定であっても、雇用契約が継続している限り、同様に解される（同上）。

⑥ 一部の事務を担当する従業員の注意

個人番号が記載された書類等を受け取り、支払調書作成事務等に従事する従業員に受け渡す事務（個人番号関係事務の一部）を担当する従業員を定めた場合は、その従業員は独自に特定個人情報を保管する必要がないので、個人番号の確認等の必要な事務を行った後はできるだけ速やかにその書類等を受け渡し、自分の手元に個人番号を残してはなりません（特定個人情報ＧＬ（事業者編）第 4-3-(3) A）。

⑦ 通知カードや個人番号カードのコピー

A 原則－コピーの禁止

他人の特定個人情報を収集・保管できる場合は法19条各号に定める場合に限定されているため（ 番号法 20条）、通知カードをコピーしたり個

人番号カードの「裏面」をコピーすることはできないのが原則です。

なお、個人番号カードは身分証として使用することができ、表面をコピーすることは許されます。

図 2-12 通知カードと個人番号カードのコピー

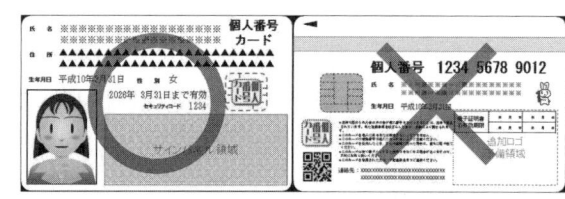

出典：通知カードは「社会保障・税番号制度の早わかり」（国税庁）より抜粋して加工。個人番号カードは「個人番号の普及・利活用について」（総務省）より抜粋して加工

B 例外 – 個人番号の提供を受ける場合のコピー

以下の場合には、事業者は、例外的に個人番号カードの「裏面」や通知カードのコピーをとって保管することが認められると解されています。

〔例外1〕

個人番号の提供を受けるときの本人確認（ 番号法 16条）の際に、個人番号カードの裏面又は通知カードのコピーを残す。

法16条の本人確認書類のコピーを保管する法令上の義務はありませんが、個人番号の提供を受ける際の本人確認において個人番号カードや通知カードの提示をうけたことの記録を残す必要はあるので、その限りで通知カードや個人番号カードをコピーして保管することはできるとされています（Q&A 6-2）。この場合のコピー（個人番号の収集・保管）は、**個人番号関係事務の一環**ということができるでしょう（したがって、 番号法 19条2号に該当し収集・保管できる）。

なお、この場合に取得した通知カードや個人番号カードの裏面のコピーには個人番号が表示されているので、その保管にあたっては個人番号の**安全管理措置**を講ずる必要があります（ 番号法 12条）。

〔例外2〕

従業員からその扶養親族の個人番号の提供を受けるときに、個人番号

カードの裏面や通知カードのコピーの交付を受けて保管する。

　従業員が個人番号関係事務実施者として扶養親族の個人番号を事業者に提供する場合は、事業者には法16条の本人確認義務は課されないので（理由については「従業員等から扶養親族の個人番号の提供を受ける場合」の項（p.122）を参照）、〔例外１〕の理由は当てはまりません。

　しかし、個人番号関係事務は正しい個人番号が取り扱われることを前提としているので、コピーを取得してその個人番号が正しい番号であるかを確認することは、事業者の**個人番号関係事務の一環**といえます（Q&A 6-2-2）。

　したがって、この場合も、扶養親族の個人番号カードの裏面や通知カードのコピーを保管することができます。

　この場合のコピーについても、**安全監理措置**を講ずる必要があります（ 番号法 12条）。

⑧　削除・廃棄

　個人番号を扱う事務を処理する必要がなくなった場合には、特定個人情報を保管できないので、個人番号をできるだけ速やかに削除又は廃棄しなければならないことになります。

　なお、個人番号の削除・廃棄については、本書第２編 2-3-8（p.141）で解説しています。

（3）違反への担保措置

　本条違反の行為は、個人情報保護委員会による監督（勧告や命令等）の対象となります（ 番号法 改正前51条・改正後37条）。

　また、国の機関の職員等が、職権を濫用して、本条に違反して特定個人情報を収集した場合には、刑事罰の対象となります（ 番号法 改正前71条・改正後55条）。

7 提供段階の制限・規制（番号法 19条）

〔条文〕
（特定個人情報の提供の制限）
第十九条　何人も、次の各号のいずれかに該当する場合を除き、特定個人情報の提供をしてはならない。
一　個人番号利用事務実施者が個人番号利用事務を処理するために必要な限度で本人若しくはその代理人又は個人番号関係事務実施者に対し特定個人情報を提供するとき。
二　個人番号関係事務実施者が個人番号関係事務を処理するために必要な限度で特定個人情報を提供するとき（第十号に規定する場合を除く。）。
三　本人又はその代理人が個人番号利用事務等実施者に対し、当該本人の個人番号を含む特定個人情報を提供するとき。
四　機構が第十四条第二項の規定により個人番号利用事務実施者に機構保存本人確認情報を提供するとき。
五　特定個人情報の取扱いの全部若しくは一部の委託又は合併その他の事由による事業の承継に伴い特定個人情報を提供するとき。
六　（略）
七　（略）
八　（略）
九　（略）
十　（略）
十一　第三十八第一項の規定により求められた特定個人情報を個人情報保護委員会に提供するとき。
十二　各議院若しくは各議院の委員会若しくは参議院の調査会が国会法（略）第百四条第一項（同法第五十四条の四第一項において準用する場合を含む。）若しくは議院における証人の宣誓及び証言等に関する法律（略）第一条の規定により行う審査若しくは調査、訴訟手続その他の裁判所における手続、裁判の執行、刑事事件の捜査、租税に関する法律の規定に基づく犯則事件の調査又は会計検査院の検査（第五十三条において「各議院審査等」という。）が行われるとき、その他政令で定める公益上の必要がある

> 法が限定的に明記する場合（19条各号に該当する場合）に限り、提供できる。

> とき。
> 十三　人の生命、身体又は財産の保護のために必要がある場合において、本人の同意があり、又は本人の同意を得ることが困難であるとき。
> 十四　その他これらに準ずるものとして個人情報保護委員会規則で定めるとき。

(1) 概要と趣旨

　特定個人情報を提供することができるのは、法19条各号にあてはまる場合に限定されています。すなわち、特定個人情報の提供は**原則として禁止**され、法19条各号で限定的に明記された場合に限り、提供が認められています（ 番号法 19条）。

　あらゆる個人情報と個人番号が紐づけされ悪用されてしまうと、個人番号によって大量の個人情報が検索・集積され、個人の権利利益が侵害される危険があるため、法は、個人番号や、個人番号と紐づけられた「特定個人情報」について、個人情報保護法制の一般法におけるよりも厳格な保護措置を設けています。すなわち、法9条で利用範囲の制限を、法14条・15条・20条で提供の求めや収集・保管などの取扱いの制限を定めています。

　法19条も同様の趣旨から、特定個人情報の提供を規制するものです。

(2) 内容

① 適用を受ける者

　事業者、行政機関等、地方公共団体等を問わず、「**何人も**」です。

② 規制対象

　法19条において提供が原則禁止される「特定個人情報」は、個人番号をその内容に含む個人情報であり（ 番号法 2条8項）、「個人番号」には、個人番号に対応し、当該個人番号に代わって用いられる番号、記号その他の符号も含みます（同）。

③ 提供が認められる場合

特定個人情報の提供が認められるのは、**法 19 条 1 号から 14 号までに掲げられる場合のみ**です。

なお、1 号から 14 号のうち、民間事業者が関わるものは、1 号・2 号・3 号・5 号・7 号・11 号・12 号・13 号です（特定個人情報 GL（事業者編）第 4-3-(2)-2 Ⓑ を参照）。

A　個人番号利用事務のための提供（1 号）

個人番号利用事務実施者が個人番号利用事務を処理するために必要な限度で特定個人情報を提供することができます。個人番号利用事務の処理における提供の場面を規定しています。

【ケース例】

○市区町村が、地方税の特別徴収事務（個人番号利用事務）を処理するために給与支払者に対し特別徴収税額を通知する際に、特定個人情報を提供する場合

○年金保険者が、本人からの問い合わせに応じて年金保険料の納付状況について回答する際に、特定個人情報を提供する場合

B　個人番号関係事務のための提供（2 号）

個人番号関係事務実施者が個人番号関係事務を処理するために必要な限度で特定個人情報を提供することができます。個人番号関係事務の処理における提供の場面を規定しています。

【ケース例】

○事業者が、従業員等の個人番号が記載された厚生年金被保険者資格取得に関する届出を年金事務所に提出する場合

○事業者が、従業員の個人番号を記載した源泉徴収票 2 通を作成し、税務署と本人に交付する場合。所得税法等により、税務署用・本人交付用とも事業者に交付義務があり、当該書類に個人番号を記載するものとされているので、事業者は、個人番号関係事務を処理するために、税務署及び本人に個人番号を提供することになる。

○株式配当等を受けた者の個人番号を記載した支払調書を税務署に、支払通知書（配当等とみなす金額に関する支払通知書）を本人に交付する場合。所得税法等により支払調書・支払通知書とも事業者に交付義務があり、いずれにも個人番号を記載するものとされているので、事業者は、個人番号関係事務を処理するために、税務署及び本人に個人番号を提供することになる。
○従業員が、その扶養親族の個人番号を記載した扶養控除等申告書を事業者に提出する場合。所得税法等により従業員に提出が義務付けられているので、従業員が、個人番号関係事務者として個人番号関係事務を処理するために、扶養親族の個人番号を事業者に提供することになる。なお、この場合に事業者が扶養親族の本人確認をしなくてよいことについては、本書の第2編2-3-5（5）①（p.122）を参照。

C　本人又は代理人が提供する場合（3号）

　本人又は代理人が個人番号利用事務等実施者に特定個人情報を提供することを認める規定です。

【ケース例】
○本人が、社会保障給付を受けるために、自己の個人番号を記載した申請書を市区町村に提出する場合
○従業員が、給与の源泉徴収事務、健康保険・厚生年金保険届出事務等のために、自己の個人番号を記載した書類を事業主に提出する場合
○従業員が、配偶者の個人番号を記載した国民年金第3号被保険者該当届を事業者に提出する場合。この場合は、従業員が配偶者の代理人として配偶者の個人番号を提供すると解されている。なお、この場合に事業者が配偶者の本人確認（代理人による提供）をする必要があることについては、本書の第2編2-3-5（5）②（p.123）を参照。

D　機構による個人番号の提供（4号）

　法14条2項は、政令で定める個人番号利用事務実施者が、本人から提示を受けた個人番号の真正性を確認するなどの個人番号利用事務を処理す

るために必要があるときは、機構(地方公共団体情報システム機構)に対しその者の個人番号を含む機構保存本人確認情報の提供を求めることができるとしています。4号はこれによる提供の場面を規定するものです。

E　委託、合併に伴う提供(5号)
　特定個人情報の取扱いの全部若しくは一部の委託や、合併その他の事由による事業の承継の場合には、特定個人情報を提供することが不可欠ですから、この場合の特定個人情報の提供を認めています。

【ケース例】
○A社が源泉徴収票作成事務を含む給与事務を子会社に委託し、A社がその従業員の個人番号を含む給与情報(特定個人情報)を子会社に提供する場合
○A社がB社を吸収合併したため、吸収されるB社がその従業員の特定個人情報をA社に提供する場合

F　住民基本台帳法上の本人確認情報等(6号)
　住民票の写しの交付など住民基本台帳法に基づく特定個人情報の提供は、同法の各種規制に服した上で行われるものであることから、提供制限の例外として規定するものです。

G　情報ネットワークシステムを通じた提供(7号)
　行政機関等、地方公共団体等及び健康保険組合等が、情報提供ネットワークシステムを利用して別表第二に規定された範囲で特定個人情報の提供を行う場合を規定しています。

H　地方税法に基づく国税連携及び地方税連携(8号)
　地方税法又は国税に関する法律に基づく国税連携及び地方税連携に基づく特定個人情報の提供の場面を規定しています。

I　地方公共団体の諸機関間の提供（9号）

　番号法では、地方公共団体においては、個人情報の取扱いが地方公共団体の機関単位となっています。このため、地方公共団体内部で他の機関が特定個人情報を利用することも、他の機関に対する特定個人情報の提供となります。そこで、条例で定めた場合であれば、例外的に、同一地方公共団体内部の他の機関に特定個人情報を提供することを認めています。

【ケース例】
　市長部局が管理する特定個人情報を市教育委員会が利用する場合。この場合は市長部局から市教育委員会への特定個人情報の「提供」なので、条例で定めることが必要である。

J　株式等振替制度を活用した個人番号の提供（10号）

　株式の発行会社が、株式配当に係る支払調書に記載する特定個人情報を、株主から直接告知を受けることに代えて振替制度を活用して証券会社から入手できるようにするために、提供制限の例外として規定するものです。

K　個人情報保護委員会からの情報提供の求め（11号）

　個人情報保護委員会は、特定個人情報の取扱いに関する監視・監督のために、資料提出要求ができます（改正後38条）。その際に、提出を求める資料に特定個人情報が含まれることが想定されることから、提供制限の例外として規定するものです。

L　公益上の必要があるときの提供（12号）

　①各議院による国政調査、②訴訟手続その他の裁判所における手続、③裁判の執行、④刑事事件の捜査、⑤租税に関する法律の規定に基づく犯則事件の調査、⑥会計検査院の調査及び⑦政令で定める公益上の必要があるときにおいて、その調査対象の資料に特定個人情報が含まれる場合が想定されることから、提供制限の例外として規定するものです。

　⑦の「政令で定める公益上の必要があるとき」については、番号法施行令26条で定められており、独占禁止法の規定による犯則事件の調査、金

融商品取引法の規定による犯則事件の調査、租税調査等があります（番号法施行令26条、別表2号・4号・8号等）。

M 人の生命、身体又は財産の保護のための提供（13号）

人の生命、身体又は財産の保護のため必要があり、本人の同意があるか又は本人の同意を得ることが困難である場合は、特定個人情報を提供する必要があり、提供による人権侵害の危険もないことから、提供制限の例外として規定するものです。

【ケース例】
○事故で意識不明の状態にある者に対する緊急の治療を行うに当たり、個人番号でその者を特定する場合（逐条解説）
○客が小売店で個人番号カードを落としていったために、小売店が警察に遺失物として当該個人番号カードを届け出る場合（特定個人情報GL（事業者編）第4-3-(2)-2 Bh）

N 個人情報保護委員会規則で定める場合（14号）

13号までに掲げる場合のほか、個人情報保護委員会規則で定めた場合についても、特定個人情報の提供が行えます。

④ 「提供」

「提供」とは、法的な人格を超える特定個人情報の移動を意味します（特定個人情報GL（事業者編）第4-3-(2)-2 A参照））。

同一法人内部の部署間等での特定個人情報の移動は「利用」にあたり、法9条・28条・29条3項・32条の利用制限で規制されることになります（同上）。

他方で、従業員が子会社や系列会社に出向する場合でも、個人番号等を出向先に引き継ぎするのは、親会社から子会社・系列会社への特定個人情報の「提供」にあたるため、許されません。この場合は、出向先が改めて従業員本人から個人番号の提供を受けなければなりません（同上。〈注1〉）。

ただし、当該会社と出向先が系列会社等で従業員の個人情報を共有デー

タベースで保管している場合⟨注2⟩は、共有データベースに記録された当該従業員の個人番号を当該従業員の意思に基づく操作により出向先に移動させる方法をとれば、本人が出向先に個人番号を提供したとみなすことができるので、提供制限には違反しないと解されています（同上）。なお、この場合も出向先が本人確認措置をとる必要があります。

⟨注1⟩　出向先において、個人番号の提供をうける際の本人確認措置をとる必要があります（ 番号法 16条）。

⟨注2⟩　同じ系列の会社間等で従業員等の個人番号・特定個人情報を共有データベースで保管する場合は、A社従業員の特定個人情報ファイルとB社従業員の特定個人情報ファイルを別登録し、他社のデータにアクセスできないようにアクセス制御を行えるシステムを採用する必要があります（特定個人情報GL（事業者編）第4-3-(2)-2 A及びQ＆A 2-4を参照）。

なお、A社かB社のどちらかが両社のデータを一括管理する場合は、個人番号関係事務の委託を利用し、委託先の監督（ 番号法 11条）を適切に実施することになります（例えば、A社が一括管理する場合は、B社がA社に委託し、A社を監督する）。

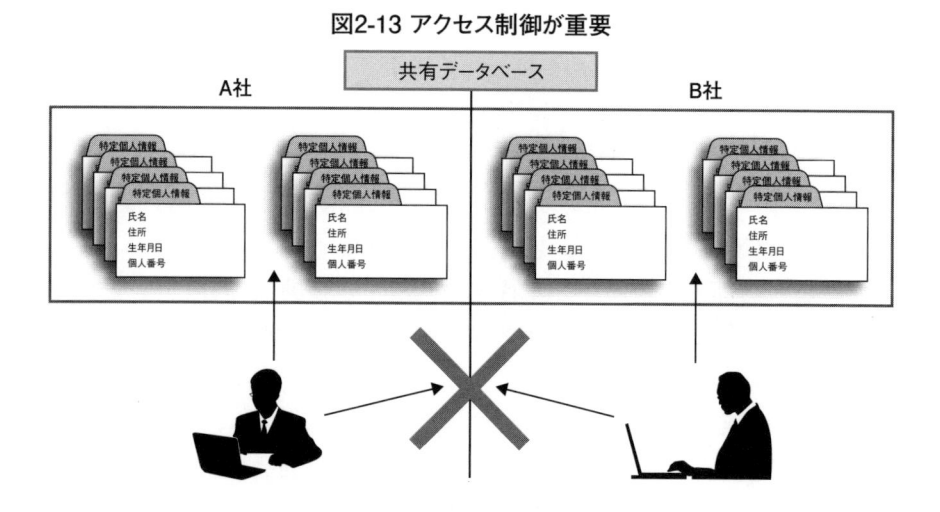

図2-13 アクセス制御が重要

⑤　民間事業者の場合－個人情報保護法上の第三者提供との違い

　番号法においては、特定個人情報の提供ができるのは、法19条1号か

ら14号に限定的に明記された場合に限られています。このため、法19条各号に該当しない場合には、たとえ**本人の同意を得たとしても**、特定個人情報の第三者への提供はできないことになります。

一方、個人情報保護法は、個人データの第三者提供について、本人の同意がある場合にはこれを認めています（個情法）23条）。

そこで、番号法は、法29条3項で、特定個人情報に関して、個人情報保護法23条（個人データの第三者提供）の適用を排除しています。

個人番号・特定個人情報の提供を求められた場合は、番号法19条各号に該当するかを確認し、該当しない場合には提供しないように注意する必要があります。

⑥ **明文はないが提供が認められるとされる場合**

番号法に明文はありませんが、次の場合には、特定個人情報の提供が認められると解されています。

A 本人に提供する場合

個人情報取扱事業者の場合、保有個人データの開示の求め（個情法）25条）、訂正等の求め（個情法）26条）、利用停止等の求め（個情法）27条）において、本人から個人番号を付して求めが行われた場合や本人に対しその個人番号・特定個人情報を提供しなければならない場合があります（本書の第2編2-6-2-（13）以降（p.176～）を参照）。

この場合は、番号法19条各号に定めはないものの、法の解釈上当然に特定個人情報の提供が認められるべき場合であり、特定個人情報を**本人**に提供することができるとされています（特定個人情報GL第4-3-（2）-②C）。

例えば、本人から源泉徴収票や支払調書等の「写し」〈注〉の交付・送付を求められた場合は、個人情報保護法25条に基づいて交付・送付することができます。

ここで注意しなければならないのは、源泉徴収票には扶養親族の個人番号が記載されていることがあるので、写しの交付にあたっては、扶養親族の個人番号を記載しないか復元できない程度にマスキングする等の工夫が必要になるということです（Q&A 5-8）。

〈注〉源泉徴収票や支払通知書（配当等とみなす金額に関する支払通知書等）は個人番号を記載して本人に交付するので（後述⑦-A、事業主が保存している「写し」の交付を求められることは少ないでしょう。しかし、源泉徴収票や支払通知書を本人に交付した後に、紛失その他の事情から、本人が「写し」の交付・送付を求めてくる場合はあり得ます。また、本人に対する交付義務のない支払調書等（後述⑦-Bを本人に交付していない場合に、本人から「写し」の交付・送付を求められる場合は考えられます。

B　本人の開示の求めに任意に応じる場合
　個人情報取扱事業者でなくても、本人の開示の求めに応じて、任意に特定個人情報の開示を行う場合は、特定個人情報の提供が認められるものと解されています（Q＆A 5-7）。

C　会計監査人に提供する場合
　会社法436条2項1号等に基づき、公認会計士又は監査人が、会計監査人として法定監査を行う場合は、法令等の規程に基づき特定個人情報を取り扱うことが可能と解されるので、監査を受ける事業者は特定個人情報を提供できると解されています（Q＆A 5-5）。

⑦　本人交付書類への個人番号の記載
A　本人に対する交付義務のある法定調書について
　以下の書類は、税法上、本人に対して交付義務があります。このような書類については、かつては、税務署等提出用だけでなく本人交付用についても個人番号を記載しなければならないとされていました（国税庁FAQ（旧）2-8）。

・給与所得の源泉徴収票
・退職所得の源泉徴収票
・公的年金等の源泉徴収票
・配当等とみなす金額に関する支払調書（支払通知書）
・オープン型証券投資信託収益の分配の支払調書（支払通知書）

・上場株式配当等の支払に関する通知書
・特定口座年間取引報告書

　これらの書類は、国税庁告示によって、法16条の本人確認（番号確認及び身元確認）のための適当な書類とされています。これにより、例えば本人が確定申告をする際に、これらの書類が申告書に添付されていれば税務署が法16条の番号確認をスムーズに行えるようになっていました。
　しかし、本人に対して交付義務のある書類に個人番号を記載するという運用の当否については議論がありました（郵便事故による情報流出のリスクや、事業者にかかる情報漏えい防止措置の負担など）。そこで、2015年（平成27年）10月2日に所得税法施行規則等の改正が行われ、本人に対して交付義務のある書類の本人交付用には個人番号の記載を行わないことになりました（国税庁FAQ（新）2-7）。なお、税務署交付用については変更はなく、これまで通り個人番号の記載が必要です。

B　本人に対する交付義務のない法定調書について
　税法上は本人に対する交付義務のない法定調書について、支払内容の確認などのために本人に対してその「写し」を交付することが実務上広く行われています。例えば、「報酬、料金、契約金及び賞金の支払調書」や「不動産の使用料等の支払調書」は、税務署への提出義務は法律で定められていますが、本人に対する交付義務は定められていません。このため、本来であれば、これらの法定調書を本人に交付しなくても構わないのですが、本人が支払いを受けた額を把握するためのいわば「サービス」として、本人への「写し」の交付が慣行として広く行われてきました。
　このように支払調書の「写し」を本人に交付する場合には、「写し」に個人番号を記載することはできないとされています。
　なぜなら、これら「写し」を本人に交付する行為は、法19条各号のいずれにも該当しないため、「写し」に個人番号を記載して交付すると、法が認めていない特定個人情報の提供に該当してしまう（法19条違反となってしまう）からです（国税庁FAQ2-8参照）。

支払調書の税務署提出用には本人の個人番号を記載して税務署に提出しなければならないのに対し、支払調書の「写し」を本人に交付する際には個人番号を記載してはならないという違いがあるので、注意が必要です。

　なお、事業者が個人情報取扱事業者の場合、本人が個人情報保護法25条による保有個人データの開示の求めにより個人番号を記載した源泉徴収票の開示を求めてきた場合には、本人の個人番号を記載して開示することが可能であるとされています（Q&A5-2）。この場合には、本人の個人番号を記載した源泉徴収票が本人に交付されることになります（この場合の特定個人情報の「提供」が許容されることについては、本書の第2編2-6-2(13)（p.176）を参照）。

　また、個人番号を記載しなければならない書類の写しの交付を求める本人が個人番号の記載にこだわらないのであれば、個人番号を書類に記載しない措置や復元できない程度にマスキングすることで、当該書類の情報は「特定個人情報」ではなくなり（ただの「個人情報」になる）、法19条による制限を受けなくなります。こうすれば、本人の求めに応じて、個人番号の全てをマスキングした支払調書等の写しを本人や第三者に交付・送付することができます（Q&A 5-8-2、5-9）。

C　本人交付用の法定調書等の用途－住宅ローンの審査

　住宅ローンの審査のために、本人交付用の源泉徴収票を金融機関に提出するということが行われています。かつては本人交付用の源泉徴収票に個人番号を記載しなければならないとされていたため（上記Aを参照）、住宅ローンの審等の場合には個人番号部分を復元できない程度にマスキングしたうえで、金融機関に提出するなどの工夫が必要になると解説されていました（Q&A（旧）5-3）。しかし、2015年（平成27年）10月の所得税法施行規則等の改正により、本人に対して交付義務のある書類への個人番号の記載は行わないこととされたため、この議論は不要になりました。

　もっとも、上記Bで説明したように、個人情報保護法25条の保有個人データの開示の求めに基づいて、個人番号を記載した源泉徴収票を本人に交付し、本人がこの源泉徴収票を住宅ローン審査に用いる際には、個人番

号部分を復元できない程度にマスキングするなどして金融機関に提出するといった工夫が必要です。

(3) 法19条違反の場合 - 第三者提供停止の求め

　法19条違反の第三者提供を知った本人から、当該特定個人情報の第三者提供停止を求められた場合に、その求めに理由があると判明したときは、原則として、当該特定個人情報の第三者への提供を停止しなければなりません（ 番号法 29条3項により読み替えて適用される 個情法 27条2項〈注〉）。
〈注〉本書の第2編 5-2-2 (1) ③（p.218）を参照してください。

　なお、特定個人情報を適正に取り扱っていれば、第三者への提供の停止を求められる事態は生じないといえます（特定個人情報GL（事業者編）第4-4）。

8　削除・廃棄段階の制限・規制（ 番号法 20条）

　個人番号・特定個人情報は、番号法で限定的に明記された事務を処理するために収集・保管されるものです（ 番号法 20条）。

　したがって、それらの事務を行う必要がある場合に限り、個人番号・特定個人情報を保管し続けることができることになるので、それらの事務を行う必要がなくなった場合は、速やかに個人番号を**廃棄又は削除**しなければなりません。

　ただし、個人番号が記載された書類等の中には、所管法令によって一定期間保存が義務付けられているものがあります。例えば、給与所得者の扶養控除等（異動）申告書や配偶者特別控除申告書等は7年間の保存期間が定められています。このような書類に記載された個人番号については、保存期間中は保管することができます（特定個人情報GL（事業者編）第4-3-(3) - B）。

〈個人番号の廃棄・削除に関する問題〉
① 書類の保存が義務付けられている場合に、書類を作成するシステムに記録された個人番号はどうすべきか？
　所轄法令で定められている保存期間が経過するまでの間は、当該保存書類だけでなく、当該書類を作成するシステム内においても個人番号を保管することができる（Q&A 6-4）。

② 個人番号が記載された書類そのものを廃棄するのか？
　個人番号部分を復元できない程度にマスキング・削除して書類の保管を継続することは可能（特定個人情報GL（事業者編）第4-3-(3) B）。

③ 個人番号の廃棄が必要となってから、廃棄作業を行うまでの期間は、どの程度許容されるのか？
　毎年度末に廃棄を行う等、個人番号及び特定個人情報の保有に係る安全性及び事務の効率性等を勘案し、事業者において判断して構わないとされているので（Q&A 6-5）、書類の棚卸しをするタイミングで廃棄すればよい。

④ 複数の利用目的を特定して個人番号の提供を受けている場合の廃棄の時期はどうすべきか（全ての利用目的について保管する必要がなくなったときか）？
　事務ごとに別個のファイルで個人番号を保管している場合は、それぞれの利用目的ごとに利用の必要性がなくなった時点ごとに廃棄・削除することになる。
　他方で、個人番号をまとめて一つのファイルに保管している場合は、全ての利用目的で必要性がなくなった時点と解される（Q＆A 6-6）。

⑤ 支払調書の控えには保存義務は課されていない。この場合に、支払調書の作成・提出後も、その控えを個人番号を記載したままで保管し続けられるか？

支払調書の控えを保管することは、支払調書を正しく作成し提出したかを確認するために必要だから、**個人番号関係事務の一環**として認められる。
　控えを保有できる期間については、確認の必要性及び特定個人情報の保有に係る安全性を勘案し、事業者において判断してよい。なお、税務における更正決定等の期間制限に鑑みると、保管できる期間は最長でも7年が限度であるとされている（Q&A 6-4-2）。

⑥　従業員が退職後再雇用の可能性がある場合や、取引先に定期的に仕事を発注する可能性がある場合に、個人番号を保管して再雇用・再発注時に利用してよいか？

　原則としては、一度削除・廃棄して、再雇用・再発注時に個人番号を再取得することになるが、従業員との関係やこれまでの取引経過等から再雇用・再発注が合理的に予想されるような場合には、源泉徴収票や支払調書作成といった**個人番号関係事務の発生が予想される**ので、その間は個人番号を廃棄せずに保管していられると考えられる（NBL No.1051 p.11 参照）。

第4節

委託の規制

〔条文〕
(再委託)
第十条 個人番号利用事務又は個人番号関係事務(以下「個人番号利用事務等」という。)の全部又は一部の委託を受けた者は、<u>当該個人番号利用事務等の委託をした者の許諾を得た場合に限り</u>、その全部又は一部の再委託をすることができる。
2 前項の規定により個人番号利用事務等の全部又は一部の再委託を受けた者は、個人番号利用事務等の全部又は一部の委託を受けた者とみなして、第二条第十二項及び第十三項、前条第一項から第三項まで並びに前項の規定を適用する。
(委託先の監督)
第十一条 個人番号利用事務等の全部又は一部の委託をする者は、当該委託に係る個人番号利用事務等において取り扱う特定個人情報の安全管理が図られるよう、<u>当該委託を受けた者に対する必要かつ適切な監督を行わなければならない</u>。

> 再委託には、最初の委託者の許諾が必要

> 再委託以降の全ての段階における委託についても、最初の委託者の許諾が必要

> 監督の範囲は、直接の委託先である

1 委託先の監督（ 番号法 11条）

(1) 概要と趣旨

　番号法は、特定個人情報の第三者への提供を原則として禁止していますが、提供制限の例外として、法19条5号で特定個人情報の取扱いの全部又は一部の委託に伴って特定個人情報を委託先に提供することを認めています。

　番号法が委託に伴う特定個人情報の提供を認めているのは、現代社会ではアウトソーシングによる業務の効率化が不可欠となっているからです。

　しかし、他方で、委託先から特定個人情報が漏えいしてしまっては、個人番号利用事務実施者等に安全管理措置を講ずる義務を課すこと（ 番号法 12条）の意味が失われてしまいます。実際に発生した情報の大量漏えい事故のかなりのケースが、委託先の事業所からの漏えいや委託先

からの派遣社員の漏えい行為が原因となっています。

そこで番号法は、特定個人情報の取扱いの委託は許容しつつ、委託者に委託先に対する監督の義務を課すことで（ 番号法 11条）、特定個人情報の安全管理に配慮しています。

なお、個人情報保護法制の一般法である個人情報保護法では、同法22条で、個人データの取扱いの委託者に対し、委託先に対する必要かつ適切な監督を義務付けています。行政機関個人情報保護法・独立行政法人等個人情報保護法では、委託先に対し、保有個人情報の安全管理措置を講ずることを義務付けています（行政機関個人情報保護法6条2項・独立行政法人等個人情報保護法7条2項）。地方公共団体等では、個人情報保護条例の定めによっています。

特別法である番号法は、上記に加え、個人番号利用事務等の委託者に、委託先に対する必要かつ適切な監督を義務付けています。また、個人情報保護法制は個人情報を保護対象としているため、**死者の個人番号**の取扱いの委託については規制できません。そこで、 番号法 11条で、死者の個人番号の取扱いの委託についても規制したのです。

(2) 内容

個人番号利用事務等の全部又は一部の**委託者**は、委託に係る個人番号利用事務等において取り扱う特定個人情報の安全管理が図られるよう、委託先に対する必要かつ適切な監督を行う監督義務を負います（ 番号法 11条）。

再委託、再々委託など全ての段階における委託についても同様に、委託者は委託先に対する監督義務を負います（逐条解説）。

なお、個人番号利用事務等の委託先は個人番号利用事務実施者又は個人番号関係事務実施者となります（ 番号法 2条12項・13項）。したがって、委託先は、委託者の監督（ 番号法 11条）を受けるだけでなく、自らも個人番号の安全管理措置を講ずる義務を負います（ 番号法 12条）。

① 監督の範囲

本条による委託先の監督の対象は、**直接の委託先**です。再委託が行われた場合は、再委託先に対してまで直接の監督義務は負いません。

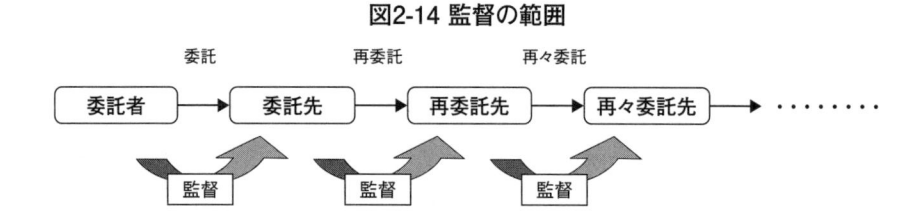

図2-14 監督の範囲

```
      委託         再委託         再々委託
委託者 → 委託先 → 再委託先 → 再々委託先 → ………
         ↑          ↑           ↑
        監督        監督         監督
```

もっとも、委託者の監督義務の内容には、委託先が再委託先に対して必要かつ適切な監督を行っているかどうかの監督も含まれるので、委託者は、委託先に対する**直接的な監督義務**だけでなく再委託先に対しても**間接的に監督義務**を負うことになると解されています。

② 「必要かつ適切な監督」の内容

「必要かつ適切な監督」については、番号法に基づき**委託者が果たすべき安全管理措置と同等の措置**が、委託先においても講じられるよう必要かつ適切な監督を行わなければならないとされています（特定個人情報GL（事業者編）第4-2-(1)-①A、特定個人情報GL（行政機関等・地方公共団体等編）第4-2-(1)-①A）。

具体的には、次の3点の実施が必要とされています（同上第4-2-(1)-①B）。
① 委託先の適切な選定
② 委託先に安全管理措置を遵守させるために必要な契約の締結
③ 委託先における特定個人情報の取扱状況の把握

A　委託先の**適切な選定**

委託者は、委託先において、番号法に基づいて委託者自らが果たすべき安全管理措置と同等の措置が講じられるか否かについて、あらかじめ確認

しなければなりません。

> 【具体的な確認事項】
> ・委託先の設備、技術水準、
> ・従業者〈注〉に対する監督・教育の状況、
> ・その他委託先の経営環境等

〈注〉「従業者」とは、事業者の組織内にあって**直接間接**に事業者の**指揮監督**を受けて事業者の業務に従事している者をいい、従業員のほか、取締役、監査役、理事、監事、派遣社員等を含むとされています。

B 安全管理措置に関する**委託契約の締結**

> 【契約の規程等に盛り込まなければならない**事項**】
> ・秘密保持義務
> ・事業所内からの特定個人情報の持出しの禁止
> ・特定個人情報の目的外利用の禁止
> ・再委託の条件、
> ・漏えい事案等が発生した場合の委託先の責任
> ・委任契約終了後の特定個人情報の返却又は廃棄
> ・従業者に対する監督・教育
> ・契約内容の遵守状況の報告

　民間事業者の場合、上記に加え、特定個人情報を取り扱う従業者の明確化、委託者が委託先に対して実地の調査を行うことができる規定等を盛り込むことが「望ましい」とされています（特定個人情報GL（事業者編）第4-2-(1)-①B）。

　行政機関等・地方公共団体等の場合は、上記に加え、従業者の明確化を求める規定を盛り込まなければならず、必要があると認めるときは、委託者が委託先に対して実地の調査を行うことができる規定等を盛り込まなければならないとされています（特定個人情報GL（行政機関等・地方公共団体等編）第4-2-(1)-①B）。

C　委託先における特定個人情報の**取扱状況の把握**

　委託契約の締結で終わらず、その後の取扱状況について、報告を求めるなどして把握することも大切です。

③　委託に関連する問題

A　特定個人情報を取り扱う情報システムの運用にあたり、クラウドサービスを利用したいが、この場合は、法11条により委託先の監督をする必要があるのか？また、特定個人情報を取り扱う情報システムの保守を外部の事業者に委託する場合はどうか？

　このような運用が法11条の「個人番号利用事務等の全部又は一部の委託」に当たるとすれば、クラウドサービス業者や保守サービス業者に対し前述した「必要かつ適切な監督」を行う義務があるため、注意が必要です。

　この問題については、クラウドサービス業者や保守サービス業者が当該契約内容を履行するにあたって**個人番号をその内容に含む電子データを取り扱うのかどうか**が基準となります（Q&A3-12）。例えば、業者との契約条項によって、当該業者が個人番号をその内容に含む電子データを取り扱わない旨が定められており、適切にアクセス制御を行っている（業者が個人番号を含む電子データにアクセスできないようにアクセス制御されている）場合は、法11条の個人番号利用事務等の委託にはあたらないとされています（Q&A3-12、3-14を参照）。

　しかし、保守サービス業者が保守のため特定個人情報が記録されている記憶媒体を持ち帰ることが想定される場合は、特定個人情報の保管の委託として、「必要かつ適切な監督」（ 番号法 11条）を行う必要があります（Q&A3-14 参照）。

　なお、法11条の委託に該当するか否かを問わず、クラウドサービス業者や保守サービス業者を利用する側は、**自ら果たすべき安全管理措置**を講ずる義務があるので（ 番号法 12条等）、特定個人情報等が漏えいしないように、当該電子データを適切に管理するとともに適切なサービス業者を選択するなどの措置を講ずる必要があります（Q&A3-13 参照）。

B 特定個人情報の受け渡しに配送業者を利用したいが、これは、法11条の「委託」に当たるのか？通信事業者を利用する場合はどうか？

　配送業者による配送や通信事業者による通信を利用する場合は、当該業者は、通常、配送・通信手段を提供しているに過ぎず、依頼された特定個人情報の中身の詳細には関知しないので、特に特定個人情報の取扱いについての合意がある場合を除き、法11条の個人番号利用事務等の委託には該当しないものと解されています（Q&A3-14-2）。

　もちろん、配送業者・通信業者を利用する側は、**自ら果たすべき安全管理措置**を講ずる義務があるので（ 番号法 12条等）、特定個人情報等が漏えいしないように、適切なサービス業者を選択する、安全な配送方法を選択・指定する、データの暗号化・パスワードロックなどの措置を講ずる必要があります（Q&A3-13、NBL・No.1052-42参照）。

　なお、法16条の本人確認書類等の郵便での送付は、封筒に入れて封をすれば書留等にする必要はないとされています（NBL・No.1052-40参照）。しかし、送付する個人番号の量や漏えい・紛失のリスク判断によっては、書留等の利用が安全管理の見地から望ましいといえる場合もあるでしょう。

　また、個人番号を提出する先（個人番号利用事務実施者）が提出方法を指定する場合にはそれに従うことになります。例えば、ハローワークへの個人番号の届出は、「厳重な管理が必要とされていますので、できるだけ電子申請による届出を行ってください。」「郵便での届出を行う場合は、漏えい、紛失等の事故を防止するとともに、届出に係る履歴が確認できるような方法（例：書留郵便等）による届出をお願いします。」と説明されています（雇用保険Q&A Q15）。

2 再委託（番号法 10条）

（1）概要と趣旨

個人番号利用事務等（個人番号利用事務又は個人番号関係事務）の全部又は一部の委託を受けた者は、当該個人番号利用事務等の**最初の委託者**の許諾を得た場合に限り、再委託できるとされています（番号法 10条1項）。

再委託以降の全ての段階における委託についても、再委託を受けた者は個人番号利用事務等の「委託を受けた者」とみなされ、同様となります（番号法 10条2項）。

本条のような規制は、例えば個人情報保護法にはありませんが、個人情報の取扱いの委託契約には、本条のような再委託制限条項を盛り込むのが一般です。番号法は、個人番号の重要性に鑑み、再委託について委託者のコントロールを及ぼすことを法律で明確にしたのです。

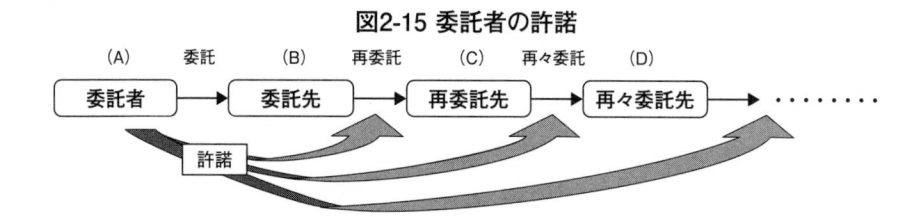

図2-15 委託者の許諾

(A) 委託者 →委託→ (B) 委託先 →再委託→ (C) 再委託先 →再々委託→ (D) 再々委託先 → ………

許諾

例えば、民間事業者Aが従業員の源泉徴収票作成事務を事業者Bに委託した場合は、委託先事業者Bは、**委託者Aの許諾**を得た場合に限り、事業者Cに再委託をすることができることになります。そして、再委託先事業者Cが更に事業者Dに再委託（再々委託）する場合も、最初の委託者である**事業者Aの許諾**を得なければなりません。

同様に、市役所Aが総務事務を事業者Bに委託している場合に、事業者Bが受託事務のうち社会保険関係の事務を社会保険労務士Cに再委託するためには、市役所Aの許諾を得なければなりません。

(2) 再委託の許諾に際しての注意等
① 行政機関等及び地方公共団体等の場合
　行政機関等及び地方公共団体等の場合は、「委託をする個人番号利用事務等において取り扱う特定個人情報の適切な安全管理が図られることを確認した上で再委託の諾否を判断しなければならない」とされています（特定個人情報 GL（行政機関等・地方公共団体等編）4-2-(1)-2 B）。

　また、行政機関等及び地方公共団体等が委託者Ａの場合は、委託先Ｂは再委託先Ｃを監督する義務があるため、Ｂ・Ｃ間の委託契約の内容に、Ｃが更に再委託する場合の取扱いを定め、再委託を行う場合の条件、再委託した場合のＢに対する通知義務等を盛り込むものとされています（特定個人情報 GL（行政機関等・地方公共団体等編）第 4-2-(1)-2 B）。このため、委託者Ａが行政機関等・地方公共団体等である場合は、委託者ＡがＢ・Ｃ間の再委託を許諾するにあたって、Ｂに対し、ＢＣ間の委託契約に上記の内容を盛り込むことを求めることになります。

② 民間事業者の場合
　民間事業者が委託者Ａの場合は、特定個人情報 GL（事業者編）では行政機関等及び地方公共団体等ほどの要求はされていません。

　すなわち、同 GL（事業者編）には、委託者Ａが再委託の諾否を判断する際の確認事項についての言及はありません。また、Ｂ・Ｃ間の委託契約の内容に、Ｃが更に再委託する場合の取扱いを定め、再委託を行う場合の条件、再委託した場合のＢに対する通知義務等を盛り込むことが「**望ましい**」とするにとどまっています（特定個人情報 GL（事業者編）第 4-2-(1)-2 B）。

3　違反への担保措置

　法10条及び11条違反の行為は、個人情報保護委員会による監督（勧告や命令等）の対象となります（ 番号法 　改正前51条・改正後37条）。

　なお、委託先を適切に監督するために必要な措置を講じず、又は、必要かつ十分な監督義務を果たすための具体的な対応をとらなかった結果、特定個人情報の漏えい等の事故が発生した場合は、番号法違反と判断される可能性があります（特定個人情報GL（事業者編）第4-2-(1)-①A、特定個人情報GL（行政機関等・地方公共団体等編）第4-2-(1)-①A）。

第5節

安全管理措置

〔条文〕
（個人番号利用事務実施者等の責務）
第十二条　個人番号利用事務実施者及び個人番号関係事務実施者（以下「個人番号利用事務等実施者」という。）は、個人番号の漏えい、滅失又は毀損の防止その他の個人番号の適切な管理のために必要な措置を講じなければならない。

→ 個人番号の安全管理措置を講ずる義務

1　概要

　法12条は、個人番号利用事務実施者及び個人番号関係事務実施者（＝**個人番号利用事務等実施者**）に対し、個人番号に関する安全確保の措置を義務づけています。

2　法12条の意味（一般法との関係）

　法12条は**死者の個人番号**を安全管理措置の対象とすることに大きな意味があります。
　すなわち、個人情報保護法制（一般法）では、後述するように「**個人情報**」を取り扱う者に安全管理措置を講ずる義務を課しています。そして、生存する者の個人番号は「**個人情報**」であることから、生存する者の個人番号（特定個人情報）は、個人情報保護法制が定める安全管理措置の対象となっています。これに対し、死者の個人番号は「個人情報」でないため、個人情報保護法制では保護できません。しかし、個人番号は本人が死亡しても不変であるので（一定期間経過後に他の人に同じ番号が付番されるということはない）、本人の死亡後も保護措置を講ずる必要があります。そこで、法12条で、死者の個人番号についても安全管理措置を講ずることとしたのです。

〈個人情報保護法制（一般法）における安全管理措置〉
① 行政機関個人情報保護法及び独立行政法人等個人情報保護法
　行政機関等は、保有個人情報の安全管理措置を講じなければならず、個人情報の取扱いの委託を受けた者にも同様の義務が課されている（行政機関個人情報保護法 6 条、独立行政法人等個人情報保護法 7 条）。
　このため、生存する者の個人番号（特定個人情報）の安全管理措置は、これら一般法の規定により要求されているといえる。

② 個人情報保護条例
　地方公共団体等の場合は、個人情報保護条例で、個人情報について安全管理措置を定めているのが一般であり、生存する者の個人番号（特定個人情報）の安全管理措置は、個人情報保護条例の規定により要求されているといえる。

③ 個人情報保護法
　民間事業者の場合は、個人データに関する安全管理措置を講ずる義務が課されているので（ 個情法 20 条）、生存する者の個人番号（特定個人情報）の安全管理措置は、個人情報保護法の規定により要求されているといえる。

3　違反への担保措置

　法 12 条違反の行為は、個人情報保護委員会による監督（勧告や命令）の対象となります（ 番号法 改正前 51 条・改正後 37 条）。

4　安全管理措置の内容

　安全管理措置は特定個人情報等の保護措置の要であるため、個人情報保護委員会が策定したガイドライン（特定個人情報 GL（事業者編）及び特定個人情報 GL（行政機関等・地方公共団体等編））においても、「（別添）特定個人情報に関する安全管理措置」として特に解説されています。

安全管理措置は、一般に、①**組織的安全管理措置**、②**人的安全管理措置**、③**物理的安全管理措置**、そして④**技術的安全管理措置**に分類・整理して説明されています。

安全管理措置	
組織的安全管理措置	安全管理について従業者の責任と権限を明確に定め、安全管理に関する規程等を整備運用し、その実施状況を確認する
人的安全管理措置	情報の漏えい等を防ぐためのルールを従業者に周知し誓約させ、必要な教育を行う
物理的安全管理措置	盗難・紛失・のぞき見等による情報漏えいを物理的に防止する
技術的安全管理措置	不正アクセス等による情報漏えいを防止するために、情報システムへのアクセス制御、不正ソフトウェア対策、暗号化等の技術的な対策を行う

5　安全管理措置の検討

（1）安全管理措置の検討手順

　特定個人情報 GL は、特定個人情報等を取り扱う者は、特定個人情報等の適正な取扱いについて、次のような手順で検討を行う必要があるとしています（GL 別添安全管理措置の「事業者編」及び「行政機関等・地方公共団体等編」）。

【安全管理措置の検討手順】

A　個人番号を取り扱う事務の範囲の明確化
　　個人番号利用事務又は個人番号関係事務の範囲を明確にする。

B　特定個人情報等の範囲の明確化
　　Aで明確化した事務において取り扱う特定個人情報等（使用される個人番号及び個人番号と関連付けて管理される氏名・生年月日等の個人情報）の範囲を明確にする。

C　事務取扱担当者の明確化
　　Aで明確化した事務に従事する従業者〈注1〉（「**事務取扱担当者**」と呼ばれる）を明確にする。〈注2〉〈注3〉

D　基本方針の策定
　　特定個人情報等の適正な取扱いの確保について組織として取り組むために、基本方針を策定する。

E　取扱規定等の策定・見直し
　　A～Cで明確化した事務における特定個人情報等の適正な取扱いを確保するために、組織的・人的・物理的・技術的な安全管理措置を織り込んだ取扱規定等の策定・見直しを行わなければならない。

【A～Cの検討】

　番号法は、個人番号の利用範囲を制限し、特定個人情報を収集・保管・提供できる場合も制限しています（ 番号法 9条・28条・15条・19条・20条等）。そこで、個人番号及び特定個人情報（特定個人情報等）の漏えい防止等のための安全管理措置の検討にあたっては、まず、**A個人番号を取り扱う事務**、**B取り扱う情報**そして**C取り扱える人**を限定し明確にすることが重要となります。

〈注1〉従業者

「従業者」とは、事業者等の組織内にあって、**直接間接に**事業者の**指揮監督**を受けて事業者等の業務に従事している者をいい、従業員・職員に限らず、取締役、監査役、理事、監事、派遣社員等を含むとされています。

〈注2〉事務取扱担当者の明確化の方法

事務取扱担当者の明確化（C）は、特定個人情報等の取得の段階、利用・保存の段階、提供の段階、削除・廃棄の段階という**取扱いの各段階**について、担当者を明確にして行います。各段階を兼任しても構いません。

事務取扱担当者を明確化する際には、部署名（○○課、○○係）や事務名（○○事務担当者）等により個人番号を取り扱う事務に従事する者が明確になる場合はそれで十分とされています。部署名等で特定個人情報等を取り扱う事務に従事する者の範囲を明確化することができないときは、事務取扱担当者を指名するなどの必要があります（Q&A 10-1）。

〈注3〉事務取扱担当者と安全管理措置の程度

特定個人情報等の取扱いの各段階の事務取扱担当者を明確にしたら、後述する安全管理措置の手法を参考にして、各担当者の事務にとって必要・適切な安全管理措置を講ずることになります。この場合、**担う役割や具体的事務に応じて漏えい等のリスクが異なることを意識して安全監理措置を検討する必要があります**（Q&A 10-2参照）。

例えば、定期的に発生する事務や中心となる事務を担当する者に対して講ずべき安全管理措置と、書類を移送するなど補助的に一部の事務を行うにすぎない者に対して講ずべき安全管理措置とは異なるでしょう。

また、個人番号が記載された書類等を受け取る担当者については、個人番号の確認作業を行わせる場合もあれば、確認作業を行わせない場合もあります。後者の場合には、封筒に入れた状態で受け取るようにするなど、担当者が特定個人情報を見ることができないような安全管理措置を講ずることが有効です（Q&A 6-1を参照）。

【DE の検討】

　A～C の検討を行った上で、D 基本方針の策定と E 取扱規定の策定・見直しを行います。

　その際には、番号法及び個人情報保護法制（一般法）、個人情報ガイドライン、さらには主務大臣のガイドライン・指針等（民間事業者の場合）、各省庁等における情報セキュリティポリシー等（行政機関等及び地方公共団体等の場合）を遵守しなければなりません。

　また、行政機関等及び地方公共団体等は、特定個人情報保護評価を実施した事務については、その内容を遵守し、個人番号利用事務の実施にあたっては、接続する情報提供ネットワークシステム等の接続規程等が示す安全管理措置等を遵守することとされています（GL 別添安全管理措置（行政機関等・地方公共団体等編）②）。

（2）講ずべき安全管理措置の内容

　ここでは、民間事業者における安全管理措置の具体的手法の例について、GL 別添安全管理措置（事業者編）に則って説明します（行政機関等や地方公共団体等についても基本的には同じように考えることができるが、詳しくは GL 別添安全管理措置（行政機関等・地方公共団体等編）を参照）。

　なお、以下はあくまでも**例示**であり、手法はこれに限定されるものではなく、また、**事業者の規模**や**特定個人情報を取り扱う事務の特性**等により、適切な手法を採用することが重要です（GL 別添安全管理措置（事業者編）②）。

①　基本方針の策定

　基本方針は、特定個人情報等の保護を推進する上での考え方や方針を明らかにするものです。

　ただし、基本方針の策定・公表は、法令で**義務付けられているわけではありません**（特定個人情報 GL でも「基本方針を策定することが重要である」とするにとどまっています）。

　基本方針に定める項目の例として、特定個人情報 GL（事業者編）は次

のものを挙げています（GL 別添安全管理措置（事業者編）2 A）。
・事業者の名称
・関係法令・ガイドライン等の遵守
・安全管理措置に関する事項
・質問及び苦情処理の窓口　等

　なお、既に個人情報の取扱いにかかる基本方針（プライバシー・ポリシー等）を策定している場合は、既存の基本方針の特則の形で特定個人情報等の取扱いにかかる基本方針を策定してもよいし（一般法である個人情報保護法制と特別法である番号法の関係と同様）、既存の基本方針を改正して特定個人情報等の取扱いにかかる方針を盛り込む形でも構いません（Q&A 12-1 参照）。
　また、基本方針を公表する場合は、ウェブ画面への掲載が考えられます（公表が義務付けられているわけではない）。

基本方針の策定例

特定個人情報の保護に関する基本方針

　株式会社　●●●●（以下、「当社」という。）は、個人番号その他の特定個人情報（以下「特定個人情報等」という。）の取扱いが安全かつ適正に行われるよう取り組むことが企業の社会的責務であると考え、以下の基本方針に従って、特定個人情報等を適切に取り扱います。

1．関係法令・ガイドライン等の遵守
当社は、特定個人情報等に関して適用される法令、ガイドラインその他の規範を遵守します。

2．安全管理措置に関する事項
当社は、特定個人情報等の漏えい、滅失又は毀損を防止するとともに特定個人情報等を適切に管理するために、従業者の責任の明確化、社内規程の整備、従業者の教育・訓練、漏えい等の事故を防止するための物理的、技術的な対策等の安全管理措置を講じます。

3．質問及び苦情処理の窓口
当社は、対応する窓口にいただいた特定個人情報等に関する問い合わせや苦情等に対して、適切かつ誠実、迅速に対応いたします。

制定日　　　　平成●●年●●月●●日
最終改定日　　平成●●年●●月●●日
株式会社　　　●●●●
代表取締役　　●●　●●

② 取扱規定等の策定・見直し
A 「取扱規程等」の趣旨

　事業者は、個人番号及び特定個人情報（＝**特定個人情報等**）の具体的な取扱いを定める取扱規定等を**策定しなければならない**（義務）とされています（GL別添安全管理措置（事業者編）②B）。

　前述したように、事業者は、まず、**A個人番号を取り扱う事務の範囲の明確化、B特定個人情報等の範囲の明確化**、そして**C事務取扱担当者の明確化**を行います。その上で、A～Cによって明確化した事務において事務の流れを整理し、特定個人情報等の具体的な取扱いを定めるために取扱規定等を策定し、既に取扱規程がある場合は見直しを行います（同上）。

　なお、策定が義務付けられている「取扱規程等」は、必ずしも「規程」という形で策定しなければならないわけではなく、**事務フロー**や**社内マニュアル**、**業務手順書**等の形でも構いません。「取扱規程等の策定・見直し」において重要なのは、「規程」という形を採用することではなく、特定個人情報等の取扱方法、責任者・事務取扱担当者及びその任務・役割などを明確にし、責任者や事務取扱担当者らがこれを理解し共有できるようにすることだからです。

　もちろん、オーソドックスな方法としては、「**規程**」や「**細則**」として原則的なルールを明文化した上で、実務の細かなことは社内マニュアル・業務手順書等に記載して柔軟に対応していくということになるでしょう。

　なお、後述しますが、いわゆる**中小規模事業者**の場合は、取扱規程の策定が義務付けられているとまでは解されておらず、特定個人情報等の取扱方法や責任者・事務取扱担当者が明確になっていれば足りるものとされており、明確化の方法についても、**口頭**や**業務マニュアル**、**業務フロー図**、**チェックリスト**等に特定個人情報の取扱いを加えるなどの方法が考えられるとされています（Q&A 13-2）。

B 取扱規程等の策定方法

　取扱規程等の策定方法としては、特定個人情報等の管理段階(注)ごとに、特定個人情報等の取扱方法、責任者・事務取扱担当者及びその任務・役割

などを定めるという手法が考えられます。

　具体的に定める条項には、①**組織的安全管理措置**、②**人的安全管理措置**、③**物理的安全管理措置**及び④**技術的安全管理措置**の具体的手法（後述します）を織り込むことが重要です。

〈注〉特定個人情報等の管理段階（例）

①取得する段階

②利用を行う段階

③保存する段階

④提供を行う段階

⑤削除・廃棄を行う段階

(3) 安全管理措置の具体的手法の例

　GL別添安全管理措置（事業者編）において、特定個人情報の適正な取扱いのために事業者が**講じなければならない**とされている組織的、人的、物理的及び技術的な安全管理措置と、その具体的な**手法**の例を掲記します。

　取扱規程等の策定にあたり、事業者は、事業者の規模や特定個人情報を取り扱う事務の特性等を考慮しつつ、具体的な**手法**の例から取捨選択して（手法の例以外の手法を採用してもよい）、講じなければならない安全管理措置を取扱規定等に織り込みます。

安全管理措置

「適切な管理のために必要な措置」(番号法 12条・ 個情法 20条) の具体的内容 (特定個人情報 GL より)

安全管理措置（本則）	
基本方針の策定（策定・公表は<u>義務ではない</u>）	個人情報・特定個人情報保護を推進する上での考え方や方針を明らかにする
取扱規程等を<u>策定しなければならない</u>	個人番号・特定個人情報の漏えい等を防ぐための組織的・人的・物理的・技術的な安全管理措置を織り込んだ社内規程・業務フロー・マニュアル等を策定する
① 組織的安全管理措置	安全管理について従業者の責任と権限を明確に定め、安全管理に関する規程等を整備運用し、その実施状況を確認する
② 人的安全管理措置	情報の漏えい等を防ぐためのルールを従業者に周知し誓約させ、必要な教育を行う
③ 物理的安全管理措置	盗難・紛失・のぞき見等による情報漏えいを物理的に防止する
④ 技術的安全管理措置	不正アクセス等による情報漏えいを防止するために、情報システムへのアクセス制御、不正ソフトウェア対策、暗号化等の技術的な対策を行う

安全管理措置 –（1）組織的安全管理措置の手法

講じなければならない組織的安全管理措置（本則）	手法の例
① 組織体制の整備	・責任者の設置と責任の明確化 ・事務取扱担当者の明確化と役割の明確化 ・取り扱う特定個人情報等の範囲の明確化 ・取扱規程等の違反・漏えい事故又はその兆候を把握した場合の責任者への報告連絡体制の確認・整備 ・特定個人情報等を複数の部署で取り扱う場合の各部署の任務分担及び責任の明確化

②	規程等に基づく運用と運用状況の確認	※取扱規程等に基づく運用状況を確認するため、システムログ又は利用実績を記録する （記録項目の例） ・特定個人情報ファイルの利用・出力状況の記録 ・書類・媒体等の持出の記録 ・特定個人情報ファイルの削除・廃棄の記録 ・削除・廃棄を委託した場合のこれを証明する記録等 ・事務取扱担当者の情報システムの利用状況（ログイン実績、アクセスログ等）の記録
③	取扱状況を確認するための手段の整備	取扱状況を確認するために明らかにしておくべき記録等の例） ・特定個人情報ファイルの種類・名称 ・責任者・取扱部署 ・利用目的 ・削除・廃棄状況の記録方法 ・アクセス権を有する者
④	漏えい事故等に対応するための体制の整備	※情報漏えい等の事案の発生又は兆候を把握した場合に、適切かつ迅速に対応するための体制を整備する。二次被害の防止・類似事案発生防止等の見地から、事案に応じて、事実関係及び再発防止策等を早急に公表することが重要 （対応の例） ・事実関係の調査及び原因の究明 ・影響を受ける可能性のある本人への連絡 ・委員会及び主務大臣等への報告 ・再発防止策の検討及び決定 ・事実関係・再発防止策等の公表
⑤	取扱状況の把握と安全管理措置の見直し	・特定個人情報の取扱状況について、定期的に自己点検又は他部署等による監査を実施する ・外部の主体による監査

安全管理措置 –（2）人的安全管理措置の手法

講じなければならない物理的安全管理措置（本則）	手法の例
① 事務取扱担当者の監督	・特定個人情報等の取扱いに関する留意事項等について、従業者に定期的な研修等を行う
② 事務取扱担当者の教育	・特定個人情報等についての秘密保持に関する事項を就業規則に盛り込む

安全管理措置 –（3）物理的安全管理措置の手法

講じなければならない物理的安全管理措置（本則）	手法の例
① 特定個人情報等を取り扱う区域の管理	※特定個人情報ファイルを取り扱う情報システムを管理する区域（管理区域）及び特定個人情報等を取り扱う事務を実施する区域（取扱区域）を明確にし、物理的な安全管理措置を講ずる ・管理区域の入退室管理（ICカード、ナンバーキー等による入退室管理システムの設置等） ・取扱区域に壁又は間仕切り等の設置及び座席配置の工夫等をする（他の往来が少ない場所への座席配置、のぞき見される可能性が低い場所への座席配置等 -Q&A 15-1）
② 機器及び電子媒体等の盗難・紛失等の防止	※管理区域・取扱区域における特定個人情報等を取り扱う機器、電子媒体及び書類等の盗難又は紛失等を防止するために、物理的な安全管理措置を講ずる ・特定個人情報等を取り扱う機器等を、施錠できるキャビネット・書庫等に保管する ・特定個人情報等を取り扱う情報システムが運用されている機器のセキュリティワイヤーによる固定

③	電子媒体等を管理区域又は取扱区域外に持ち出す場合の漏えい等の防止	※特定個人情報等が記録された電子媒体又は書類等を管理区域又は取扱区域外に持ち出す場合、容易に個人番号が判明しない措置の実施、追跡可能な移送手段の利用等、安全な方策を講ずる ・持出データの暗号化、パスワードによる保護、施錠できる搬送容器の使用 ・行政機関等に法定調書等をデータで提出するにあたっては、行政機関等が指定する提出方法に従う ・書類等を持ち出す際に、封緘、目隠しシールの貼付等
④	個人番号の削除、機器及び電子媒体等の廃棄と記録の保存	・特定個人情報等が記載された書類等の廃棄は、復元不可能な手段（焼却、溶解、復元不可能な程度に細断可能なシュレッダー等）を採用する ・特定個人情報等が記録された機器・電子媒体等の廃棄は、復元不可能な手段（専用のデータ削除ソフトウェアや物理的な損壊等）を採用する ・特定個人情報ファイルの中の一部（個人番号等）を削除する場合は、容易に復元できない手段を採用する（個人番号部分を復元できない度にマスキングする） ・特定個人情報等を取り扱う情報システムを、保存期間経過後に個人番号を削除することを前提として構築する ・個人番号を記載した書類等につき、保存期間経過後における廃棄を前提とした手続を定める ・削除・廃棄について責任ある立場の者が確認し、記録を保存する（特定個人情報ファイルの種類・名称、責任者・取扱部署、削除・廃棄状況等を記録する -Q&A 6-8） ・削除・廃棄を委託する場合は、証明書等により確認する

安全管理措置 − （4）技術的安全管理措置の手法

講じなければならない 物理的安全管理措置 （本則）	手法の例
① アクセス制御	事務取扱担当者及び当該事務で取り扱う特定個人情報ファイルの範囲を限定するための適切なアクセス制御を行う （アクセス制御を行う方法の例） ・個人番号と紐付けてアクセスできる情報の範囲をアクセス制御により限定する ・特定個人情報ファイルを取り扱う情報システムをアクセス制御により限定する ・ユーザー ID に付与するアクセス権により、特定個人情報ファイルを取り扱う情報システムを使用できる者を事務取扱担当者に限定する
② アクセス者の識別と認証	・ユーザー ID とパスワード、磁気カード、IC カード等の利用による事務取扱担当者の識別
③ 外部からの不正アクセス等の防止アクセス制御	※事務取扱担当者及び当該事務で取り扱う特定個人情報ファイルの範囲を限定するための適切なアクセス制御を行う （アクセス制御を行う方法の例） ・個人番号と紐付けてアクセスできる情報の範囲をアクセス制御により限定する ・特定個人情報ファイルを取り扱う情報システムをアクセス制御により限定する ・ユーザー ID に付与するアクセス権により、特定個人情報ファイルを取り扱う情報システムを使用できる者を事務取扱担当者に限定する
④ 情報漏えい等の防止	※特定個人情報等をインターネット等により外部に送信する場合に、通信経路における情報漏えい等を防止するための措置を講ずる ・通信経路の暗号化 ・情報システム内に保存しているデータの暗号化・パスワードによる保護等

6 中小規模事業者の特例的な扱い

(1)「中小規模事業者」とは

上の5で説明した「講ずべき安全管理措置」の**手法は例示**であり、**事業者の規模**や**特定個人情報を取り扱う事務の特性**等に応じて採用できる手法は異ならざるを得ません。

更に、GL別添安全管理措置（事業者編）では、特に「中小規模事業者」〈注〉について、事務で取り扱う個人番号の数量が少ないことや事務取扱担当者の候補者が限定的であることなどから、後述するような**特例的な対応方法**を許しています（GL別添安全管理措置（事業者編）２を参照）。

〈注〉「中小規模事業者」は、特定個人情報GL（事業者編）が認めている事業者の概念である。

「中小規模事業者」とは、事業者のうち**従業員の数が100人以下の事業者**であり、かつ**次に掲げる事業者**を除く事業者です。

①**個人番号利用事務実施者**
　健康保険組合や日本年金機構などの行政事務を処理する事業者
②**委託に基づいて個人番号利用事務等を業務として行う事業者**
③**金融分野の事業者**
　「金融分野」とは、金融庁作成の「金融分野における個人情報保護に関するガイドライン」第1条第1項に定義される金融分野をいう（GL別添安全管理措置（事業者編）２）。
④**個人情報取扱事業者**
　個人情報保護法が適用される事業者
　個人情報取扱事業者の定義等については、本書の第2編2-6-2（p.170）を参照。

①～④の事業者が「中小規模事業者」から除外されているのは、これらの事業者は、従業員の数が100人以下であっても、その扱う事務の性質や当該事業者に対する個人情報保護法制その他の規制の存在等に照らし、特例的な対応を認めるべきではないからです。

(2) 中小規模事業者の特例的な対応方法の例

　特定個人情報GL（事業者編）が認める中小規模事業者における特例的な対応方法は、以下の通りです。講じなければならない安全管理措置の内容が前述した安全管理措置の手法（本則）よりも軽減されているといえます。

　なお、中小規模事業者であっても、前述した安全管理措置の手法（本則）の例に記載した手法を採用することはより望ましい対応です（GL別添安全管理措置（事業者編）②）。中小規模事業者の場合も、安全管理措置の検討にあたっては、前述した手法を参照することをおすすめします。

中小規模事業者の特例的な対応図

安全管理措置内容（本則）	中小規模事業者における対応方法
基本方針の策定（義務ではない）	・（特定個人情報GLに明記なし）（作ってあれば従業員の教育に役立つ（中小はじめてp.7））
取扱規程等を策定しなければならない。	・特定個人情報等の取扱い等を明確化する。（業務マニュアル、業務フロー図、チェックリスト等に個人番号の取扱いを加えることも考えられる（中小はじめてp.7）） ・事務取扱担当者の変更の場合、確実な引継ぎを行い、責任ある立場の者が確認する

講じなければならない組織的安全管理措置（本則）	中小規模事業者における対応方法
組織体制の整備	・事務取扱担当者が複数いる場合、責任者と事務取扱担当者を区分することが「望ましい」
規程等に基づく運用と運用状況の確認	・特定個人情報等の取扱状況の分かる記録を保存する
取扱状況を確認する手段の整備	・同上
漏えい事故等に対応するための体制の整備	・情報漏えい等事案の発生等に備え、従業者から責任ある立場の者に対する報告連絡体制等をあらかじめ確認しておく
取扱状況の把握と安全管理措置の見直し	・責任ある立場の者が、特定個人情報等の取扱状況について、定期的に点検を行う

講じなければならない 人的安全管理措置 （本則）	中小規模事業者における対応方法
事務取扱担当者の監督	・（特定個人情報 GL に明記なし）
事務取扱担当者の教育	・（同上）

講じなければならない 物理的安全管理措置 （本則）	中小規模事業者における対応方法
特定個人情報等を取り扱う区域の管理	・（特定個人情報 GL に明記なし）
機器及び電子媒体等の盗難・紛失等の防止	・（同上）
電子媒体等を管理区域又は取扱区域外に持ち出す場合の漏えい等の防止	・特定個人情報等が記録された電子媒体又は書類等の移送に当たっては、安全な方策を講じる
個人番号の削除、機器及び電子媒体等の廃棄と記録の保存	・特定個人情報等を削除・廃棄したことを確認する

講じなければならない 技術的安全管理措置 （本則）	中小規模事業者における対応方法
アクセス制御	・特定個人情報等を取り扱う機器を特定し、その機器を取り扱う事務取扱担当者を限定することが「望ましい」 ・機器に標準装備されているユーザー制御機能（ユーザーアカウント制御）により、情報システムを取り扱う事務取扱担当者を限定することが「望ましい」
アクセス者の識別と認証	・（同上）
外部からの不正アクセス等の防止	・（特定個人情報 GL に明記なし）
情報漏えい等の防止	・（同上）

第6節 個人情報保護法制（一般法）の規定の適用

1 個人情報保護法制（一般法）の適用

　個人情報保護法等の個人情報保護法制は一般法であり、番号法は特別法という関係にあります（本書の第2編1-1-1（p.48）を参照）。

　このため、番号法に規定がない分野については、特定個人情報について、個人情報を取り扱う主体に応じて、一般法である個人情報保護法（民間事業者）、行政機関個人情報保護法（行政機関）、独立行政法人等個人情報保護法（独立行政法人等）そして個人情報保護条例（地方公共団体）などの個人情報保護法制の規定が適用されることになります。

　本書では、2以下で、民間事業者の場合（個人情報保護法の適用）について解説します。

2 民間事業者の場合（個人情報保護法の適用）

　個人情報取扱事業者〈注〉は、特定個人情報の適正な取扱いについて個人情報保護法の適用を受けます。

〈注〉個人情報取扱事業者

　個人情報取扱事業者は、個人情報保護法の適用対象となる事業者であり、個人情報データベース等を事業の用に供している者です（改正前個人情報保護法2条3項、改正後個人情報保護法2条5項）。

　2015年（平成27年）9月に改正される前の個人情報保護法では、「その取り扱う個人情報の量及び利用方法からみて個人の権利利益を害するおそれが少ないものとして政令で定める者」を個人情報取扱事業者から除外していました（改正前個人情報保護法2条3項5号）。そして、「政令で定める者」とは、事業の用に供する個人情報データベース等を構成する個人情報によって識別される特定の個人の数の合計が過去6か月以内のいずれの日においても5000件を超えない中小規模の事業者です（改正前個人情報保護法施行令2条）。

2.6 個人情報保護法制（一般法）の規定の適用

　すなわち、改正前の個人情報保護法では、「個人情報取扱事業者」は、個人情報データベース等を事業の用に供している者であって、事業の用に供する個人情報データベース等を構成する個人情報によって識別される特定の個人の数の合計が過去6か月以内のいずれかの日において5000件以上ある事業者でした。

　一方、個人情報取扱事業者に該当しない中小規模の民間事業者（事業の用に供する個人情報データベース等を構成する個人情報によって識別される特定の個人の数の合計が過去6か月以内のいずれの日においても5000件を超えない事業者）には、個人情報保護法が適用されず、以下で説明する個人情報保護法上の規制にはかかりませんでした。このため、これまでは中小規模の事業者の多くが個人情報保護法の規制を意識することなく事業を行うことができていました。

　しかし、2015年（平成27年）9月に成立した個人情報保護法の改正法により、個人情報保護法2条3項5号は削除され、個人情報データベース等を事業の用に供している事業者の全てが個人情報取扱事業者として個人情報保護法の適用を受けることになるので、注意が必要です。番号法では法文上は大規模の事業者と中小規模の事業者を区別することなく義務を課していますが、個人情報保護法も同じようになるのです。

　もっとも、改正法の施行日は、改正法の公布の日から起算して2年を超えない範囲内において政令で定める日とされているので（改正法附則1条柱書本文）、それまでの猶予期間中は、中小規模の事業者はこれまでと同じく、個人情報保護法の規制に従う法的義務はありません。

　また、改正法で、個人情報保護委員会は、事業者等が講ずべき措置の実施を図るための指針（個情法8条）の策定にあたり、特に小規模事業者の事業活動が円滑に行われるよう配慮することと規定されています（改正法附則11条）。番号法における安全管理措置の解釈においても、「中小規模事業者」について特例的な措置が認められていますが（本書第2編2-5-6（p.167）を参照）、改正個人情報保護法でも同様の配慮がなされることになります。

　個人情報保護法により個人情報取扱事業者に課される義務は、以下のとおりです。

　なお、個人情報保護法は、2015年（平成27年）9月に改正・公布され、施行日は改正法の公布の日から起算して2年を超えない範囲内において政

令で定める日とされ（改正法附則1条柱書本文）、猶予期間があります。

本書刊行時点は猶予期間中のため、改正前と改正後の双方の規制を併記することとします。

(1) 利用目的の特定（ 個情法 15条1項）

本書の第2編2-3-3 (1)①(p.106)で解説しました。

(2) 利用目的の変更（ 個情法 15条2項）

本書の第2編2-3-3 (1)①B(p.108)で解説しました。

(3) 利用目的による制限（ 番号法 29条3項により読み替えて適用される 個情法 16条1項）

本書の第2編2-2-4 (1)(p.89)で解説しました。

なお、 番号法 29条3項による 個情法 16条1項の読替えの解説については、本書の第2編5-2-2 (1)①(p.215)を参照してください。

(4) 適正取得（改正前17条・改正後17条1項）

個人情報取扱事業者は、偽りその他不正の手段により個人情報を取得してはなりません。

したがって、事業者は、特定個人情報の提供を受ける際に、偽りその他不正の手段により取得することはできません。

(5) 利用目的の通知等（ 個情法 18条）

本書の第2編2-3-4 (p.109)で解説しました。

なお、個人情報の利用目的の通知・公表等（ 個情法 18条1項）、利用目的の明示（ 個情法 18条2項）及び変更された利用目的の通知・公表等（ 個情法 18条3項）の各規定は、次の場合には適用されず、通知・公表等をする必要がありません（ 個情法 18条4項）。もっとも、事業者が個人番号・特定個人情報の提供を受ける際に次のような事態になることは想定しにくいので、次の適用除外規定が問題になることはほとんどないと考

えてよいでしょう。
① 本人等の権利利益を害するおそれがある場合
② 当該個人情報取扱事業者の権利又は正当な利益を害するおそれがある場合
③ 国の行政機関又は地方公共団体が法令の定める事務を遂行することに対して協力する必要がある場合であって、当該事務の遂行に支障を及ぼすおそれがあるとき
④ 取得の状況からみて利用目的が明らかであると認められる場合

(6) データ内容の正確性の確保等（ 個情法 19条）

個人情報取扱事業者は、利用目的の達成に必要な範囲内において、個人データを正確かつ最新の内容に保つよう努めなければなりません。

したがって、個人情報取扱事業者は、特定個人情報等を扱うにあたっては、正確性の確保の努力義務を負います。なお、正確性確保の義務は**努力義務**（「努めなければならない」）であり、法的義務ではないため、勧告・命令等の対象にはなりません。

なお、個人番号関係事務においては正しい個人番号が取り扱われることが前提であり、事業者には、 番号法 16条により、本人から個人番号の提供を受けるときは、本人確認（番号確認と身元確認）が義務付けられています。もっとも、収集・保管している個人番号に誤りがあった場合の罰則規定まではありません。

また、2015年の改正により、正確性確保の努力義務に加えて、利用する必要がなくなったときは、当該個人データを遅滞なく消去するよう努めなければならないという**消去の努力義務**が追加されました。もっとも、個人番号利用事務等実施者には 番号法 20条による取得・保管制限により、個人番号利用事務等を行う必要がなくなった場合は速やかに個人番号を**廃棄又は削除**しなければならないという法的義務が課されており（本書の第2編2-3-8（p.141）参照）、こちらが優先適用されるので、注意が必要です。

(7) 個人データの安全管理措置（ 個情法 20条）

　個人情報取扱事業者は、その取り扱う個人データの漏えい、滅失又はき損の防止その他の個人データの安全管理のために必要かつ適切な措置を講じなければなりません。

　したがって、事業者が特定個人情報を取り扱う際には、安全管理措置を講ずる必要があります。

　なお、 個情法 20条の安全管理措置と 番号法 12条の安全管理措置との関係については、本書の第2編2-5-2（p.153）を参照してください。

(8) 従業者の監督（ 個情法 21条）

　個人情報取扱事業者は、その**従業者**に個人データを取り扱わせるに当たっては、当該個人データの安全管理が図られるよう、当該従業者に対する必要かつ適切な監督を行わなければなりません。

　したがって、事業者が特定個人情報を取り扱う際には、従業者の監督義務が課されます。

(9) 委託先の監督（ 個情法 22条）

　個人情報取扱事業者は、個人データの取扱いの全部又は一部を委託する場合は、その取扱いを委託された個人データの安全管理が図られるよう、委託を受けた者に対する必要かつ適切な監督を行わなければなりません。

　したがって、事業者が特定個人情報の取扱いを委託する場合には、委託先に対する監督の義務が課されます。

　なお、**死者の個人番号**の取扱いの委託については、 番号法 11条の委託先に対する監督義務が及びます（本書の第2編2-4-1（p.145）を参照）。

(10) 第三者提供の制限（ 個情法 23条）

　 個情法 23条は、特定個人情報については適用されません（ 番号法 29条3項による**適用排除**）。

　特定個人情報の提供については、 番号法 19条による特定個人情報の提供の制限で規制されます。

(個情法) 23 条の適用排除については、本書の第 2 編 5-2-2（1）②（p.218）を参照してください。

(11) 保有個人データに関する事項の公表（(個情法) 24 条 1 項）
　個人情報取扱事業者は、保有個人データに関し、以下の事項を本人の知り得る状態（本人の求めに応じて遅滞なく回答する場合を含む。）に置かなければなりません。
ⅰ) 当該個人情報取扱事業者の氏名又は名称
ⅱ) 全ての保有個人データの利用目的
ⅲ) 利用目的の通知、開示、訂正等、利用停止等の求めに応じる手続等
ⅳ) ⅰ) からⅲ) までに掲げるもののほか、保有個人データの適正な取扱いの確保に関し必要な事項として個人情報保護法施行令第 5 条で定めるもの
　したがって、事業者は、特定個人情報に関し、上記の事項を本人の知りうる状態にしておく必要があります。

　なお、①本人等の権利利益を害するおそれがある場合、②当該個人情報取扱事業者の権利又は正当な利益を害するおそれがある場合、③国の行政機関又は地方公共団体が法令の定める事務を遂行することに対して協力する必要がある場合であって、当該事務の遂行に支障を及ぼすおそれがあるときには、ⅱ) の利用目的の公表等は除外されます（(個情法) 24 条 1 項 2 号カッコ内）。もっとも、個人番号・特定個人情報の保有に関して①ないし③に該当する場合は考えにくいでしょう。

(12) 保有個人データの利用目的の通知の求め
① 利用目的の通知の求め（(個情法) 24 条 2 項）
　個人情報取扱事業者は、本人から、当該本人が識別される保有個人データの利用目的の通知を求められたときは、本人に対し、遅滞なく、これを通知しなければなりません。
　したがって、事業者は、特定個人情報に関し、本人から利用目的の通知

を求められたときは、遅滞なく本人に通知しなければなりません。
　ただし、以下の場合には、通知しなくても構いません。もっとも、特定個人情報の保有に関してⅱ）に該当する場合は考えにくいでしょう。

ⅰ）保有個人データに関する事項の公表（上の(11)）により当該本人が識別される保有個人データの利用目的が明らかな場合

ⅱ）①本人等の権利利益を害するおそれがある場合、②当該個人情報取扱事業者の権利又は正当な利益を害するおそれがある場合、③国の行政機関又は地方公共団体が法令の定める事務を遂行することに対して協力する必要がある場合であって、当該事務の遂行に支障を及ぼすおそれがあるとき

② 　本人に対する通知（ 個情法 24条3項）
　個人情報取扱事業者は、利用目的の通知の求めに対し個人データの利用目的を通知しない旨の決定をしたとき（上の①「ただし」以下）は、本人に対し、遅滞なく、その旨を通知しなければなりません。
　もっとも、特定個人情報に関しては、上の①におけるⅰ）（利用目的が明らかな場合）を除いては、利用目的を通知しない旨の決定をするような場合はないでしょう。

(13) 保有個人データの開示（ 個情法 25条）

① 　開示（ 個情法 25条1項）
　個人情報取扱事業者は、本人から、当該本人が識別される保有個人データの開示を求められたときは、本人に対し、遅滞なく、当該保有個人データを開示しなければなりません。当該本人が識別される保有個人データが存在しないときにその旨を知らせる場合も同様です。
　したがって、事業者は、本人から特定個人情報の開示を求められたときは、遅滞なく開示しなければなりません。
　この場合に特定個人情報を開示することは 番号法 19条各号に該当しない「提供」になりますが、本人への提供であり、また個人情報保護法に基づく提供なので、法の解釈上当然に提供が認められ、番号法違反にはな

らないと解されています（本書の第2編2-3-7 (2) ⑥ (p.137) を参照）。

なお、開示することにより、以下のいずれかに該当する場合には、その全部又は一部を開示しないことができます（個情法 25条1項但書）。もっとも、特定個人情報の開示により以下に該当する場合は考えにくいでしょう。

ⅰ）本人等の権利利益を害するおそれがある場合
ⅱ）当該個人情報取扱事業者の業務の適正な実施に著しい支障を及ぼすおそれがある場合
ⅲ）他の法令に違反することとなる場合のいずれかに該当する場合

② 本人に対する通知（個情法 25条2項）

個人情報取扱事業者は、保有個人データの開示の求めに対し全部又は一部について開示しない旨の決定をしたとき（上の①「なお」以下）は、本人に対し、遅滞なく、その旨を通知しなければなりません。

③ 他の法令による開示（個情法 25条3項）

他の法令の規定により、本人に対し上の①に規定する方法に相当する方法により当該本人が識別される保有個人データの全部又は一部を開示することとされている場合には、当該全部又は一部の保有個人データについては、個情法 25条1項の規定は適用せず、他の法令の規定の方法により開示することとされています。

(14) 保有個人データの訂正等（個情法 26条）
① 訂正等（個情法 26条1項）

個人情報取扱事業者は、本人から、当該本人が識別される保有個人データの内容が事実でないという理由によって当該保有個人データの内容の訂正、追加又は削除を求められた場合には、その内容の訂正等に関して他の法令の規定により特別の手続が定められている場合を除き、利用目的の達成に必要な範囲内において、遅滞なく必要な調査を行い、その結果に基づき、当該保有個人データの内容の訂正等を行わなければなりません。

特定個人情報についても、内容に間違い等があれば、本人からの訂正・追加・削除の求めに応じる必要があります。

② 本人に対する通知（(個情法) 26条2項）
個人情報取扱事業者は、上の①に基づき求められた保有個人データの内容の全部若しくは一部について訂正等を行ったとき、又は訂正等を行わない旨の決定をしたときは、本人に対し、遅滞なく、その旨（訂正等を行ったときは、その内容を含む。）を通知しなければなりません。

(15) 保有個人データの利用停止等（(個情法) 27条）
① 利用停止等（(個情法) 27条1項）
個人情報取扱事業者は、本人から、以下の理由によって、当該保有個人データの利用の停止又は消去を求められた場合であって、その求めに理由があることが判明したときは、違反を是正するために必要な限度で、遅滞なく、当該保有個人データの利用停止等を行わなければなりません。
A　当該本人が識別される保有個人データが (個情法) 16条の規定に違反して取り扱われている（目的外利用。上の(3)違反）
B　(個情法) 17条に違反して不正の手段により取得されている（上の(4)違反）

したがって、特定個人情報についても、**目的外利用**や**不正の手段による取得**の事実がある場合には、本人からの求めに応じて、特定個人情報の利用停止等を行わなければなりません。

ただし、当該保有個人データの利用停止等に多額の費用を要する場合その他の利用停止等を行うことが困難な場合であって、本人の権利利益を保護するため必要なこれに代わるべき措置をとるときは、この限りでないとされています（(個情法) 27条1項但書）。特定個人情報においてこのような場合に該当することがあるかは、難しい問題です。

② **第三者提供の停止（ 番号法 29条3項により読み替えられた 個情法 27条2項）**

個人情報取扱事業者は、本人から、当該本人が識別される保有個人データ（特定個人情報）が 番号法 19条の規定に違反して第三者に提供されているという理由によって、当該保有個人データの第三者への提供の停止を求められた場合であって、その求めに理由があることが判明したときは、遅滞なく、当該保有個人データの第三者への提供を停止しなければなりません。

なお、 番号法 29条3項による 個情法 27条2項の読み替えについては、本書の第2編5-2-2 (1) ③ (p.218)を参照してください。

③ **本人に対する通知（ 個情法 27条3項）**

個人情報取扱事業者は、以下の場合には、本人に対し、遅滞なく、その旨を通知しなければなりません。

A　利用停止等の求め（上の①）に対し、利用停止等を行う／行わない旨の決定をしたとき

B　第三者提供の停止の求め（上の②）に対し、第三者提供の停止を行う／行わない旨の決定をしたとき

(16) 理由の説明（ 個情法 28条）

個人情報取扱事業者は、以下の場合には、本人に対し、その理由を説明するよう努めなければなりません。なお、**努力義務**（「努めなければならない」）であり、違反しても勧告・命令等の対象ではありません。

A　保有個人データの利用目的の通知の求めに対して通知しない旨の決定を通知するとき（上の (12) ②）

B　保有個人データの開示の求めに対して開示しない旨の決定を通知するとき（上の (13) ②）

C　保有個人データの訂正等の求めに対して訂正等をしない旨の決定を通知するとき（上の (14) ②）

D　保有個人データの利用停止等の求めに対して利用停止等を行わない旨

の決定を通知するとき（上の(15)②）

従って、特定個人情報に関し、利用目的の通知の求め、開示の求め、訂正等の求め、利用停止等の求めに応じない場合は、その決定を通知するとともに、その理由を説明するよう努めなければなりません。

(17) 開示等の求めに応じる手続（(個情法) 29条）
① 開示等の求めの受付方法（(個情法) 29条1項）

個人情報取扱事業者は、本人からの「開示等の求め」（上の(12)から(15)）に関し、個人情報保護法施行令第7条で定めるところにより、その求めを受け付ける方法を定めることができます。

この場合において、本人は、当該方法に従って、開示等の求めを行わなければならないとされています。

なお、事業者が「開示等の求め」を受け付ける方法を定めていない場合は、本人は**任意の方法**で開示等を求めることができるので、注意が必要です。

② 特定するに足りる事項の提示（(個情法) 29条2項）

個人情報取扱事業者は、本人に対し、開示等の求めに関し、その対象となる保有個人データを特定するに足りる事項の提示を求めることができます。

この場合において、個人情報取扱事業者は、本人が容易かつ的確に開示等の求めをすることができるよう、当該保有個人データの特定に資する情報の提供その他本人の利便を考慮した適切な措置をとらなければならないとされています。

③ 代理人（(個情法) 29条3項）

開示等の求めは、個人情報保護法施行令第8条で定めるところにより、代理人によってすることができるとされています。

④ 本人の負担への配慮（(個情法) 29条4項）

個人情報取扱事業者は、①から③までに基づき開示等の求めに応じる手

続を定めるにあたっては、本人に過重な負担を課するものとならないよう配慮しなければならないとされています。

(17) 手数料（ 個情法 30条）
① 手数料の徴収（ 個情法 30条1項）
　個人情報取扱事業者は、本人から利用目的の通知の求め（上の(12)）や開示の求め（上の(13)）があったときは、当該措置の実施に関し、手数料を徴収することができるとされています。

　(12)と(13)については事業者に特に落ち度がないのに求めに応じなければならないため、手数料を徴収できることになっています。

② 手数料の額の定め（ 個情法 30条2項）
　個人情報取扱事業者は、①により手数料を徴収する場合は、**実費**を勘案して合理的であると認められる範囲内において、その手数料の額を定めなければなりません。

(18) 苦情の処理（ 個情法 31条）
① 苦情の処理（ 個情法 31条1項）
　個人情報取扱事業者は、個人情報の取扱いに関する苦情の適切かつ迅速な処理に努めなければならないとされています。

　努力義務であり（「努めなければならない」）、違反しても勧告・命令等の対象ではありません。

　従って、事業者は、特定個人情報の取扱いに関する苦情がある場合は、その処理に努めなければなりません。

② 体制の整備（ 個情法 31条2項）
　個人情報取扱事業者は、①の目的を達成するために必要な体制の整備に努めなければなりません。

　この義務も**努力義務**です。

過去問にチャレンジ

〈3級〉

問題1．激甚災害が発生したとき、あらかじめ締結した契約に基づく金銭の支払を行うために必要な限度であれば、個人番号を利用することができる場合がある。

　　ア．正しい　　　イ．誤っている　　　　　　　〈第1回出題　問題10〉

問題2．個人情報保護法では、あらかじめ本人の同意があれば、利用目的の達成に必要な範囲を超えて個人情報を取り扱うことができるとされており、この規制は、番号法における特定個人情報でも同様である。

　　ア．正しい　　　イ．誤っている　　　　　　　〈第1回出題　問題12〉

問題3．再委託を受けた者は、個人番号利用事務等の全部又は一部の「委託を受けた者」とみなされるため、最初の委託者の許諾がなくても、自己の直前の委託者の許諾があれば、その全部又は一部をさらに再委託することができる。

　　ア．正しい　　　イ．誤っている　　　　　　　〈第1回出題　問題13〉

問題4．安全管理措置に関する以下のアとイの記述のうち、正しいものを1つ選びなさい。

　　ア．死者の個人番号は、番号法における「個人番号」には含まれないので、個人番号利用事務等実施者の安全管理措置の対象にはならない。

　　イ．個人番号利用事務等実施者の安全管理措置には、従業者に対する監督・教育が含まれるが、ここでいう「従業者」には、事業者の組織内にあって直接間接に事業者の指揮監督を受けて事業者の業務に従事している者をいい、具体的には、従業員のほか、取締役、監査役、理事、監事、派遣社員等を含む。

　　　　　　　　　　　　　　　　　　　　　　　　〈第1回出題　問題16〉

過去問にチャレンジ

問題5. 個人番号利用事務等実施者は、本人から個人番号の提供を受けるときは、個人番号及びその者が個人番号で識別される本人であることを確認しなければならないが、以下のアからエまでの記述のうち、この本人確認の措置として誤っているものを1つ選びなさい。

ア．「個人番号カード」のみの提示では、本人確認の措置とすることはできない。

イ．「通知カード」及び「本人の身元確認書類」（運転免許証等）の提示を受けることで、本人確認の措置をすることができる。

ウ．個人番号カードの提示も通知カードの提示もない場合、「番号確認書類」（住民票の写し等）及び「本人の身元確認書類」（運転免許証等）の提示を受けることで、本人確認の措置をすることができる。

エ．個人番号カードの提示も通知カードの提示もなく、「本人の身元確認書類」（運転免許証等）の提示が困難であると認められる場合、「本人の身元確認書類」に代えて電話による本人確認の措置が認められている。

〈第1回出題　問題42〉

問題6. 特定個人情報の提供の制限に関する以下のアからエまでの記述のうち、正しいものを1つ選びなさい。

ア．何人も、原則として、特定個人情報を提供することは禁止されているが、自己を本人とする特定個人情報を提供することは、禁止されていない。

イ．社会保障分野で用いる既存の記号番号（基礎年金番号や医療保険、介護保険、労働保険等の被保険者番号等）を提供することは、禁止されている。

ウ．個人番号そのものを含まないものの、個人番号に対応し、当該個人番号に代わって用いられる番号、記号その他の符号を含む個人情報の提供は、禁止されていない。

エ．個人番号そのものではないが、個人番号に1を足したものなど、個人番号を脱法的に変換したものを含む個人情報を提供することも、禁止されている。

〈第1回出題　問題43〉

〈2級〉

問題7. 個人番号の利用範囲に関する以下のアからエまでの記述のうち、誤っているものを1つ選びなさい。

ア. 個人番号は、社会保障制度、税制、災害対策に関する分野において利用することができる。

イ. 地方公共団体は、法律に規定がなくても条例で定めれば、個人番号を、社会保障制度、税制、災害対策に関する分野その他これらに類する事務以外の分野であっても利用することができる。

ウ. 法令や条例に規定されている事務の処理に関して必要とされる他人の個人番号を記載した書面の提出その他の他人の個人番号を利用した事務を行うものとされた者は、当該事務を行うために必要な限度で個人番号を利用することができる。

エ. 法令や条例に規定されている事務の処理に関して必要とされる他人の個人番号を記載した書面の提出その他の他人の個人番号を利用した事務を行うものとされた者は、当該事務の全部又は一部の委託をすることができ、委託を受けた者も当該事務を行うために必要な限度で個人番号を利用することができる。

〈第1回出題　問題14〉

問題8. 個人番号及び特定個人情報に関する以下のアからエまでの記述のうち、正しいものを1つ選びなさい。

ア. 個人番号を、自社の顧客管理のために利用することができる。

イ. 保有している個人番号の数が5000を超えなければ、個人番号取扱事業者に当たらないことから、法令や条例に規定されている事務以外でも自由に個人番号を利用することができる。

ウ. 個人情報保護法では、あらかじめ本人の同意があれば、利用目的を超えて個人情報を取り扱うことができるとされており、この規制は、番号法における特定個人情報でも同様である。

エ. 特定個人情報が違法に第三者に提供されているという理由により、本人から第三者への当該特定個人情報の提供の停止を求められた場合であって、

その求めに理由があることが判明したときには、遅滞なく、当該特定個人情報の第三者への提供を停止しなければならない。〈第1回出題　問題16〉

問題9.　以下のアからエまでの記述のうち、特定個人情報の利用目的に関する【問題文A】から【問題文C】の内容として正しいものを1つ選びなさい。

【問題文A】講演契約を締結した際に講演料の支払に伴う報酬、料金、契約金及び賞金の支払調書作成事務のために提供を受けた個人番号を、雇用契約に基づいて発生する源泉徴収票作成事務のために利用することができる。

【問題文B】雇用契約に基づく給与所得の源泉徴収票作成事務のために提供を受けた個人番号は、本人への通知等を行わずに、雇用契約に基づく健康保険・厚生年金保険届出事務等に利用することができる。

【問題文C】前年の給与所得の源泉徴収票作成事務のために提供を受けた個人番号については、同一の雇用契約に基づいて発生する当年以後の源泉徴収票作成事務のために利用することができる。

ア．Aのみ正しい。
イ．Bのみ正しい。
ウ．Cのみ正しい。
エ．すべて誤っている。

〈第1回出題　問題17〉

問題10.　以下のアからエまでの記述のうち、個人番号利用事務等を委託する場合における委託先の監督に関する【問題文A】から【問題文C】の内容として正しいものを1つ選びなさい。

【問題文A】委託先に対する「必要かつ適切な監督」には、①委託先の適切な選定、②委託先に安全管理措置を遵守させるために必要な契約の締結、③委託先における特定個人情報の取扱状況の把握が含まれる。

【問題文B】委託先の選定において、具体的な確認事項としては、委託先の設備、技術水準、従業者に対する監督・教育の状況、その他委託先の経営環境等が挙げられる。

【問題文C】委託契約の内容には、従業者に対する監督・教育、契約内容の遵

守状況について報告を求める規定等も盛り込まなければならない
とされている。

ア．Aのみ誤っている。
イ．Bのみ誤っている。
ウ．Cのみ誤っている。
エ．すべて正しい。

〈第1回出題　問題20〉

問題11．以下のアからエまでの記述のうち、個人番号利用事務実施者及び個人番号関係事務実施者に関する【問題文A】から【問題文C】の内容として正しいものを1つ選びなさい。

【問題文A】個人番号利用事務実施者とは、個人番号利用事務を処理する者をいい、個人番号利用事務の委託を受けた者は含まれない。

【問題文B】個人番号関係事務実施者についても、個人番号利用事務実施者と同様、相互に連携して情報の共有及びその適切な活用を図るように努めるべきことが規定されている。

【問題文C】相互に連携して情報の共有をする方法の具体例としては、マイナポータルの活用を通じて各機関間で特定個人情報を授受することで必要な情報を入手することが考えられるが、情報提供ネットワークシステムの活用は含まれない。

ア．Aのみ正しい。
イ．Bのみ正しい。
ウ．Cのみ正しい。
エ．すべて誤っている。

〈第1回出題　問題22〉

問題12．以下のアからエまでの記述のうち、個人番号利用事務実施者及び個人番号関係事務実施者（以下「個人番号利用事務等実施者」という。）が、本人から個人番号の提供を受ける場合における本人確認の措置に関する【問題文A】から【問題文C】の内容として正しいものを1つ選びなさい。

【問題文A】国税庁などの国の機関が本人から個人番号の提供を受けるときは、本人確認の措置をとらなければならないが、民間事業者が本

人から個人番号の提供を受けるときは、本人確認の措置は不要である。

【問題文B】個人番号利用事務等実施者が、本人から個人番号の提供を受ける場合、個人番号カードのみの提示を受けただけであっても、本人確認の措置といえる。

【問題文C】通知カードのみの提示では本人確認の措置とはいえず、運転免許証など本人の身元確認書類も併せて提示を受けることが必要となる。もっとも、個人番号の提供を行う者と雇用関係にあること等の事情を勘案し、人違いでないことが明らかであると個人番号利用事務実施者が認めるときは、身元確認書類は不要となる。

ア．Aのみ誤っている。
イ．Bのみ誤っている。
ウ．Cのみ誤っている。
エ．すべて正しい。

〈第1回出題　問題26〉

問題13．番号法19条は、特定個人情報を提供することは原則として禁止される旨を規定している。以下のアからエまでの記述のうち、この19条に関する【問題文A】から【問題文C】の内容として正しいものを1つ選びなさい。

【問題文A】同じ系列の会社間等で従業員等の個人情報を共有データベースで保管しているような場合、従業員等の出向に伴い、本人を介在させることなく、共有データベース内で自動的にアクセス制限を解除する等して出向元の会社のファイルから出向先の会社のファイルに個人番号を移動させることは、番号法19条に違反しない。

【問題文B】同じ系列の会社間等で従業員等の個人情報を共有データベースで保管しているような場合、従業員等が現在就業している会社のファイルにのみその個人番号を登録し、他の会社が当該個人番号を参照できないようなシステムを採用し、従業員等の出向に伴い、共有データベースに記録された個人番号を出向者本人の意思に基づく操作により出向先に移動させる方法をとれば、本人が新たに個人番号を出向先に提供したものとみなすことができるため、番

号法19条に違反しないと解される。

【問題文C】個人情報保護法においては、個人データを特定の者との間で共同して利用するときに第三者提供に当たらない場合を規定しているが、番号法においては、この場合も番号法19条の「提供」に当たる。

ア．Aのみ誤っている。
イ．Bのみ誤っている。
ウ．Cのみ誤っている。
エ．すべて正しい。

〈第1回出題　問題33〉

問題14．特定個人情報の収集・保管に関する以下のアからエまでの記述のうち、誤っているものを1つ選びなさい。

ア．事業者は、給与の源泉徴収事務や健康保険・厚生年金保険届出事務等の目的で、従業員等の特定個人情報を保管することができる。

イ．雇用契約等の継続的な契約関係にある場合、従業員等から提供を受けた個人番号を、給与の源泉徴収事務や健康保険・厚生年金保険届出事務等のために、翌年度以降も継続的に利用する必要が認められたとしても、特定個人情報を継続的に保管することはできない。

ウ．土地の賃貸借契約等の継続的な契約関係にある場合、支払調書の作成事務のために継続的に個人番号を利用する必要が認められることから、特定個人情報を継続的に保管できると解される。

エ．扶養控除等申告書は、法定の保存期間を経過した場合には、当該申告書に記載された個人番号を保管しておく必要はなく、原則として、個人番号が記載された扶養控除等申告書をできるだけ速やかに廃棄しなければならないとされている。

〈第1回出題　問題41〉

問題15．以下のアからエまでの記述のうち、特定個人情報等の適正な取扱いのために、事業者が講じるべき安全管理措置（物理的安全管理措置）として、不適切なものを1つ選びなさい。

ア．管理区域における入退室管理及び管理区域へ持ち込む機器等の制限をすること。

イ．特定個人情報等を取り扱う機器、電子媒体又は書類等を、施錠できるキャビネット・書庫等に保管すること。

ウ．特定個人情報等が記録された電子媒体を安全に持ち出す方法として、持出しデータの暗号化、パスワードによる保護、施錠できる搬送容器を使用すること。

エ．特定個人情報等が記録された機器及び電子媒体等を廃棄する場合、専用のデータ削除ソフトウェアの利用や物理的な破壊等による復元不可能な手段を採用し、削除や廃棄したこと自体の記録も保存しないこと。

〈第1回出題　問題56〉

問題 16．以下のＡ欄の各記述は安全管理措置を4つに分類したものであり、Ｂ欄の各記述は安全管理措置の具体的内容である。以下のアからエまでのＡ欄の記述とＢ欄の記述の組合せのうち、対応関係として誤っているものはどれか。

	A	B
ア	組織的安全管理措置	取扱規程等に基づく運用 取扱状況を確認する手段の整備
イ	人的安全管理措置	事務取扱担当者の監督 事務取扱担当者の教育
ウ	物理的安全管理措置	外部からの不正アクセス等の防止 （通信経路における）情報漏えい等の防止
エ	技術的安全管理措置	アクセス制御 アクセス者の識別と認証

〈第1回出題　問題58〉

第2編　番号法の構成と理解

第3章

情報提供ネットワークシステムによる特定個人情報の提供

第1節　情報提供ネットワークシステム（番号法 21条）
第2節　特定個人情報の提供（番号法 22条）
第3節　情報提供等の記録（番号法 23条）
第4節　秘密の管理（番号法 24条）及び秘密保存義務
　　　　（番号法 25条）
過去問にチャレンジ

第1節

情報提供ネットワークシステム（番号法 21条）

1 情報提供ネットワークシステム（1項）

「情報提供ネットワークシステム」は、行政機関の長等〈注〉の間で、特定個人情報を安全、効率的にやり取りするための情報システムであり（番号法 2条14号）、総務大臣が、個人情報保護委員会と協議して、設置・管理するものです（番号法 21条1項）。

〈注〉行政機関の長等＝行政機関の長、地方公共団体の機関、独立行政法人等、地方独立行政法人及び地方公共団体情報システム機構並びに情報照会者及び情報提供者

行政機関の長等は、法19条7号の規定等に基づき、情報提供ネットワークシステムを通じて、情報照会者として他の個人番号利用事務実施者から特定個人情報の提供を受け、又は情報提供者として他の個人番号利用事務実施者に対し特定個人情報を提供します。このような情報のやりとりを、「情報連携」といいます。情報連携により、きめ細かい社会保障給付やより正確な所得把握等の実現、より正確な行政を実現することになります。

2 提供の求めの通知（2項）

情報提供ネットワークシステムでは、総務大臣は、①番号法上許される情報提供であること〈注〉及び②特定個人情報保護評価の規定を遵守していることを確認した後でないと、情報提供の求めがあった旨を情報提供者に対して通知しないものとしています（番号法 21条2項）。

これは、情報提供ネットワークシステムによる適法な情報連携を実現するための規制です。

〈注〉番号法上許される情報提供であること
法19条7号に基づく情報照会であり、情報照会者、情報提供者、情報照会者の処理する事務又は当該事務を処理するために必要な特定個人情報の項目が別表第二に掲げるものに該当すること

3.1 情報提供ネットワークシステム（法21条）

図2-16 情報提供ネットワークシステムによる情報連携のイメージ

番号制度における情報連携のイメージ

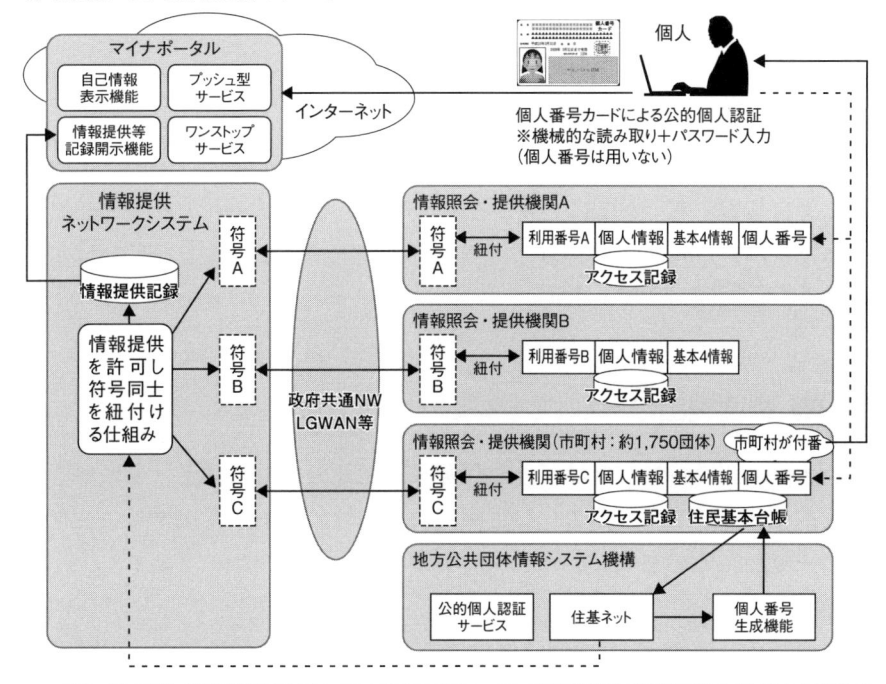

出典：「社会保障・税番号制度に関するシステムに係る取組について」（内閣官房社会保障改革担当室 25.11.7）を元に作成

第2節

特定個人情報の提供（番号法 22条）

1 提供義務（1項）

　情報提供者は、法19条7号の規定により特定個人情報の提供を求められた場合において、同法21条2項の規定による総務大臣からの通知を受けたときは、情報照会者に対し、当該特定個人情報を提供しなければなりません（番号法 22条1項）。

2 書面提出のみなし（2項）

　社会保障・税番号制度は、社会保障・税関係の申請時に添付書類が削減されるなど行政手続を簡素化して国民の利便性の向上を実現することを目的の一つとしています（番号法の目的については、本書の第2編1-2-1（p.55）を参照）。

　そのため、法21条1項の規定による特定個人情報の提供があった場合において、他の法令の規定により当該特定個人情報と同一の内容の情報を含む書面の提出が義務付けられているときは、当該書面の提出があったものとみなし（番号法 21条2項）、書面の提出義務を解除しています。

　例えば、児童扶養手当の支給を受けるには、申請者は、法令の規定により所得証明書の提出が義務付けられていますが（児童扶養手当法施行規則1条7号）、情報提供ネットワークシステムを通じて所得情報の提供が行われる場合には、申請者は所得証明書の提出義務が免除されます。

第3節

情報提供等の記録（ 番号法 23条）

1 情報提供等の記録の保存（1項）

情報照会者及び情報提供者は、法19条7号の規定により特定個人情報の提供の求め又は提供があったときは、次に掲げる事項を情報提供ネットワークシステムに接続された情報照会者・情報提供者の使用する電子計算機に記録し、当該記録を政令で定める期間（7年間）保存しなければなりません（ 番号法 23条1項）。

① 情報照会者及び情報提供者の名称
② 提供の求めの日時及び提供があったときはその日時
③ 特定個人情報の項目
④ 前三号に掲げるもののほか、総務省令で定める事項

情報提供ネットワークシステムは、情報連携を情報保有機関別の符号を用いて行うことで不正な情報連携を防ぐ仕組みになっています。しかし、不正な情報連携が行われるおそれは皆無とはいえません。そこで、誰と誰との間でどのような情報が提供されたのか等の記録を保存して**トレーサビリティ**（追跡可能性）を確保することで、個人情報保護委員会や本人が不正な情報連携をチェックし発見できるようにするとともに、不正な情報連携に対する抑止力を高めるために、情報提供等の記録の保存の制度があります。

2 不開示情報の保存（2項）

不開示情報の記録・保存の義務も定められています。

すなわち、情報照会者及び情報提供者は、前項に規定する事項のほか、当該特定個人情報の提供の求め又は提供の事実が次の各号のいずれかに該当する場合には、その旨を情報提供ネットワークシステムに接続された情

報照会者・情報提供者の使用する電子計算機に記録し、当該記録を同項に規定する期間（7年間）保存しなければなりません。

① 法30条1項の規定により読み替えて適用する行政機関個人情報保護法第14条に規定する不開示情報に該当すると認めるとき。
② 条例で定めるところにより地方公共団体又は地方独立行政法人が開示する義務を負わない個人情報に該当すると認めるとき。
③ 法30条3項の規定により読み替えて適用する独立行政法人等個人情報保護法14条に規定する不開示情報に該当すると認めるとき。
④ 法30条4項の規定により読み替えて準用する独立行政法人等個人情報保護法第14条に規定する不開示情報に該当すると認めるとき。

第 4 節

秘密の管理（番号法 24 条）及び秘密保存義務（番号法 25 条）

1　秘密の管理（番号法 24 条）

　総務大臣並びに情報照会者及び情報提供者は、情報提供等事務（第19条7号の規定による特定個人情報の提供の求め又は提供に関する事務）に関する秘密について、その漏えいの防止その他の適切な管理のために、情報提供ネットワークシステム並びに情報照会者及び情報提供者が情報提供等事務に使用する電子計算機の安全性及び信頼性を確保することその他の必要な措置を講じなければなりません（番号法 24条）。

2　秘密保持義務（番号法 25 条）

　情報提供等事務又は情報提供ネットワークシステムの運営に関する事務に従事する者又は従事していた者は、その業務に関して知り得た当該事務に関する秘密を漏らし、又は盗用してはならないとされています（番号法 25条）。

　本条に違反して秘密を漏らし、又は登用する行為は罰則の対象となります（番号法 69条）

過去問にチャレンジ

〈3級〉

問題1．情報提供ネットワークシステムに関する以下のアとイの記述のうち、正しいものを1つ選びなさい。
　ア．情報提供ネットワークシステムにおいては、個人番号を直接用いず、情報保有機関別の「符号」（情報照会者又は情報提供者が特定個人情報の授受を行う場合に個人番号に代わって特定個人情報の本人を識別するために用いるもの）を用いて情報を連携する仕組みが採られる予定になっている。
　イ．情報提供ネットワークシステムによって情報の提供ができる範囲は、法律上、限定されておらず、行政運営の効率化のためであれば情報提供することが可能である。　　　　　　　　　　　　　　　　〈第1回出題　問題29〉

〈2級〉

問題2．情報提供ネットワークシステムに関する以下のアからエまでの記述のうち、誤っているものを1つ選びなさい。
　ア．総務大臣は、個人情報保護委員会と協議して、情報提供ネットワークシステムを設置し、及び管理するものとされている。
　イ．情報提供ネットワークシステムにおいては、情報を正確にやりとりするために、個人番号そのものを用いて情報を連携することになっており、符号を用いて情報を連携する仕組みは採られないことになっている。
　ウ．情報提供ネットワークシステムによる情報提供できる範囲は、法律上、限定列挙されている。
　エ．情報提供ネットワークシステムを使用した情報連携は、平成29年1月から開始される予定である。　　　　　　　　　　　　〈第1回出題　問題43〉

問題3．情報提供ネットワークシステムを使用して、特定個人情報の提供の求め又は提供があったときは、情報照会者及び情報提供者は、それを記録し、

かつ保存する義務がある。以下のアからエまでの記述のうち、情報照会者・情報提供者が、番号法上、記録し、かつ保存する義務がないものを1つ選びなさい。

ア．情報照会者及び情報提供者の名称
イ．提供の求めの日時及び提供があったときはその日時
ウ．特定個人情報の項目
エ．特定個人情報の適正な取扱いに関する安全管理措置の内容

〈第1回出題　問題44〉

問題4．番号法24条は、「総務大臣並びに情報照会者及び情報提供者は、情報提供等事務に関する秘密について、その漏えいの防止その他の適切な管理のために、情報提供ネットワークシステム並びに情報照会者及び情報提供者が情報提供等事務に使用する電子計算機の安全性及び信頼性を確保することその他の必要な措置を講じなければならない。」と規定している。以下のアからエまでの記述のうち、この24条に関する【問題文A】から【問題文C】の内容として正しいものを1つ選びなさい。

【問題文A】番号法24条における「情報提供等事務」には、例えば、情報提供ネットワークシステムを稼働させるプログラムの作成・点検、情報の提供・情報の受領などの事務が含まれる。

【問題文B】番号法24条における「秘密」とは、一般に知られていない事実であること（非公知性）、他人に知られないことについて相当の利益があること（秘匿の必要性）を要件とする。

【問題文C】番号法24条で求められている適切な管理のために必要な措置には、物理的保護措置、技術的保護措置、組織的保護措置が含まれる。

ア．Aのみ誤っている。
イ．Bのみ誤っている。
ウ．Cのみ誤っている。
エ．すべて正しい。

〈第1回出題　問題45〉

問題5. 以下のアからエまでの記述のうち、情報提供ネットワークシステムに関する【問題文A】から【問題文C】の内容として正しいものを1つ選びなさい。

【問題文A】情報提供等事務又は情報提供ネットワークシステムの運営に関する事務に従事する者は、その業務に関して知り得た当該事務に関する秘密を漏らし、又は盗用してはならないが、これは、現在従事している者に課せられた義務であって、過去に従事していた者には課せられない。

【問題文B】情報提供等事務又は情報提供ネットワークシステムの運営に関する事務に従事する者は、その業務に関して知り得た当該事務に関する秘密を漏らし、又は盗用してはならないが、この秘密保持義務の主体には、情報提供ネットワークシステムを運営する機関から委託を受けた受託者及び再受託者も含まれる。

【問題文C】特定個人情報ファイルの不正提供や、個人番号の不正提供・盗用は、番号法において罰則の対象となるが、情報提供等事務又は情報提供ネットワークシステムの運営に関する事務において、その業務に関して知り得た当該事務に関する秘密を漏えいする場合については、番号法において罰則の対象にはなっていない。

ア．Aのみ正しい。
イ．Bのみ正しい。
ウ．Cのみ正しい。
エ．すべて誤っている。

〈第1回出題　問題46〉

第2編　番号法の構成と理解

第4章

特定個人情報保護評価

第1節　概要と特定個人情報保護評価指針
第2節　特定個人情報保護評価の実施（番号法 27条）
過去問にチャレンジ

第1節

概要と特定個人情報保護評価指針

1 概要

　特定個人情報保護評価とは、特定個人情報の漏えいその他の事態の発生の危険性及びプライバシー等に対する影響やリスクについて評価を実施する制度であり、マイナンバー制度における重要な保護措置の一つです。

　環境影響評価（環境アセスメント）や政策評価と同様に、個人や社会に対し重大な影響を与える可能性のあるものについて、事前にその評価を行い、かかる影響を予測し、悪影響を回避・軽減する措置を講ずるための制度といえます（逐条解説）。

　特定個人情報保護評価を義務づけられている評価実施機関は、以下の機関です（「行政機関の長等」と略称されます）。

特定個人情報保護評価を義務づけられている機関
① 行政機関の長
② 地方公共団体の機関
③ 独立行政法人等
④ 地方独立行政法人
⑤ 地方公共団体情報システム機構
⑥ 法19条7号に規定する情報照会者及び情報提供者

　「行政機関の長等」が特定個人情報保護評価の実施を義務付けられているのは、その公的性格に鑑み、積極的な事前対応等により国民の信頼を獲得することが求められているからです。この「行政機関の長等」には、原則として民間事業者は含まれず、⑥の情報照会者及び情報提供者として情報提供ネットワークシステムを使用して情報連携を行う事業者（健康保険組合等）のみが、これに該当します。この場合には、民間事業者であっても制度への関与の程度が深く、特定個人情報ファイルの保有が本人に対し

て与える影響も大きいものと考えられるからです。

　したがって、情報提供ネットワークシステムを使用して情報連携を行わない民間事業者は、特定個人情報保護評価の実施を義務づけられていません。もっとも、そのような事業者でも、特定個人情報保護評価の手法を任意に活用することは、特定個人情報の保護の観点から有益であるといえます（特定個人情報 GL（事業者編）第 4-5）。

2　特定個人情報保護評価指針（ 番号法 26 条）

　個人情報保護委員会は、特定個人情報保護評価の統一的な基準を設けるために、特定個人情報ファイルを保有しようとする者が、特定個人情報保護評価を実施し、特定個人情報の漏えい等の事態の発生を抑止することその他特定個人情報を適切に管理するために講ずべき措置を定めた指針を作成し、公表します（ 番号法 26 条 1 項）。

　この規定に基づいて、個人情報保護委員会は、「特定個人情報保護評価指針」を公表しています。

　なお、個人情報保護委員会は、個人情報の保護に関する技術の進歩及び国際的動向を踏まえ、少なくとも 3 年ごとに指針について再検討を加え、必要があると認めるときは、これを変更するものとされています（ 番号法 26 条 2 項）。

第2節

特定個人情報保護評価の実施（番号法 27条）

1 評価書の公示（1項）

　「行政機関の長等」は、特定個人情報ファイルを保有しようとするときは、当該特定個人情報ファイルを保有する前に、個人情報保護委員会規則で定めるところにより、次に掲げる事項を評価した結果を記載した「評価書」を公示し、広く国民の意見を求めます。当該特定個人情報ファイルについて、個人情報保護委員会規則で定める重要な変更を加えようとするときも、同様です。

① 　特定個人情報ファイルを取り扱う事務に従事する者の数
② 　特定個人情報ファイルに記録されることとなる特定個人情報の量
③ 　行政機関の長等における過去の個人情報ファイルの取扱いの状況
④ 　特定個人情報ファイルを取り扱う事務の概要
⑤ 　特定個人情報ファイルを取り扱うために使用する電子情報処理組織の仕組み及び電子計算機処理等の方式
⑥ 　特定個人情報ファイルに記録された特定個人情報を保護するための措置
⑦ 前各号に掲げるもののほか、個人情報保護委員会規則で定める事項

2 個人情報保護委員会の承認（2項）

　上記に続き、行政機関の長等は、前項の規定により得られた国民の意見を十分考慮した上で評価書に必要な見直しを行った後に、当該評価書に記載された特定個人情報ファイルの取扱いについて個人情報保護委員会の承認を受けます（番号法 27条2項）。個人情報保護委員会は、評価書の内容等から判断して、当該評価書に記載された特定個人情報ファイルの取扱いが指針に適合していると認められる場合でなければ、承認をしてはならないとされています（番号法 27条3項）。当該特定個人情報ファイルに

ついて、個人情報保護委員会規則で定める重要な変更を加えようとするときも、同様です。

3 評価書の公表（4項）

行政機関の長等は、評価書について個人情報保護委員会の承認を受けたときは、速やかに当該評価書を公表します。

4 違反に対する措置（6項）

行政機関の長等は、特定個人情報保護評価を実施していない場合は、情報連携を行うことが禁止されています（ 番号法 27条6項、21条2項2号）。

過去問にチャレンジ

〈2級〉

問題1. 以下のアからエまでの記述のうち、特定個人情報保護評価に関する【問題文A】から【問題文C】の内容として正しいものを1つ選びなさい。

【問題文A】特定個人情報保護評価とは、特定個人情報ファイルを保有しようとする者が、特定個人情報の漏えいその他の事態を発生させるリスクを分析し、そのようなリスクを軽減するための適切な措置を講ずることを宣言するものである。

【問題文B】特定個人情報保護評価の対象者には、行政機関の長、地方公共団体の機関、独立行政法人等及び地方独立行政法人、地方公共団体情報システム機構は含まれるが、民間事業者は一切含まれないものとされている。

【問題文C】特定個人情報保護評価の実施が義務付けられていない事業者が、任意に特定個人情報保護評価の手法を活用することは、特定個人情報の保護の観点から有益であると考えられている。

ア．Aのみ誤っている。
イ．Bのみ誤っている。
ウ．Cのみ誤っている。
エ．すべて正しい。

〈第1回出題　問題47〉

問題2. 特定個人情報保護評価に関する以下のアからエまでの記述のうち、誤っているものを1つ選びなさい。

ア．行政機関の長等がなすべき特定個人情報保護評価の実施時期は、特定個人情報ファイルを保有した直後にすべきものとされている。

イ．行政機関の長等は、特定個人情報保護評価の結果を記載した書面を公示し、広く国民の意見を求めるものとされている。

ウ．行政機関の長等は、特定個人情報保護評価の結果の公示により得られた意見を十分考慮した上で評価書に必要な見直しを行った後に、当該評価書

に記載された特定個人情報ファイルの取扱いについて特定個人情報保護委員会の承認を受けるものとされている。

エ．特定個人情報保護委員会は、評価書の内容、報告・資料の提出等により得た情報その他の情報から判断して、当該評価書に記載された特定個人情報ファイルの取扱いが指針に適合していると認められる場合でなければ、当該評価書に記載された特定個人情報ファイルの取扱いについて承認をしてはならないとされている。　　　　　〈第1回出題　問題48〉

第2編　番号法の構成と理解

第5章

行政機関個人情報保護法等の特例等

第1節　総論
第2節　行政機関個人情報保護法等の特例（ 番号法 29条）
第3節　情報提供等の記録についての特則（ 番号法 30条）
第4節　地方公共団体等が保有する特定個人情報の保護（ 番号法 31条）
第5節　個人情報取扱事業者でない個人番号取扱事業者が保有する特定個人情報の保護（ 番号法 32条～35条）
過去問にチャレンジ

第1節

総論

　わが国における個人情報保護に関する法体系においては、個人情報の保有主体ごとに、個人情報保護法（民間部門）、行政機関個人情報保護法（行政機関）、独立行政法人等個人情報保護法（独立行政法人等）の一般法三法が適用されます。そして、個人番号・特定個人情報は一般法三法における「個人情報」に該当するため、特定個人情報の保有主体が民間事業者であれば個人情報保護法、行政機関であれば行政機関個人情報保護法、独立行政法人等であれば独立行政法人等個人情報保護法がそれぞれ適用されます。なお、地方公共団体等については、個人情報保護条例が一般法として存在します。

　番号法との関係でみると、一般法として上記三法（及び条例）があり、個人番号・特定個人情報については、個人番号と個人情報とが紐づけされ悪用されてプライバシー等の個人の権利利益が侵害されることを防ぐことを重視し、特別法である番号法で、より厳格な規制がかかるという形になっています。

　したがって、個人番号・特定個人情報に関しては、まず特別法である番号法の規定が適用されます。そして、番号法に規定がない分野については、個人情報を取り扱う主体に応じて、一般法である個人情報保護法（民間事業者）、行政機関個人情報保護法（行政機関）、独立行政法人等個人情報保護法（独立行政法人等）そして個人情報保護条例（地方公共団体）が適用されることになります。

　そして、同法の規定と一般法である個人情報保護法制の規定が抵触する場合には、個人情報保護法制（一般法）の規定の適用を排除したり読み替えて適用したりしています（番号法 29条）。

　地方公共団体等については、特定個人情報の保護の必要性と地方自治の重要性への配慮の調和の観点から、法31条において、地方公共団体に対し、行政機関等と同様の適用となるよう、個人情報保護条例の改正等の措置を求めています。

5.1 総論

　また、個人情報保護法は、一定の要件を満たす「個人情報取扱事業者」〈注〉のみを対象としているのですが、特定個人情報に関しては、この要件を満たさない中小規模の事業者に対しても個人情報保護法の規制に準じた最低限の規制を及ぼすべきであることから、法32条から35条で、個人情報保護法における一部の規制に準じた規制が定められています。

　なお、国の機関のうち国会と裁判所については、三権分立の原則への配慮から、それぞれの機関の内部規律により対応することとして、番号法には特段の規定を置いていません。

〈注〉個人情報取扱事業者
本書の第2編 2-6-2（p.170）を参照してください。

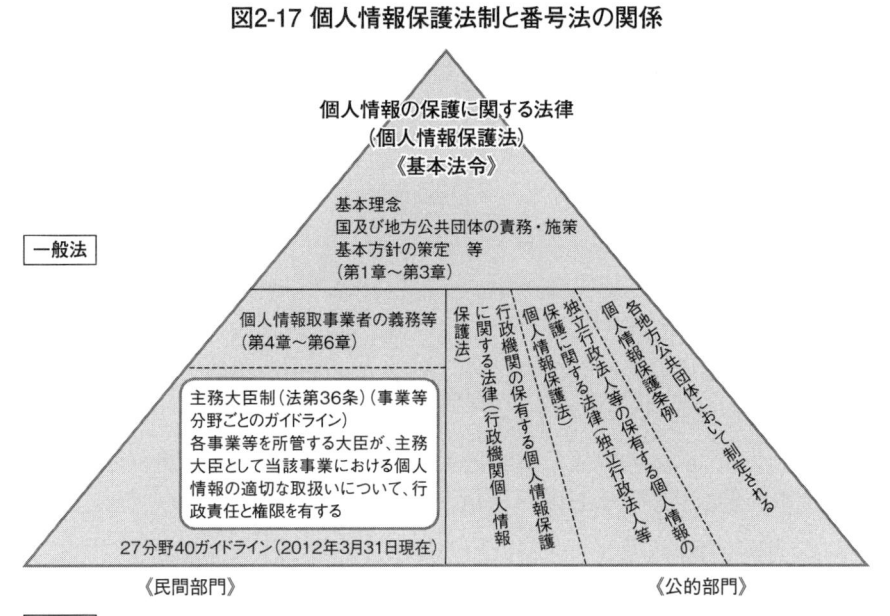

図2-17 個人情報保護法制と番号法の関係

【一般法】

ピラミッド図：
- 頂点：個人情報の保護に関する法律（個人情報保護法）《基本法令》
- 基本理念／国及び地方公共団体の責務・施策／基本方針の策定　等（第1章〜第3章）
- 個人情報取扱事業者の義務等（第4章〜第6章）
- 主務大臣制（法第36条）（事業等分野ごとのガイドライン）
  各事業等を所管する大臣が、主務大臣として当該事業における個人情報の適切な取扱いについて、行政責任と権限を有する
- 27分野40ガイドライン（2012年3月31日現在）

公的部門（縦書き）：
- 保護に関する法律
- 行政機関の保有する個人情報の保護に関する法律（行政機関個人情報保護法）
- 独立行政法人等の保有する個人情報の保護に関する法律（独立行政法人等個人情報保護法）
- 各地方公共団体において制定される個人情報保護条例

《民間部門》　　　　　　《公的部門》

【特別法】

行政手続における特定の個人を識別するための番号の利用等に関する法律（マイナンバー法）
（新たな規制の例）
- 利用範囲の限定（9条）
- 取扱いの制限（19条・15条・20条）
- 取得の際の規制（16条）
- 死者の個人番号も保護対象
- 個人情報取扱事業者でない事業者も適用対象

出典：（「個人情報保護に関する法体系イメージ」（パーソナルデータの利用・流通に関する研究会報告書）を元に作成）

211

第2節

行政機関個人情報保護法等の特例
（ 番号法 29条）

　上述したように、一般法三法と番号法は、**一般法**と**特別法**の関係にあるため、特別法である番号法に規定がない分野については、個人情報を取り扱う主体に応じて、一般法である個人情報保護法（民間事業者）、行政機関個人情報保護法（行政機関）、独立行政法人等個人情報保護法（独立行政法人等）そして個人情報保護条例（地方公共団体）が適用されることになります。

　ここで、一般法の規制を個人番号・特定個人情報にそのまま適用してしまうと、例えば、一般法の、本人の同意があるときには目的外利用を認める規定や番号法が認める2類型以外の類型の目的外利用の規定が、個人番号・特定個人情報に適用されてしまうことになり、番号法の規定に整合しないことになってしまいます。

　そこで、番号法は、29条で、一般法の規定の一部の適用を排除し、又は字句を読み替えて適用する旨を定めています。

〈29条による適用排除・読替え〉
　1項　行政機関個人情報保護法の一部条項の適用を排除し、一部条項について字句を読み替えて適用する。
　2項　独立行政法人等個人情報保護法の一部条項の適用を排除し、一部条項について字句を読み替えて適用する。
　3項　個人情報保護法の一部条項の適用を排除し、一部条項について字句を読み替えて適用する。

1 行政機関等・独立行政法人等の場合（番号法 29条1項・2項）

法29条1項及び2項による主な適用排除・読替えは次表のとおりです。

番号法の規制	行政機関個人情報保護法・独立行政法人等個人情報保護法（一般法）の規制	29条1項・2項による適用排除・読替え
特定個人情報の提供ができるのは法19条各号が限定的に明記した場合に限る。	法令に基づく場合や本人の同意がある場合の第三者提供を認める（行政機関個人情報保護法8条・独立行政法人等個人情報保護法9条）	一般法の規定のうち、第三者提供について規定した部分を適用しないよう読み替える。
個人番号の利用範囲は法9条が定めた4類型の事務に限り、個人番号の目的外利用は、①激甚災害時等に金融機関が支払を行うための事務のためと、②人の生命、身体又は財産の保護のために必要がある場合であって、本人の同意があり、又は本人の同意を得ることが困難である場合の2類型しか認めない	法令に基づく場合や本人の同意がある場合などの目的外利用を認める（行政機関個人情報保護法8条・独立行政法人等個人情報保護法9条）	特定個人情報の目的外利用は、①激甚災害時等に金融機関が支払を行うための事務のためと、②人の生命、身体又は財産の保護のために必要がある場合であって、本人の同意があり、又は本人の同意を得ることが困難である場合の2類型しか認めない
	本人が保有個人情報の利用停止請求をできる場合を列挙しているが、番号法の規程に違反した不適正な取扱いがなされている場合については規定されていない。	番号法の規程に違反した不適正な取扱いがなされている場合の利用停止請求を追加

2　民間事業者の場合（ 番号法 29条3項）

(1) 個人情報保護法の規定の適用排除・読替え ── 総論

　個人情報保護法には、**本人の同意**があるときには個人情報の**目的外利用**を認める規定があり（ 個情法 16条1項）、また、番号法が認める2類型（①激甚災害時等に金融機関が支払を行うための事務のため、②人の生命、身体又は財産の保護のために必要がある場合であって、本人の同意があり、又は本人の同意を得ることが困難である場合）にない類型の目的外利用を認める規定があります（ 個情法 16条3項）。

　また、個人情報保護法では、**本人の同意**があるときに個人データの**第三者提供**を認め（ 個情法 23条1項）、番号法が認めていない類型の第三者提供を認める規定等があります（ 個情法 23条2項）。

　これに対して、番号法では、本人の同意にかかわらず目的外利用を原則禁止し、例外的に目的外利用を認めるのは**2類型**にとどまっています。また、特定個人情報の提供ができるのは**法19条各号が限定的に明記した場合**に限っています。

　このため、特定個人情報においては、個人情報保護法の規定と番号法の規定が整合しないことになってしまいます。

　そこで番号法は、29条3項で、一般法である個人情報保護法の規定の一部の適用を排除し、又は字句を読み替えて適用する旨を定めています。

　これにより、特定個人情報に個人情報保護法の規定を適用する場合には、本人の同意に関わらず目的外利用が原則禁止となり、目的外利用は、番号法が認める例外2類型（①激甚災害時等に金融機関が支払を行う場合と②人の生命、身体又は財産の保護のために必要がある場合であって、本人の同意があり又は本人の同意を得ることが困難である場合）のみが認められることになります。

　また、第三者提供については、第三者提供について規定した個人情報保護法23条は適用されず、番号法の規制のみに服することになります。

　以下に、番号法による個人情報保護法の読み替え・適用排除の主なものをあげて説明します。

5.2 行政機関個人情報保護法等の特例（29条）

① 個情法 16条の読替え

A 個情法 16条の定め

　一般法である個人情報保護法では、個人番号取扱事業者〈注1〉は、あらかじめ本人の同意を得ないで、 個情法 15条1項により特定された利用目的〈注2〉の達成に必要な範囲を超えて、個人情報を取り扱ってはならないと定めています（目的外利用の禁止。 個情法 16条1項）。つまり、個人情報については、あらかじめ**本人の同意**を得れば、**目的外利用**できることになります。

　また、個人情報保護法は、例外的に個人情報の目的外利用を認める場合として、 個情法 16条3項各号で、法令に基づく場合（1号）や国の機関等が法令の定める事務を遂行することに対して協力する場合（4号）など**4類型**を定めています。

〈注1〉個人情報取扱事業者
本書の第2編2-6-2（p.170）を参照して下さい。

〈注2〉利用目的の特定
個人情報取扱事業者には 個情法 15条1項が適用されるため、特定個人情報の取得にあたっては、その利用目的を特定することが求められます（詳細は、本書の第2編2-3-3（p.105）を参照）。

B 番号法の定め

　特別法である番号法では、個人番号の利用範囲を限定し（9条）、**本人の同意に関わらず目的外利用を原則として認めていません**。また、例外的に認める目的外利用も**2類型**（①激甚災害時等に金融機関が支払を行うための事務と②人の生命、身体又は財産の保護のために必要がある場合であって、本人の同意があり、又は本人の同意を得ることが困難である場合）に限定しています。

C 番号法 29条3項の適用排除・読替えによる調整

　以上のように、利用目的の制限については、一般法たる個人情報保護法と特別法たる番号法とでは規制が違っているため、特定個人情報の取扱い

にそのまま（個情法）16条を適用すると、あらかじめ本人の同意を得れば特定個人情報の目的外利用が認められてしまうなど、番号法の規制と整合しないことになってしまいます。

そこで番号法は、29条3項で、以下のような読み替え・適用排除を行っています。なお、番号法による（個情法）16条の適用排除・読替えについては、下の表の右欄を参照。

a 特定個人情報に関し、（個情法）16条1項の「あらかじめ本人の同意を得ないで」という字句を削除して同条項を読み替えて適用する。

すなわち、特定個人情報に関しては、（個情法）16条1項は「個人情報取扱事業者は、前条の規定により特定された利用目的の達成に必要な範囲を超えて、個人情報を取り扱ってはならない。」と読み替えられる。

b （個情法）16条3項1号から4号についても適用排除や読替えをして、番号法が認める目的外利用の例外2類型だけを認める内容に変更して適用する。

以上より、個人情報取扱事業者は、特定個人情報については、個人情報保護法の適用においても、**本人の同意に関わらず**原則として目的外利用できず、目的外利用できる例外も上記**2類型**に限られることになります。

このため、例えば、事業者が源泉徴収票作成・提出等の事務のために利用目的を特定して従業員の個人番号を取得した場合に、その個人番号を人事管理に利用しようとして従業員本人の同意を得たとしても、当該個人番号を人事管理に利用することはできません（「人事管理」は（番号法）9条が認める事務に該当せず目的外利用にあたり、しかも番号法が認める2類型の目的外利用にも該当しないので、本人の同意を得たとしても「人事管理」に利用することはできない）。

利用目的の制限についての個人情報保護法と番号法の比較

利用目的の制限についての比較			
	個人情報保護法	番号法	特定個人情報に個人情報保護法を適用する場合の、番号29条3項による個人情報保護法の規定の読替え等
原則	目的外利用は禁止	目的外利用は禁止	
例外（目的外利用できる場合）	あらかじめ本人の同意を得た場合	×	個人情報保護法16条1項の「あらかじめ本人の同意を得ないで」を削除
	法令に基づく場合（個人情報保護法16条3項1号）	激甚災害時等に金融機関が支払を行う場合（番号法9条4項）	個人情報保護法16条3項1号の「法令に基づく場合」を"番号法9条4項の規定に基づく場合"に読み替える
	人の生命、身体又は財産の保護のために必要がある場合であって、本人の同意を得ることが困難であるとき（同項2号）	人の生命、身体又は財産の保護のために必要がある場合であって、本人の同意があり、又は本人の同意を得ることが困難である場合	個人情報保護法16条3項2号の「本人の同意を得ることが困難であるとき」を"本人の同意があり、又は本人の同意を得ることが困難であるとき"に読み替える
	公衆衛生の向上又は児童の健全な育成の推進のために特に必要がある場合であって、本人の同意を得ることが困難であるとき（同項3号）	×（規定なし）	個人情報保護法16条3項3号は適用しない
	国の機関等が法令の定める事務を遂行することに対して協力する場合（同項4号）	×（規定なし）	個人情報保護法16条3項4号は適用しない

② 個情法 23条の適用排除

番号法は、個情法 23条（個人データの第三者提供）については、特定個人情報には適用しないで、番号法 19条による特定個人情報の提供制限で規制することにしています。

法29条3項による個人情報保護法23条の適用排除

個人情報保護法 （一般法）の規制	番号法の規制	29条3項による 適用排除・読替え
本人の同意がある場合の第三者提供を認める（個人情報保護法23条1項） 法令に基づく場合やオプトアウト等、番号法19条各号が明記した場合以外の第三者提供を認める（個人情報保護法23条1項各号、2項）	特定個人情報の提供ができるのは法19条各号が限定的に明記した場合に限る	個人情報保護法23条は適用しない

③ 個情法 27条2項の読替え

A　個人情報保護法の定め

個情法 27条2項には、保有個人データの第三者提供停止の求めが定められています。

すなわち、個人情報取扱事業者が 個情法 23条1項（個人データの第三者提供の制限）に違反している場合には、本人が保有個人データの第三者提供の停止を求めることができるとしています。〈注〉

〈注〉（個情法 27条2項）「個人情報取扱事業者は、本人から、当該本人が識別される保有個人データが第二十三条第一項の規定に違反して第三者に提供されているという理由によって、当該保有個人データの第三者への提供の停止を求められた場合であって、その求めに理由があることが判明したときは、遅滞なく、当該保有個人データの第三者への提供を停止しなければならない。ただし、当該保有個人データの第三者への提供の停止に多額の費用を要する場合その他の第三者への提供を停止することが困

難な場合であって、本人の権利利益を保護するため必要なこれに代わるべき措置をとるときは、この限りでない。」

B 番号法の定め

 [番号法]29条3項は、前述したように、特定個人情報に関して、[個情法]23条の適用を排除しています。このため、特定個人情報に関しては、[個情法]23条1項違反による第三者提供があり得ず、[個情法]27条2項は不要となります。

 もっとも、番号法は、19条で、特定個人情報の提供制限をしているため、[番号法]19条に違反した特定個人情報の第三者提供は考えられます。

 そこで、[番号法]29条3項は、特定個人情報について、[個情法]27条2項から、[個情法]23条1項に違反した場合という字句を削除し、[番号法]19条に違反した場合という字句に読み替えて適用することにしています。

 この結果、特定個人情報の第三者提供の停止の求めは、次のようになります（特定個人情報GL 第4-4参照）。

 "個人情報取扱事業者は、本人から、当該本人が識別される保有個人データである特定個人情報が番号法19条の規定に違反して第三者に提供されているという理由によって、当該特定個人情報の第三者提供の停止を求められた場合であって、その求めに理由があると判明したときは、遅滞なく、当該特定個人情報の第三者への提供を停止しなければならない。ただし、第三者への提供の停止に多額の費用を要する場合その他の第三者への提供を停止することが困難な場合であって、本人の権利利益を保護するため必要なこれに代わるべき措置をとるときは、この限りでない。"

第3節 情報提供等の記録についての特則
（ 番号法 30条）

　法30条は、情報提供等の記録（ 番号法 23条）の保有に関連して、次のように、行政機関個人情報保護法及び独立行政法人等個人情報保護法の規定の読替え等を定めています。
① 　行政機関の長が情報提供等の記録を保有する際の行政機関個人情報保護法の読替え（1項）
② 　総務省が情報提供ネットワークシステム上の情報提供等の記録を保有する際の行政機関個人情報保護法の読替え（2項）
③ 　独立行政法人等が情報提供等の記録を保有する際の独立行政法人等個人情報保護法の読替え（3項）
④ 　行政機関、地方公共団体及び独立行政法人等以外の者が情報提供等の記録を保有する際の独立行政法人等個人情報保護法の準用（4項）

第4節

地方公共団体等が保有する特定個人情報の保護（番号法 31条）

　番号法は、個人番号・特定個人情報（＝特定個人情報等）について、一般法三法（個人情報保護法・行政機関個人情報保護法・独立行政法人等個人情報保護法）における個人情報の保護措置よりも厚い保護措置を設けています。

　地方公共団体の取り扱う個人情報の保護措置については、個人情報保護条例の規制に委ねられていますが、特定個人情報については厚い保護措置が望まれます。もっとも、地方分権の観点から、一律に番号法で規定するべきではないため、法31条は、地方公共団体の主体性を尊重しつつ、当該地方公共団体及びその設置する地方独立行政法人の保有する特定個人情報について、番号法の趣旨にのっとった適正な取扱いを確保するため、また、本人が特定個人情報及び情報提供等の記録を確認できるようにするため、必要な措置を講じなければならない旨を規定しています。

　法31条により、各地方公共団体においては、行政機関等と同様の適用となるよう、個人情報保護条例の改正等が必要となる場合があります。

第5節 個人情報取扱事業者でない個人番号取扱事業者が保有する特定個人情報の保護（ 番号法 32条～35条）

1 注意

　以下の解説は、2015年（平成27年）の個人情報保護法及び番号法の改正法が施行される日〈注〉より前に妥当するものです。

　個人情報保護法の改正により、「個人情報取扱事業者」から中小規模の事業者を除外する規定（ 個情法 改正前2条5項但書5号）が削除され、民間事業者のほとんどが個人情報保護法の適用対象事業者（個人情報取扱事業者）となりました。このため、 番号法 32条から35条を存続させる必要がなくなったため、改正により番号法の32条から35条までが削除されました。

〈注〉改正法の公布の日から起算して2年を超えない範囲内において政令で定める日から施行するとされています（改正法附則1条柱書本文）

2 改正前の32条～35条の解説

　民間事業者のうち、一定の要件を満たす「**個人情報取扱事業者**」〈注〉には、一般法である個人情報保護法が適用され、そのうちの一部の規定については、番号法29条3項による個人情報保護法の規定の適用排除や読替えを行い（本書の第2編 5-2-2（p.214）を参照）、特定個人情報に関して厚い保護措置が講じられています。

〈注〉個人情報取扱事業者
本書の第2編 2-6-2（p.170）を参照してください。

5.5 個人情報取扱事業者でない個人番号取扱事業者が保有する特定個人情報の保護（法32条〜35条）

しかし、個人情報保護法が適用されない中小規模の事業者については、個人情報に関して適用される一般法がありません。そこで、個人番号・特定個人情報について個人の権利利益保護の観点から、個人情報保護法の規定(注)に準じた規定を設ける必要があります。他方で、零細企業を含む多数にわたる中小規模の事業者の負担に配慮する必要もあります。

そこで、個人情報取扱事業者でない事業者については、個人情報保護法の規定のうち、個人番号・特定個人情報の保護措置として特に重要といえる一部の規定に準じた規定を、法32条から35条までに設けるにとどめています。

〈注〉
個人情報保護法の規定については、本書の第2編2-6（p.170）に記載したので参照してください。

3 特定個人情報の目的外利用の原則禁止（番号法 32条）

[条文]
第三十二条　個人番号取扱事業者（個人情報保護法第二条第三項に規定する個人情報取扱事業者を除く。以下この節において同じ。）は、<u>人の生命、身体又は財産の保護のために必要がある場合において本人の同意があり又は本人の同意を得ることが困難であるとき</u>、及び九条四項の規定に基づく場合を除き、個人番号利用事務等を処理するために必要な範囲を超えて、特定個人情報を取り扱ってはならない。

＜目的外利用の例外類型①
＜目的外利用の例外類型②

法32条は、個人情報取扱事業者でない事業者は、①激甚災害時等に金融機関が支払を行う場合の事務と②人の生命、身体又は財産の保護のために必要がある場合であって、本人の同意があり、又は本人の同意を得ることが困難である場合を除き、個人番号利用事務等を処理するために必要な範囲を超えて、特定個人情報を取り扱ってはならないと定めています。

法32条は、個人情報保護法16条（個人情報の目的外利用の原則禁止）に準じた規定です（但し、番号法の規制に整合した定めになっています）。

4　特定個人情報の安全管理措置（ 番号法 33 条）

> [条文]
> 第三十三条　個人番号取扱事業者は、その取り扱う特定個人情報の漏えい、滅失又は毀損の防止その他の特定個人情報の安全管理のために必要かつ適切な措置を講じなければならない。

　法33条は、個人情報取扱事業者でない中小規模の個人番号取扱事業者に対し、特定個人情報に関し、個人情報保護法20条（個人データの安全管理措置）に準じた安全管理措置の義務を定めています。

　法33条の存在により、安全管理措置に関しては、個人情報取扱事業者とそれ以外の中小規模の事業者とで、法令上の違いはありません。

　もっとも、安全管理措置の具体的な内容の解釈においては、個人情報取扱事業者とそれ以外の中小規模の事業者とでは差異が設けられています（本書の第2編2-5-6（p.167）を参照）。

5　従業者に対する監督（ 番号法 34 条）

> [条文]
> 第三十四条　個人番号取扱事業者は、その従業者に特定個人情報を取り扱わせるに当たっては、当該特定個人情報の安全管理が図られるよう、当該従業者に対する必要かつ適切な監督を行わなければならない。

　法34条は、個人情報取扱事業者でない中小規模の事業者に対し、特定個人情報に関して、個人情報保護法21条（従業者の監督）に準じた義務を定めています。

　法34条の存在により、従業者の監督に関しても、個人情報取扱事業者とそれ以外の中小規模の事業者とで、法令上の違いはありません。

6 適用除外（ 番号法 35条）

　個人情報保護法50条は、番号法32条から34条までに対応する義務（ 個情法 16条、20条、21条等）について、報道機関が報道の用に供する目的で、大学等が学術研究の用に供する目的で、宗教団体が宗教活動の用に供する目的で、政治団体が政治活動の用に供する目的で、個人情報を取り扱う場合について、適用しないこととしています。

　これとの均衡から、法35条に、同様の適用除外規定が定められています。

過去問にチャレンジ

〈2級〉

問題1. 個人情報取扱事業者は、番号法に規定されていない事項について、個人情報保護法の適用を受ける。以下のアからエまでの記述のうち、特定個人情報の取扱いにおいて個人情報保護法の適用を受けないものを1つ選びなさい。

ア．利用目的の特定（個人情報保護法15条）
イ．第三者提供の制限（個人情報保護法23条）
ウ．保有個人データの開示（個人情報保護法25条）
エ．苦情の処理（個人情報保護法31条）　　　　　〈第1回出題　問題59〉

第2編　番号法の構成と理解

第6章

個人情報保護委員会

第1節　注意
第2節　総論
第3節　組織
第4節　業務
過去問にチャレンジ

第 1 節

注意

　2015年（平成27年）9月の個人情報保護法・番号法の改正により、特定個人情報保護委員会が改組されて「個人情報保護委員会」が設置されることになりました（改正個人情報保護法第5章「個人情報保護委員会（50条から65条）の新設等」。これに伴い、番号法に定められていた特定個人情報保護委員会の組織等に関する規定（改正前36条〜49条）が削除されて改正個人情報保護法に移され、個人情報保護委員会の業務に関する番号法の規定（改正前50条〜55条）の条文が繰り上がるなど（新36〜41条）、（特定）個人情報保護委員会に関する規定は大幅な変更となりました。

　個人情報保護委員会に関する改正部分についての施行期日は、2016年（平成28年）1月1日とされています（改正法附則1条但書2号）。

　なお、改正前と改正後とでは、特定個人情報に関する部分については、特定個人情報保護委員会と個人情報保護委員会とでは組織・権限等に大きな違いはありません。

　そこで、本書では、原則として、改正後の個人情報保護委員会についての解説をします。

第 2 節

総論

　個人情報保護委員会は、特定個人情報の適正な取扱いを確保するために必要な個人番号利用事務等実施者に対する指導・助言その他の措置を講ずることを任務とする行政委員会です。

　個人情報保護委員会は、三条委員会（国家行政組織法 3 条に定められる行政委員会）とされ、命令を発すること、規則を自ら定めることができるなど、独立性が高い行政機関であり、個人番号その他の特定個人情報の適正な取扱いを確保するために必要な措置を講ずる機関です。

図 2 - 18 個人情報保護委員会の主な所掌事務

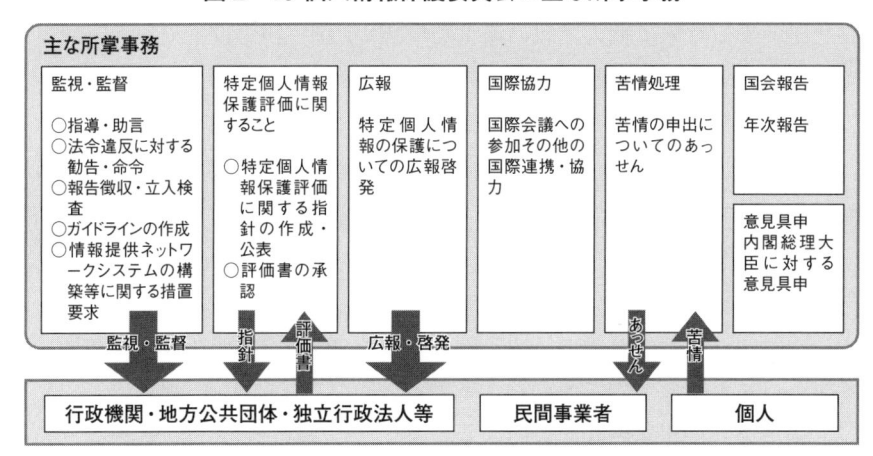

主な所掌事務						
監視・監督 ○指導・助言 ○法令違反に対する勧告・命令 ○報告徴収・立入検査 ○ガイドラインの作成 ○情報提供ネットワークシステムの構築等に関する措置要求	特定個人情報保護評価に関すること ○特定個人情報保護評価に関する指針の作成・公表 ○評価書の承認	広報 特定個人情報の保護についての広報啓発	国際協力 国際会議への参加その他の国際連携・協力	苦情処理 苦情の申出についてのあっせん	国会報告 年次報告
						意見具申 内閣総理大臣に対する意見具申

↓監視・監督　　↓指針　↓評価書　　↓広報・啓発　　　　　　　　↓あっせん　↑苦情

| 行政機関・地方公共団体・独立行政法人等 | 民間事業者 | 個人 |

出典：「特定個人情報の適正な取扱いに関するガイドラインの概要」（個人情報保護委員会事務局 27.2.16）を元に作成

第3節

組織

　2015年(平成27年)の個人情報保護法・番号法の改正により、特定個人情報保護委員会が「個人情報保護委員会」に改組され、それまで番号法に規定されていた同委員会の組織等に関する規定(改正前36条～49条)は全て削除されました。

　そして、個人情報保護委員会の組織に関する規定は、個人情報保護法に定められています(改正後 個情法 59条～73条)。

　個人情報保護委員会は、内閣総理大臣の所管に属し、内閣府の外局として置かれる行政機関です(改正 個情法 59条)。

　個人情報保護委員会は、個人情報の有用性に配慮しつつ、個人の権利利益を保護するため、個人情報の適正な取扱いの確保を図ることを任務としています(改正 個情法 60条)。この任務には、個人番号利用事務等実施者に対する指導及び助言その他の措置を講ずることを含みます(同)。

　個人情報保護委員会の所掌事務は、以下の通りです(改正 個情法 61条)。

① 基本方針の策定及び推進に関すること
② 特定個人情報の取扱いに関する監視・監督、苦情の申出についての必要なあっせん及びその処理を行う事業者への協力に関すること
③ 特定個人情報保護評価に関すること
④ 個人情報の保護及び適正かつ効果的な活用についての広報及び啓発に関すること
⑤ ①～④に掲げる事務を行うために必要な調査及び研究に関すること
⑥ 所掌事務に係る国際協力に関すること
⑦ ①～⑥に掲げるもののほか、法律・命令に基づき委員会に属させられた事務

　個人情報保護委員会は、組織として独立しているだけなく、委員長及び

委員の職権行使の独立性も認められています（改正 (個情法) 62 条）。

改正個人情報保護法 63 条・64 条には委員長・委員の構成や委員長・委員の任期など、委員会の組織に関する定めが置かれています。

また、個人情報保護委員会の独立性を担保するため、委員長・委員の身分保障も定められています（(個情法) 65 条・66 条）。

この他、委員長の権限（(個情法) 67 条）、会議の手続（(個情法) 68 条）、事務局（(個情法) 70 条）の定めもあります。

また、個人情報保護委員会は、政治的中立性が求められることから委員長・委員の政治運動等が禁止されています（(個情法) 71 条）。

更に、委員長、委員及び事務局の職員には秘密保持義務も課され（(個情法) 72 条）、違反して秘密を漏らし、又は盗用した者は、2 年以下の懲役又は 100 万円以下の罰金が課されます（(個情法) 82 条）。

第4節 業務

1 総論

　個人情報保護委員会は、特定個人情報に関しては、その適正な取扱いを確保するために必要な措置を講ずることをその任務としており（改正 個情法 61条2号）、この任務を実現するために、指導・助言（改正 番号法 36条）、勧告・命令（改正 番号法 37条）、立入検査（改正 番号法 38条）等の監視・監督権限が認められています。

2 指導及び助言（改正 番号法 36条）

　個人情報保護委員会は、番号法の施行に必要な限度において、個人番号利用事務等実施者に対し、特定個人情報の取扱いに関し、必要な指導及び助言をすることができ、この場合において、特定個人情報の適正な取扱いを確保するために必要があると認めるときは、当該特定個人情報と共に管理されている特定個人情報以外の個人情報の取扱いに関し、併せて指導及び助言をすることができます。

3 勧告及び命令（改正 番号法 37条）

　個人情報保護委員会の勧告及び命令は、番号法が定める特定個人情報の保護措置の実効性を担保するための重要な監督権限です。

（1）勧告（改正 番号法 37条1項）

　個人情報保護委員会は、特定個人情報の取扱いに関して法令の規定に違反する行為が行われた場合において、特定個人情報の適正な取扱いの確保のために必要があると認めるときは、当該違反行為をした者に対し、期限を定めて、当該違反行為の中止その他違反を是正するために必要な措置を

とるべき旨を勧告することができます。

(2) 勧告に従わない場合の命令（2項）

　個人情報保護委員会は、前項の規定による勧告を受けた者が、正当な理由がなくてその勧告に係る措置をとらなかったときは、その者に対し、期限を定めて、その勧告に係る措置をとるべきことを命ずることができます。

(3) 緊急命令（3項）

　個人情報保護委員会は、前二項の規定にかかわらず、特定個人情報の取扱いに関して法令の規定に違反する行為が行われた場合において、個人の重大な権利利益を害する事実があるため緊急に措置をとる必要があると認めるときは、当該違反行為をした者に対し、期限を定めて、当該違反行為の中止その他違反を是正するために必要な措置をとるべき旨を命ずることができるとされています。

　勧告を経ない緊急の場合の命令です。

(4) 罰則による担保

　改正番号法37条の命令に違反する行為は罰則の対象となります（改正 番号法 56条）。

4　報告及び立入検査（改正 番号法 38条）

　個人情報保護委員会は、番号法の施行に必要な限度において、特定個人情報を取り扱う者その他の関係者に対し、特定個人情報の取扱いに関し、必要な報告若しくは資料の提出を求め、又はその職員に、当該特定個人情報を取り扱う者その他の関係者の事務所その他必要な場所に**立ち入らせ**、特定個人情報の取扱いに関し質問させ、若しくは帳簿書類その他の物件を**検査させる**ことができるとされています（改正 番号法 38条1項）。

　個人情報保護委員会の立入検査は、番号法が定める特定個人情報の保護措置の実効性を担保するための重要な監視権限です。

なお、立入検査の権限は、犯罪捜査のために認められたものではないので（改正 番号法 38条3項）、立入検査の目的は、法令の目的を確保するための指導、行政取締り等の目的でなければなりません。

5 その他

(1) 番号法に定められた権限等

改正番号法36条から38条の規定は、各議院審査等が行われる場合又は番号法19条12号の政令で定める場合のうち各議院審査等に準ずるものとして政令で定める手続が行われる場合における特定個人情報の提供及び提供を受け、又は取得した特定個人情報の取扱いについては、適用されません（改正 番号法 39条）。これらの手続の迅速な行使を阻害しない等の理由による規定です。

また、個人情報保護委員会は、情報提供ネットワークシステムその他の情報システムの構築及び維持管理に関し、費用の節減その他の合理化及び効率化を図った上でその機能の安全性及び信頼性を確保するよう、総務大臣その他の関係行政機関の長に対し、必要な措置を実施するよう求めることができ、関係行政機関の長に対し、その措置の実施状況について報告を求めることができるとされています（改正 番号法 40条）。

このほかにも、個人情報保護委員会は、内閣総理大臣に対する意見の申出ができます（改正 番号法 法41条）。

(2) 個人情報保護法に定められた権限等

改正個人情報保護法にも、個人情報保護法の規定の施行に必要な限度で、個人情報保護委員会の各種権限が定められています。

・報告及び立入検査の権限（改正 個情法 40条）
・指導・助言（改正 個情法 41条）
・勧告・命令（改正 個情法 42条）
・認定個人情報保護団体の認定、報告の徴収、命令、認定の取消等（改正 個情法 47条、56条〜58条）

過去問にチャレンジ

〈3級〉

問題1. 特定個人情報保護委員会に関する以下のアとイの記述のうち、正しいものを1つ選びなさい。

ア．特定個人情報保護委員会は、国民生活にとっての個人番号その他の特定個人情報の有用性に配慮しつつ、その適正な取扱いを確保するために必要な個人番号利用事務等実施者に対する指導及び助言その他の措置を講ずることを任務とする機関である。

イ．特定個人情報保護委員会は、番号法の施行に必要な限度において、特定個人情報の取扱いに関し、必要な指導及び助言をすることができるが、指導や助言をすることができるのは特定個人情報の取扱いに限られ、特定個人情報以外の個人情報の取扱いに関してはすることはできない。

〈第1回出題　問題30〉

〈2級〉

問題2. 以下のアからエまでの記述のうち、特定個人情報保護委員会の業務に関する【問題文A】から【問題文C】の内容として正しいものを1つ選びなさい。

【問題文A】特定個人情報保護委員会は、番号法の施行に必要な限度において、特定個人情報の取扱いに関し、必要な指導及び助言をすることができるが、その対象となるのは行政機関であって、民間事業者に対して指導や助言をすることはできない。

【問題文B】特定個人情報保護委員会は、番号法の施行に必要な限度において、特定個人情報の取扱いに関し、必要な指導及び助言をすることができるが、指導や助言をすることができるのは特定個人情報の取扱いに限られ、特定個人情報以外の個人情報の取扱いに関してはすることはできない。

【問題文C】特定個人情報保護委員会は、特定個人情報の取扱いに関して法令の規定に違反する行為が行われた場合において、特定個人情報の適正な取扱いの確保のために必要があると認めるときは、当該違反行為をした者に対し、期限を定めて、当該違反行為の中止その他違反を是正するために必要な措置をとるべき旨を勧告することができる。

ア．Aのみ正しい。
イ．Bのみ正しい。
ウ．Cのみ正しい。
エ．すべて誤っている。

〈第1回出題　問題50〉

第2編　番号法の構成と理解

第7章

法人番号

第1節　概要
第2節　個人番号との比較
過去問にチャレンジ

第1節

概要

1　通知等（改正後 番号法 42条）

　法人番号は、番号法42条1項又は2項の規定により〈注〉、特定の法人その他の団体を識別するための番号として指定されるものです（番号法 2条15項）。

　法人番号は、国税庁長官が、下記団体に指定して通知します（番号法 42条1項）。

〈注〉2015年の番号法改正により、法人番号に関する規定の条数が繰り上がり（改正前58条→改正後42条）、この部分の施行期日は2016年1月1日とされているため、本書では改正後の条文で解説します。

(1) 国の機関

　「国の機関」には、行政機関のほか、裁判所および国会の機関も含まれます。

(2) 地方公共団体

　地方自治法1条の3で定義されている普通地方公共団体および特別地方公共団体です。

　都道府県、市町村、特別区、地方公共団体の組合及び財産区のほか、市町村の合併の特例に関する法律に基づいて設けられた合併特例区のように他の法律により地方公共団体とされるものを含みますが、地方公共団体を構成する各機関（都道府県の議会等）は「地方公共団体の機関」とされていないことから、法人番号の指定対象とはなりません。

　なお、番号法では、地方公共団体においては、法人番号を付与する場合（1地方公共団体1番号）とは異なり、個人情報の取扱いについては地方公共団体を機関単位で扱っています。このため、地方公共団体内部で他の機関が特定個人情報を利用することも、他の機関に対する特定個人情報の

「提供」となります。例えば、市長部局が管理する特定個人情報を市教育委員会が利用する場合は「提供」にあたるので、法19条9号により条例で提供について定める必要があります。

(3) 会社法その他の法令の規定により設立の登記をした法人
　一つの法人に対して一つの法人番号が指定され、支店・事業所等に対しては指定されません。

(4) これらの法人以外の法人又は人格のない社団等であって、法人税・消費税の申告納税義務又は給与等に係る所得税の源泉徴収義務を有することとなる団体
　「これらの法人以外の法人」とは、①我が国の法律の規定によって成立したが設立の登記を行わない法人(国民年金基金、厚生年金基金、健康保険組合、土地改良区、認可地縁団体など)、及び②我が国でその成立を認許された外国法人(外国、外国の行政区画及び外国会社並びに法律又は条約の規定により認許された外国法人)とされています。
　「人格のない社団等」は、法人でない社団若しくは財団で代表者または管理人の定めがあるものであり、具体的には、①団体としての組織を備えていること、②多数決の原則が行われていること、③構成員が変更しても団体そのものは存続すること、④その組織によって代表の方法、総会の運営、財産の管理その他団体としての主要な点が確定していること、の要件が備わる団体が該当することになると解されています(逐条解説)。
　民法上の組合(民法667条1項)、匿名組合(商法535条)、投資事業有限責任組合(投資事業有限責任組合契約に関する法律3条1項)、有限責任事業組合(有限責任事業組合契約に関する法律3条1項)は、当事者間の契約に過ぎないことから、人格のない社団等には該当しません(逐条解説)。

2 政令で定める者（改正後 番号法 42条2項）

　法人又は人格のない社団等以外の法人又は人格のない社団等であっても、一定のものについては、国税庁長官に届け出ることによって法人番号の指定を受けることができます。

3 法人情報の公表（改正後 番号法 42条4項）

　法人番号は、個人番号と異なり、**自由に流通**させることができ、官民を問わず様々な用途で利活用するものとされています。その一貫として、国税庁長官が法人番号保有者の①商号又は名称、②本店又は主たる事務所の所在地及び③法人番号を**公表**することになっています。

　公表の方法については政令に委ねられ、インターネット（国税庁法人番号公表サイト）により公表されます。

　ただし、人格のない社団等については、公表に際してその代表者等の同意が必要とされています。これは、人格のない社団等の中には、名称や主たる事務所の所在地について公表を望まないために法人成りしていないものがあることも想定されるからです。

4 その他

　法人番号については、行政機関の長等は、その保有する特定法人情報（法人番号保有者に関する情報であって法人番号により検索することができるもの）について、その利用の目的の達成に必要な範囲内で、過去又は現在の事実と合致するよう努めなければならないとされています（改正後 番号法 45条）。

第 2 節

個人番号との比較

　法人番号は、個人番号と異なり、利用範囲の制約がなく、自由に流通させることができます。

　また、法人番号は、インターネット（法人番号公表サイト）で公表されます。公表される情報は、①商号又は名称、②本店又は主たる事務所の所在地、③法人番号の基本3情報等です。

　なお、商号や所在地等に変更があった場合は、公表情報の変更履歴も公表されます（法人番号FAQ6）。また、法人格が消滅しても抹消されず、法人格消滅事由及び生じた年月日を公表事項に加えることになります（法人番号FAQ7）。

個人番号と法人番号の比較

	法人番号	個人番号
桁数	13ケタ（すべて数字）	12ケタ（すべて数字）
送付場所	登記上の本店所在地に通知書を送付	住民票上の住所地に通知カードを送付
管轄	国税庁	総務省・市町村
利用分野	制限なし	社会保障・税・災害対策
取扱い	法令が認める場合に限り、取得・利用・保存・提供できる	利用制限なし
番号の公表等	国税庁長官が法人等の①名称、②所在地、③法人番号をインターネットで公表	非公開（厳重取扱い）

過去問にチャレンジ

〈3級〉

問題1.「法人番号」に関する以下のアからエまでの記述のうち、誤っているものを1つ選びなさい。

ア.「法人番号」とは、法の規定により、特定の法人その他の団体を識別するための番号として指定されるものをいう。

イ.「法人番号」の指定は、本店所在地の市町村長により行われる。

ウ.「法人番号」は、①国の機関、②地方公共団体、③設立登記法人、④その他の法人、⑤人格のない社団等を対象とするものである。

エ. 法人番号保有者の①商号又は名称、②本店又は主たる事務所の所在地、③法人番号については、公表されるものとされており、この3情報については、原則として、自由に取得して利用することができる。

〈第1回出題　問題46〉

〈2級〉

問題2.「法人番号」に関する以下のアからエまでの記述のうち、誤っているものを1つ選びなさい。

ア. 法人番号とは、法の規定により、特定の法人その他の団体を識別するための番号として指定されるものをいう。

イ. 法人番号は、国税庁長官が指定し、通知することになっている。

ウ. 法人番号は、インターネットを通じて公表されることになっている。

エ. 法人番号の通知は、個人番号で用いられる「通知カード」と同様の様式でなされる。

〈第1回出題　問題51〉

問題3.「法人番号」に関する以下のアからエまでの記述のうち、誤っているものを1つ選びなさい。

ア. 法人番号は、①国の機関、②地方公共団体、③設立登記法人、④その他

の法人、⑤人格のない社団等を対象とするものである。
イ．設立登記法人に法人番号を付ける場合、事務所や営業所ごとに異なる番号を付けることになっている。
ウ．法人番号保有者の商号又は名称、本店又は主たる事務所の所在地、法人番号については、公表されるが、人格のない社団等については、公表に際してその代表者等の同意が必要とされている。
エ．法人番号の取得、利用、提供については、「個人番号」のような規制はなされていない。

〈第1回出題　問題52〉

第2編　番号法の構成と理解

第**8**章

罰則

第1節　注意
第2節　総論
第3節　罰則の内容
第4節　国外犯・両罰規定
過去問にチャレンジ

第1節

注意

　2015年（平成27年）9月の個人情報保護法・番号法の改正により、特定個人情報保護委員会が改組されて「個人情報保護委員会」が設置されることになりました。これに伴い、番号法に定められていた特定個人情報保護委員会の組織等に関する規定（改正前 番号法 36条〜49条）が削除されて改正個人情報保護法に移され、個人情報保護委員会の業務に関する番号法の規定（改正前 番号法 50条〜55条）の条文が繰り上がるなどしたため（新36〜41条）、番号法の条数が大幅に変更されました。

　罰則の規定（改正前 番号法 67条〜77条）についても、51条〜60条に繰り上がっています（なお、改正前 番号法 72条は削除）。

　そして、これらの改正部分についての施行期日は、2016年（平成28年）1月1日とされているため、本書では、罰則については改正後の規定の解説をします。

第2節

総論

　マイナンバー制度では、個人番号が各種の個人情報と連携され、行政の効率化などが期待されます。その反面、個人番号が不当に利用されて各種の個人情報と連携され漏えいしてしまうと、プライバシー等の個人の権利利益が大きく侵害されてしまう危険があります。そこで、番号法は、個人番号・特定個人情報について、利用範囲を限定し、取扱いについても規制するなど厳格な保護措置を講じています（ 番号法 9条、15条、19条、20条等）。このような保護措置の実効性を確保するために、番号法は、個人情報保護委員会による監視・監督とともに、違反行為に対する罰則を定めています（ 番号法 51条～60条）。

　個人情報保護法制（一般法）にも罰則に関する規定はありますが、番号法においては、個人情報保護法制における罰則の対象行為と類似の行為の罰則が概ね2倍程度に引き上げられ、また個人情報保護法制には規定されていない違反行為の罰則が規定されています。

　例えば、国の行政機関及び独立行政法人等については、行政機関個人情報保護法・独立行政法人等個人情報保護法・住民基本台帳法・国家公務員法・地方公務員法に、正当な理由なく個人情報を提供又は盗用したとき、職務上知り得た秘密を漏えい又は盗用したとき等の罰則が定められているのですが、番号法において、類似の刑の上限が引き上げられています。

　民間の事業者については、個人情報保護法では個人情報保護委員会からの是正命令に違反した場合や虚偽報告をした場合などに罰則が限られているのですが、番号法において、正当な理由なく特定個人情報ファイルを提供したとき、不正な利益を図る目的で個人番号を提供・盗用したとき、人を欺く等して個人番号を取得したとき等の罰則が設けられています。

第3節 罰則の内容

番号法が定める罰則には、行為主体が限定されていないものと、行為主体が一定の者に限定されているものとがあります。

以下に、主体が限定されていない規定と主体が限定されている規定とに分けて一覧で示します。

主体が限定されていないもの

条項	行為	罰則	個人情報保護法の類似規定
51条	個人番号利用事務等に従事する者又は従事していた者が、正当な理由なく、特定個人情報ファイルを提供	4年以下の懲役若しくは200万円以下の罰金又は併科	×
52条	上記の者が、不正な利益を図る目的で、個人番号を提供又は盗用	3年以下の懲役若しくは150万円以下の罰金又は併科	×
54条	人を欺き、人に暴行を加え、若しくは人を脅迫する行為により、又は財物の窃取、施設への侵入、不正アクセス行為その他の個人番号を保有する者の管理を害する行為により、個人番号を取得	3年以下の懲役又は150万円以下の罰金	×
56条	委員会から命令を受けた者が命令に違反	2年以下の懲役又は50万円以下の罰金	6月以下の懲役又は30万円以下の罰金（56条）
57条	委員会に対し、報告・資料提出の懈怠、虚偽の報告、虚偽の資料提出、職員の質問に対し答弁拒否・虚偽答弁、検査拒否・妨害・忌避	1年以下の懲役又は50万円以下の罰金	30万円以下の罰金（57条）

| 58条 | 偽りその他不正の手段により通知カード又は個人番号カードの交付を受ける | 6月以下の懲役又は50万円以下の罰金 | × |

行為主体が限定されているもの

条項	主体	行為	罰則
53条	情報連携や情報提供ネットワークシステムの運営に従事する者や従事していた者	情報連携や情報提供ネットワークシステムの業務に関して知り得た秘密を漏らし、または盗用	3年以下の懲役若しくは150万円以下の罰金または併科
55条	国の機関・地方公共団体の機関・地方公共団体情報システム機構の職員、独立行政法人等・地方独立行政法人の役員・職員	職権を濫用して、職務以外の目的で個人の秘密に属する特定個人情報が記録された文書などを収集	2年以下の懲役または100万円以下の罰金

第4節

国外犯・両罰規定

1　国外犯処罰規定（改正後 番号法 59条）

　法51条から55条までの規定は、日本国外においてこれらの条の罪を犯した者にも適用されます。

　法56条から58条までの条の罪については、国内において行われることから、国外犯処罰の対象ではありません。

　なお、法58条の通知カードの不正取得・個人番号カードの不正取得は、一般人からの不正取得ではなく、市町村の職員を相手として行われる罪であり（なりすましで個人番号カードを取得する、虚偽の請求事由を記載して個人番号カードの再交付を受ける、職員を買収して交付を受けるなど）、従って、日本国内で行われることが前提となっています。

2　両罰規定（改正後 番号法 60条）

　罰則の対象となる違反行為について、それが事業者の業務として行われた場合は、違反行為により利益を得るのは事業者であり、行為者を処罰するだけでは不十分です。そこで両罰規定により、行為者だけでなく事業者である法人・個人を処罰することとされています。

　両罰規定の対象とならない罰則規定は、情報提供ネットワークシステムに関する秘密漏えい（番号法 53条）と文書等の収集（番号法 55条）の2つです。これらの規定の行為者は国や地方公共団体の機関、独立行政法人等の職員などであり、国や地方公共団体の機関等を処罰する意味がないことから、両罰規定の対象とはされていません。

過去問にチャレンジ

〈3級〉

問題1. 番号法における罰則に関する以下のアからエまでの記述のうち、誤っているものを1つ選びなさい。

　ア．個人番号利用事務等に従事する者が、特定個人情報ファイルを正当な理由なく提供したときは、番号法により、4年以下の懲役若しくは200万円以下の罰金又は併科に処せられる。

　イ．個人番号利用事務等実施者の職員を装って本人から個人番号を聞き出した者は、番号法により、3年以下の懲役又は150万円以下の罰金に処せられる。

　ウ．他人になりすましてその者の「通知カード」の交付を受けた者は、番号法における罰則の対象とはならない。

　エ．他人になりすましてその者の「個人番号カード」の交付を受けた者は、番号法により、6月以下の懲役又は50万円以下の罰金に処せられる。

〈第1回出題　問題47〉

〈2級〉

問題2. 番号法における罰則に関する以下のアからエまでの記述のうち、誤っているものを1つ選びなさい。

　ア．個人番号利用事務等に従事する者が、特定個人情報ファイルを正当な理由なく提供したときは、番号法により、1年以下の懲役又は50万円以下の罰金に処せられる。

　イ．国の機関等の職員が、その職権を濫用して、専らその職務の用以外の用に供する目的で、特定個人情報が記録された文書等を収集したときは、番号法により、2年以下の懲役又は100万円以下の罰金に処せられる。

　ウ．個人情報保護委員会による命令に違反した者は、番号法により、2年以下の懲役又は50万円以下の罰金に処せられる。

エ．個人情報保護委員会に対して虚偽の報告をした者は、番号法により、1年以下の懲役又は50万円以下の罰金に処せられる。

〈第1回出題　問題53〉

第2編　番号法の構成と理解

第9章

附則

第1節　施行期日（附則1条）
第2節　マイナポータル（附則6条5項・6項）
過去問にチャレンジ

第1節

施行期日（附則1条）

1　段階的な施行

　番号法の施行期日は、附則1条に定められています。
　番号法は、次のように段階的に施行されます（主なもの）。

① 　交付の日（平成25年5月31日）から（附則1条ただし書き1号）
　総則（1条〜6条）のほか24条、65条、66条等
② 　平成27年10月5日（附則1条本文、政令第171号）
　個人番号及び法人番号の付番の開始、個人番号の通知等
③ 　平成28年1月1日（附則1条ただし書4号、政令第171号）
　個人番号の利用に関係する規定（利用範囲（9条）、再委託（10条）、委託先の監督（11条）、個人番号利用事務実施者等の責務（12条、13条）、提供の要求（14条）、本人確認の措置（16条）及び別表第一の規定）
・個人番号カードに関係する規定（個人番号カード（第3章）、事務の区分（第63条の一部（個人番号カードに係る部分）、個人番号カードの不正取得に係る罰則（第75条の一部、第77条の一部））　等
④ 　平成29年1月（予定。附則1条ただし書5号）
　情報提供ネットワークシステムを使用した特定個人情報の提供に関係する規定（19条7号、21条〜23条等）

2　改正法の施行日

　なお、上の②と③の施行日よりも前の2015年（平成27年）9月に番号法の改正法が成立しています（改正の概要については、本書の第1編1-1-4（5）(p.26)を参照）。
　この改正法の施行期日については、改正法の公布の日から起算して2年を超えない範囲内において政令で定める日から施行するとされています

(改正法附則1条柱書本文)。ただし、個人情報保護委員会を改組して「個人情報保護委員会」を設置することに伴う番号法の改正部分(注)については、2016年(平成28年)1月1日が施行日とされています(改正法附則1条ただし書2号)。

〈注〉個人情報保護委員会設置に伴う改正部分

「第6章　特定個人情報の取扱いに関する監督等(第36条−第41条)」など。なお、第6章は、改正前は「第6章　個人情報保護委員会」として、第36条−第57条までであったが、「個人情報保護委員会」の設置・所掌事務・身分保障等の規定が改正個人情報保護法に移されたこと等にともなって、条文数が減っています。

第2節

マイナポータル（附則6条5項・6項）

　「マイナポータル」は、正式名称を「情報提供等記録開示システム」といい、情報提供ネットワークシステムにおける特定個人情報の提供等の記録や法律・条例で定める個人情報の開示、本人の利益になると認められる情報の提供等を行うためのシステムです（附則6条5項・6項）。

　番号法附則において、政府は、2017年（平成29年）1月を目途に、分散管理された自己の特定個人情報及びその提供記録の確認を行うことができるマイナポータルを設置するとともに、**国民の利便性の向上**を図る観点から、民間における活用も視野に入れ、マイナポータルを活用した**プッシュ型サービス**及び**ワンストップサービス**の提供や、簡易な本人確認手続きの導入等について、検討することとされています。

　プッシュ型サービスについては、年齢別や地域別等の分類による広いグループに対する情報提供（政府広報や災害情報など、国や地方公共団体からのお知らせ等）から、特定個人情報等に基づく特定の個人に対する情報提供（本人の状況に応じた子育てや介護等のサービスに係る情報提供、災害時の要援護者への情報提供、要件が複雑で本人が判断しにくい給付等の資格通知、権利の得喪に係る期限・要件等のアラート等）まで、利用者の利益となる情報をきめ細かく提供することをマイナポータルで実現することが想定されています（「IT総合戦略本部新戦略推進専門調査会マイナンバー等分科会　中間とりまとめ」）。

　また、ワンストップサービスについては、引越しや死亡等のライフイベントに際し、住所変更に伴う契約・解約・変更等、同時に多数の手続が、官民にわたって必要となることから、その負担を軽減するものとして、ライフライン事業者、金融機関や郵便等、多くの機関の参加を得つつ、マイナポータル上で実現を図ることが想定されています（同上）。

過去問にチャレンジ

〈2級〉

問題1．マイナポータルに関する以下のアからエまでの記述のうち、誤っているものを1つ選びなさい。

ア．マイナポータルとは、番号制度のシステム整備の一環として構築することが予定されている情報提供等記録開示システムのことをいい、平成29年1月からの利用が予定されている。

イ．マイナポータルでは、なりすましにより特定個人情報を詐取されることのないように、利用の際は情報セキュリティ及びプライバシー保護に配慮した厳格な本人認証が必要であると考えられている。

ウ．マイナポータルでは、行政機関が、個人番号の付いた自分の情報を、いつどことやりとりしたのかを確認することができる。

エ．マイナポータルでは、行政機関が保有する自分に関する情報や行政機関から自分に対しての必要なお知らせ情報等を、自宅のパソコン等から確認することができるように整備することまでは予定されていない。

〈第1回出題　問題42〉

凡例

【マイナンバー法関連】

▶ マイナンバー法／番号法／番号利用法
行政手続における特定の個人を識別するための番号の利用等に関する法律

▶ 番号法施行令／マイナンバー法施行令
行政手続における特定の個人を識別するための番号の利用等に関する法律施行令

▶ 番号法施行規則／マイナンバー法施行規則
行政手続における特定の個人を識別するための番号の利用等に関する法律施行規則

▶ 逐条解説
行政手続における特定の個人を識別するための番号の利用等に関する法律【逐条解説】（内閣府大臣官房番号制度担当室）

▶ 特定個人情報 GL（事業者編）
特定個人情報の適正な取扱いに関するガイドライン（事業者編）（個人情報保護委員会）

▶ GL 別添安全管理措置（事業者編）
特定個人情報の適正な取扱いに関するガイドライン（事業者編）の「（別添）特定個人情報に関する安全管理措置（事業者編）」

▶ Q&A
「特定個人情報の適正な取扱いに関するガイドライン（事業者編）及び「（別冊）金融業務における特定個人情報の適正な取扱いに関するガイドライン」に関する Q&A（個人情報保護委員会）

▶ 特定個人情報 GL（行政機関等・地方公共団体等編）
特定個人情報の適正な取扱いに関するガイドライン（行政機関等・地方公共団体等編）（個人情報保護委員会）

▶ GL 別添安全管理措置（行政機関等・地方公共団体等編）
特定個人情報の適正な取扱いに関するガイドライン（行政機関等・地方公共団体等編）の「（別添）特定個人情報に関する安全管理措置（行政機関等・地方公共団体等編）」

▶FAQ
「よくある質問(FAQ)」(内閣官房)

▶中小はじめて
「中小企業向け はじめてのマイナンバーガイドライン」(個人情報保護委員会)

▶保護評価指針
「特定個人情報保護評価指針」(個人情報保護委員会)

▶保護評価指針解説
「特定個人情報保護評価指針の解説」(個人情報保護委員会)

▶国税庁告示
「行政手続における特定の個人を識別するための番号の利用等に関する法律施行規則に基づく国税関係手続に係る個人番号利用事務実施者が適当と認める書類等を定める件(平成27年国税庁告示第2号)

▶国税庁FAQ
「国税分野におけるFAQ」(国税庁)

▶法人番号FAQ
「法人番号の制度に関するFAQ」(国税庁)

▶雇用保険Q&A
「雇用保険業務等における社会保障・税番号制度への対応に係るQ&A」(厚生労働省)

【個人情報保護法関連】
▶経産GL
「個人情報の保護に関する法律についての経済産業分野を対象とするガイドライン」(経済産業省)

▶雇用管理GL
「雇用管理分野における個人情報保護に関するガイドライン」(厚生労働省)

▶雇用管理GL事例集
「雇用管理分野における個人情報保護に関するガイドライン:事例集」(厚生労働省)

著者プロフィール
坂東利国（ばんどう よしくに）
弁護士（東京弁護士会所属）。ホライズンパートナーズ法律事務所パートナー弁護士。慶應義塾大学法学部法律学科卒、司法修習56期。日本労働法学会・日本CSR普及協会所属。上級個人情報保護士認定講習会、役員CPO（個人情報保護管理者）認定講習会、マイナンバー制度理解・対策セミナー等の講師（以上、全日本情報学習振興協会主催）のほか、個人情報保護法・番号法関連のセミナー講師多数。著書等は、個人情報保護士認定試験公式テキスト 改訂4版（監修・日本能率協会マネジメントセンター）、マイナンバー社内規程集（日本法令）など。

監修者プロフィール
一般財団法人 全日本情報学習振興協会
情報学習の技能の到達レベル、学習達成度を客観的に評価し、情報学習に取り組む多くの人々の意欲の向上、レベルアップを図りながら、マイナンバー実務検定のほかにも、社会のニーズにあわせた以下のさまざまな検定試験を実施している。
・個人情報保護士認定試験
・個人情報保護法検定（2015年12月より「個人情報保護実務検定」に移行）
・情報セキュリティ管理士認定試験
・情報セキュリティ初級認定試験
・企業情報管理士認定試験
・福祉情報技術コーディネーター認定試験
・パソコン速記検定試験
・パソコン検定 タイピング試験
・パソコン検定 文書試験
・パソコン検定 文書・表計算試験
・パソコン技能検定ビジネス実務試験
・パソコン技能検定II種試験
・文書処理能力検定試験I種
・パソコン基礎検定試験
・パソコンインストラクター資格認定試験

●本書の内容に関する追加情報や正誤につきまして
日本能率協会マネジメントセンターHP内にある
【書籍】サイトの「追加・訂正情報」をご参照ください。

マイナンバー実務検定公式テキスト

2015年11月10日　　初版第1刷発行

著　者　──── 坂東利国
　　　　　　　　Ⓒ2015　Yoshikuni Bando
監修者　──── 一般財団法人 全日本情報学習振興協会
発行者　──── 長谷川隆
発行所　──── 日本能率協会マネジメントセンター
〒103-6009　東京都中央区日本橋2-7-1　東京日本橋タワー
TEL　03(6362)4339(編集)／03(6362)4558(販売)
FAX　03(3272)8128(編集)／03(3272)8127(販売)
http://www.jmam.co.jp/

装　丁　──── 株式会社志岐デザイン事務所
本文DTP　──── 株式会社森の印刷屋
印刷所　──── シナノ書籍印刷株式会社
製本所　──── 株式会社三森製本所

本書の内容の一部または全部を無断で複写複製(コピー)することは、法律で認められた場合を除き、著作者および出版者の権利の侵害となりますので、あらかじめ小社あて許諾を求めてください。

ISBN978-4-8207-4957-8 C3032
落丁・乱丁はおとりかえします。
PRINTED IN JAPAN

JMAMの本

個人情報保護士
認定試験公式テキスト

中村 博、坂東 利国　監修
柴原 健次、克元 亮、福田 啓二、井海 宏道、山口 伝、鈴木 伸一郎　著

A5判 320頁

　個人情報保護士認定試験は、全日本情報学習振興協会により実施されている検定試験です。
　本書はその唯一の公式テキストであり、試験範囲全分野の解説と理解度確認のための過去問題を掲載しています。
　個人情報保護の法律の考え方、情報の安全確保の方法などを体系的に理解できます。

日本能率協会マネジメントセンター

JMAM の本

個人情報保護士認定試験
公式精選過去問題集

一般財団法人全日本情報学習振興協会　監修
辰已法律研究所、柴原 建次　編

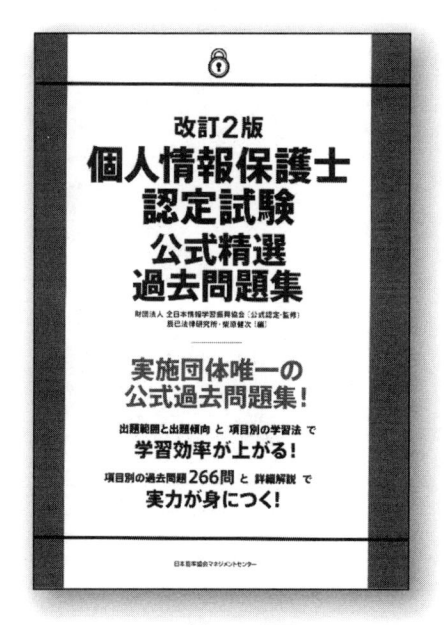

改訂2版
個人情報保護士認定試験 公式精選過去問題集

財団法人 全日本情報学習振興協会［公式認定・監修］
辰已法律研究所・柴原健次［編］

実施団体唯一の
公式過去問題集！

出題範囲と出題傾向 と 項目別の学習法 で
学習効率が上がる！
項目別の過去問題266問 と 詳細解説 で
実力が身につく！

日本能率協会マネジメントセンター

A5判 360頁

　本書は、実施団体唯一の公式過去問題集であり、本検定の「出題範囲と出題傾向」「項目別の学習法」についての解説、本検定の大分野である「課題Ⅰ」「課題Ⅱ」について、直近過去3回分の試験問題より重要度の高いものを選び、項目別に整理したものを掲載しています。

日本能率協会マネジメントセンター

JMAM の本

改訂5版
環境社会検定試験
eco検定公式テキスト

東京商工会議所　編著

B5判　288頁

　本書は2006年の試験開始以来約36万人が受験した本検定の唯一の公式テキストです。より広い視野と正確な理解が求められる昨今の環境へのアプローチについて、改めて整理し直し、基本知識と基本情報をわかりやすく解説しました。
　もはや避けては通れない放射性廃棄物の話題やPM2.5など大気汚染のメカニズムなど、これから知っておきたい情報が満載です。

日本能率協会マネジメントセンター

マイナンバー実務検定 公式テキスト

過去問チャレンジの解答と解説

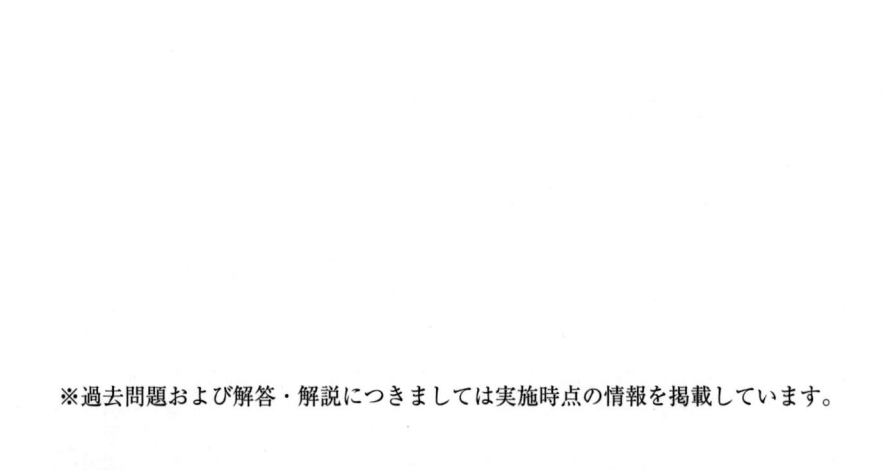

※過去問題および解答・解説につきましては実施時点の情報を掲載しています。

第1編　第1章　過去問チャレンジの解答と解説

〈3級〉

問題1．イ　　番号法の概要

本問は、番号法の概要（情報の管理）についての理解を問うものである。
イ　誤　り。
　各行政機関で管理していた個人情報について、個人番号をもとに特定の機関に共通のデータベースを構築するというような一元管理をするものではないとされている。すなわち、従来通り、年金の情報は年金事務所、税の情報は税務署といったように情報を分散して管理し、必要な情報を必要な時だけやりとりする「分散管理」の仕組みが採用されることになっている。この仕組みの下では、個人番号をもとに特定の機関に共通のデータベースを構築することはなく、個人情報がまとめて漏れるような危険もないとされている。従って、本記述は誤っている。

問題2．イ　　個人番号

本問は、番号法における「個人番号」についての理解を問うものである。
イ　誤　り。
　個人番号は、アルファベットは含まず、数字のみ12桁で構成される番号である。従って、本記述は誤っている。

問題3．ア　　「個人番号利用事務実施者」及び「個人番号関係事務実施者」

本問は、「個人番号利用事務実施者」及び「個人番号関係事務実施者」についての理解を問うものである。
ア　正しい。
　「個人番号関係事務」とは、9条3項の規定により個人番号利用事務に関して行われる他人の個人番号を必要な限度で利用して行う事務をいう（2条11項）。従って、本記述は正しい。
　なお、「個人番号関係事務」の具体例としては、事業者が、法令に基づき、そ

の従業員の健康保険・厚生年金の被保険者の資格取得に関する届出を健康保険組合・年金事務所に対して行うことや、給与の支払調書を税務当局へ提出することなどが想定されている（9条3項）。

問題4．ア　個人番号カード

本問は、個人番号カードについての理解を問うものである。

ア　誤り。

個人番号カードの券面には、氏名、住所、生年月日、性別、個人番号その他政令で定める事項が記載され、本人の写真が表示される。そして、個人番号カードに組み込まれるICチップ内に、券面に記載・表示された事項及び総務省令で定める事項（公的個人認証サービスの電子証明書等）が記録される（2条7項）。これに対して、税や年金の情報などプライバシー性の高い情報は、券面にもICチップ内にも記録されない。それゆえ、これらの情報は、個人番号カードからは判明しない。従って、本記述は誤っている。

イ　正しい。

住民基本台帳法に基づく本人確認の手段として住民基本台帳カードが存在するところ、個人番号カードの交付が開始された後は、住民基本台帳カードの新規発行はなくなり、個人番号カードがその役割を承継することになると考えられている。従って、本記述は正しい。

以上により、誤っている記述はアであり、従って、正解は肢アとなる。

問題5．ウ　番号法の概要

本問は、番号法の概要についての理解を問うものである。

A　誤り。

番号法は、個人情報保護法令（行政機関個人情報保護法、独立行政法人等個人情報保護法、個人情報保護法）を一般法とする特別法であるといえる。従って、本記述は誤っている。

B　誤り。

番号法は、行政機関、地方公共団体、独立行政法人等に適用されるほか、民間事業者にも適用される。従って、本記述は誤っている。

C　正しい。
　番号法1条には、番号法の目的が規定されている。その中で、「行政運営の効率化」、「行政分野におけるより公正な給付と負担の確保」、「国民の利便性の向上」などが挙げられている。従って、本記述は正しい。
　以上により、問題文ＡＢは誤っているが、Ｃは正しい。従って、正解は肢ウとなる。

問題6.　エ　　個人番号・特定個人情報（15条、20条）

　本問は、番号法における「個人番号」及び「特定個人情報」（15条、20条）についての理解を問うものである。
Ａ　正しい。
　何人も、原則として、他人（自己と同一の世帯に属する者以外の者）に対し、個人番号の提供を求めてはならない（15条）。従って、本記述は正しい。
Ｂ　正しい。
　何人も、原則として、特定個人情報（他人の個人番号を含むものに限る）を収集してはならない（20条）。他人の個人番号を含まない特定個人情報については、禁止されていない。従って、本記述は正しい。
Ｃ　正しい。
　何人も、原則として、特定個人情報（他人の個人番号を含むものに限る）を保管してはならない（20条）。他人の個人番号を含まない特定個人情報については、禁止されていない。従って、本記述は正しい。
　以上により、問題文ＡＢＣはすべて正しい。従って、正解は肢エとなる。

第2編 第1章 過去問チャレンジの解答と解説

〈3級〉

問題1. ア　個人情報保護法令との関係

　本問は、番号法と個人情報保護法令（行政機関個人情報保護法、独立行政法人等個人情報保護法、個人情報保護法）との関係についての理解を問うものである。なお、地方公共団体では個人情報の保護に関する条例が一般法として適用される。

ア　正しい。

　番号法は、個人情報保護法令を一般法とする特別法であるといえるから、番号法に規定がない事項については、一般法たる個人情報保護法令が適用される。従って、本記述は正しい。

問題2. エ　各種用語の定義（2条）

　本問は、番号法における各種用語の定義（2条）についての理解を問うものである。

- 番号法における「**行政機関**」とは、行政機関個人情報保護法における行政機関のことをいう。
- 番号法における「**個人番号**」とは、7条の規定により、住民票コードを変換して得られる番号であって、当該住民票コードが記載された住民票に係る者を識別するために指定されるものをいう。
- 番号法における「**特定個人情報**」とは、個人番号をその内容に含む個人情報をいう。

a　「行政機関」

　　番号法における「行政機関」とは、行政機関個人情報保護法2条1項に規定する行政機関のことをいう（2条1項）。

b　「個人番号」

　　番号法における「個人番号」とは、7条1項又は2項の規定により、住民

票コードを変換して得られる番号であって、当該住民票コードが記載された住民票に係る者を識別するために指定されるものをいう（2条5項）。

c 「特定個人情報」

　　番号法における「特定個人情報」とは、個人番号をその内容に含む個人情報をいう（2条8項）。

以上により、a＝「行政機関」、b＝「個人番号」、c＝「特定個人情報」となり、従って、正解は肢エとなる。

〈2級〉

問題3. イ　各種用語の定義（2条）

　本問は、番号法における各種用語の定義（2条）についての理解を問うものである。

ア　正しい。

　番号法における「行政機関」とは、行政機関個人情報保護法2条1項に規定する行政機関のことをいう（2条1項）。従って、本記述は正しい。

イ　誤り。

　番号法における「個人情報」とは、行政機関個人情報保護法2条2項に規定する個人情報であって行政機関が保有するもの、独立行政法人等個人情報保護法2条2項に規定する個人情報であって独立行政法人等が保有するもの又は個人情報保護法2条1項に規定する個人情報であって行政機関及び独立行政法人等以外の者が保有するものをいう（2条3項）。よって、個人情報保護法における個人情報も含まれる。従って、本記述は誤っている。

ウ　正しい。

　番号法における「個人情報ファイル」とは、行政機関個人情報保護法2条4項に規定する個人情報ファイルであって行政機関が保有するもの、独立行政法人等個人情報保護法2条4項に規定する個人情報ファイルであって独立行政法人等が保有するもの、個人情報保護法2条2項に規定する個人情報データベース等であって行政機関及び独立行政法人等以外の者が保有するものをいう（2条4項）。従って、本記述は正しい。

エ　正しい。

　番号法における「個人番号」とは、7条1項又は2項の規定により、住民票コードを変換して得られる番号であって、当該住民票コードが記載された住民票に係る者を識別するために指定されるものをいう（2条5項）。従って、本記述は正しい。

問題4．イ　各種用語の定義（2条）

　本問は、番号法における各種用語の定義（2条）についての理解を問うものである。

ア　正しい。

　番号法における「本人」とは、個人番号によって識別される特定の個人をいう（2条6項）。具体的には、個人番号及びそれに対応する住民票コードが記載された住民票に係る者を意味する。従って、本記述は正しい。

イ　誤り。

　番号法における「通知カード」とは、氏名、住所、生年月日、性別、個人番号その他総務省令で定める事項が記載されたカードをいう（7条1項）。本記述は、「個人番号カード」の内容となっている。すなわち、「個人番号カード」とは、氏名、住所、生年月日、性別、個人番号その他政令で定める事項が記載され、本人の写真が表示され、かつ、これらの事項その他総務省令で定める事項が電磁的方法により記録されたカードであって、これらの事項を閲覧し、又は改変する権限を有する者以外の者による閲覧又は改変を防止するために必要なものとして総務省令で定める措置が講じられたものをいう（2条7項）。従って、本記述は誤っている。

ウ　正しい。

　番号法における「特定個人情報」とは、個人番号（個人番号に対応し、当該個人番号に代わって用いられる番号、記号その他の符号であって、住民票コード以外のものを含む。）をその内容に含む個人情報をいう（2条8項）。従って、本記述は正しい。

エ　正しい。

　番号法における「特定個人情報ファイル」とは、個人番号をその内容に含む個

人情報ファイルをいう（2条9項）。従って、本記述は正しい。

問題5．ア　　番号法の基本理念（3条）

本問は、番号法の基本理念（3条）についての理解を問うものである。

A　誤り。

3条2項は、「個人番号及び法人番号の利用に関する施策の推進は、個人情報の保護に十分配慮しつつ、行政運営の効率化を通じた国民の利便性の向上に資することを旨として、社会保障制度、税制及び災害対策に関する分野における利用の促進を図るとともに、他の行政分野及び行政分野以外の国民の利便性の向上に資する分野における利用の可能性を考慮して行われなければならない。」と規定している。すなわち、①社会保障制度、②税制、③災害対策に関する分野以外の他の行政分野に拡大し、さらに民間でも利用する可能性を考慮しなければならないとしている。従って、本記述は誤っている。

B　正しい。

3条3項は、「個人番号の利用に関する施策の推進は、…行政事務の処理における本人確認の簡易な手段としての個人番号カードの利用の促進を図るとともに、カード記録事項が不正な手段により収集されることがないよう配慮しつつ、行政事務以外の事務の処理において個人番号カードの活用が図られるように行われなければならない。」と規定している。従って、本記述は正しい。

C　正しい。

3条4項は、「個人番号の利用に関する施策の推進は、…個人情報の保護に十分配慮しつつ、社会保障制度、税制、災害対策その他の行政分野において、行政機関、地方公共団体その他の行政事務を処理する者が迅速に特定個人情報の授受を行うための手段としての情報提供ネットワークシステムの利用の促進を図るとともに、これらの者が行う特定個人情報以外の情報の授受に情報提供ネットワークシステムの用途を拡大する可能性を考慮して行われなければならない。」と規定している。従って、本記述は正しい。

以上により、問題文BCは正しいが、Aは誤っている。従って、正解は肢アとなる。

第2編 第2章 過去問チャレンジの解答と解説

〈3級〉

問題1. ア　個人番号の利用範囲（9条）

　本問は、番号法における個人番号の利用範囲（9条）についての理解を問うものである。
ア　正しい。
　激甚災害が発生したときその他これに準ずる場合として政令で定めるときは、内閣府令で定めるところにより、あらかじめ締結した契約に基づく金銭の支払を行うために必要な限度で個人番号を利用することができる場合がある（9条4項、29条3項による個人情報保護法16条3項1号「法令に基づく場合」の読替え、32条）。従って、本記述は正しい。

問題2. イ　個人番号及び特定個人情報の利用範囲・第三者提供の停止（19条、29条3項）

　本問は、番号法における個人番号及び特定個人情報の利用範囲・第三者提供の停止（19条、29条3項）についての理解を問うものである。
イ　誤り。
　個人情報保護法では、あらかじめ本人の同意があれば、利用目的の達成に必要な範囲を超えて個人情報を取り扱うことができるとされている（個人情報保護法16条1項）。これに対して、番号法における特定個人情報の場合は、本人の同意があったとしても、利用目的の達成に必要な範囲を超えて特定個人情報を利用してはならないとされている（29条3項、個人情報保護法16条1項の読替え、32条）。従って、本記述は誤っている。

問題3. イ　再委託（10条）

　本問は、個人番号利用事務又は個人番号関係事務（以下「個人番号利用事務等」という。）を再委託する場合（10条）についての理解を問うものである。
イ　誤り。

再委託を受けた者は、個人番号利用事務等の全部又は一部の「委託を受けた者」とみなされ、再委託を受けた個人番号利用事務等を行うことができるほか、最初の委託者の許諾を得た場合に限り、その事務をさらに再委託することができる（10条2項、1項）。さらに再委託をする場合も、その許諾を得る相手は、最初の委託者であるとされている。従って、本記述は誤っている。

問題4. イ　個人番号利用事務等実施者の安全管理措置（12条）

本問は、個人番号利用事務実施者及び個人番号関係事務実施者（以下「個人番号利用事務等実施者」という。）の安全管理措置（12条）の理解を問うものである。

ア　誤り。

死者の個人番号も、番号法12条における「個人番号」には含まれることから、個人番号利用事務等実施者の安全管理措置の対象となる。従って、本記述は誤っている。

なお、死者の個人番号は、個人情報保護法制における「個人情報」に含まれないとされている。

イ　正しい。

個人番号利用事務等実施者の安全管理措置（12条、33条、34条、個人情報保護法20条、21条）には、従業者に対する監督・教育が含まれるが、ここでいう「従業者」とは、事業者の組織内にあって直接間接に事業者の指揮監督を受けて事業者の業務に従事している者をいう。具体的には、従業員のほか、取締役、監査役、理事、監事、派遣社員等を含む。従って、本記述は正しい。

以上により、正しい記述はイであり、従って、正解は肢イとなる。

問題5. ア　本人確認の措置（16条）

本問は、本人確認の措置（16条）についての理解を問うものである。

ア　誤り。

個人番号利用事務等実施者は、14条1項の規定により本人から個人番号の提供を受けるときは、当該提供をする者から個人番号カード若しくは通知カード及び当該通知カードに記載された事項がその者に係るものであることを証す

ものとして主務省令で定める書類の提示を受けること又はこれらに代わるべきその者が本人であることを確認するための措置として政令で定める措置をとらなければならない（16条）。すなわち、「個人番号カード」のみの提示を受けることで、本人確認をすることができる。従って、本記述は誤っている。

イ　正しい。

　「通知カード」及び「本人の身元確認書類」（運転免許証等）の提示を受けることで、本人確認をすることができる（16条、番号法施行規則（平成26年内閣府・総務省令第3号）1条1項）。なお、「本人の身元確認書類」としては、運転免許証のほか、運転経歴証明書（交付年月日が平成24年4月1日以降のものに限る。）、パスポート、身体障害者手帳、精神障害者保健福祉手帳、療育手帳、在留カード又は特別永住者証明書などが認められている。従って、本記述は正しい。

ウ　正しい。

　個人番号カードの提示も通知カードの提示もない場合、「番号確認書類」（住民票の写し等）及び「本人の身元確認書類」（運転免許証等）の提示を受けることで、本人確認をすることができる（番号法施行令（平成26年政令第155号）12条1項）。従って、本記述は正しい。

エ　正しい。

　個人番号カードの提示も通知カードの提示もなく、「本人の身元確認書類」（運転免許証等）の提示もない場合、「本人の身元確認書類」の提示が困難であると認められるときには、「本人の身元確認書類」に代えて、電話による本人確認も認められている（番号法施行規則（平成26年内閣府・総務省令第3号）3条4項）。なお、電話による場合、本人しか知り得ない事項その他の個人番号利用事務実施者が適当と認める事項の申告を受けることにより、当該提供を行う者が当該特定個人情報ファイルに記録されている者と同一の者であることを確認しなければならないとされている。従って、本記述は正しい。

問題6.　エ　　特定個人情報の提供の制限（19条）

　本問は、特定個人情報の提供の制限（19条）についての理解を問うものである。

ア　誤り。

　何人も、原則として、特定個人情報を提供することは禁止されている（19条）。

自己を本人とする特定個人情報であっても、同様である。従って、本記述は誤っている。

イ　誤り。

　社会保障分野で用いる既存の記号番号（基礎年金番号や医療保険、介護保険、労働保険等の被保険者番号等）は、「個人番号に対応し、当該個人番号に代わって用いられる番号、記号その他の符号」（2条8項）ではなく、「特定個人情報」には当たらないため、提供は禁止されていない。従って、本記述は誤っている。

ウ　誤り。

　個人番号そのものを含まないものの、個人番号に対応し、当該個人番号に代わって用いられる番号、記号その他の符号を含む個人情報も、「特定個人情報」に当たるため（2条8項）、提供は禁止されている（19条）。個人番号の成り代わり物と評価できるものを含む個人情報が提供された場合には、個人番号を含む個人情報を提供した場合と同様であると考えられるためである。従って、本記述は誤っている。

エ　正しい。

　個人番号に1を足したものなど、個人番号を脱法的に変換したものを含む個人情報も、「特定個人情報」に当たるため（2条8項）、提供は禁止されている（19条）。従って、本記述は正しい。

〈2級〉

問題7.　イ　　個人番号の利用範囲（9条）

　本問は、番号法における個人番号の利用範囲（9条）についての理解を問うものである。

ア　正しい。

　個人番号は、①社会保障制度、②税制、③災害対策に関する分野その他これらに類する事務について利用することとされている（9条参照）。従って、本記述は正しい。

イ　誤り。

　地方公共団体は、法律に規定がなくても、条例で定めるところにより、個人

番号を、社会保障制度、税制、災害対策に関する分野その他これらに類する事務について利用することができる（5条、9条2項）。従って、本記述は誤っている。
ウ　正しい。
　法令や条例に規定されている事務の処理に関して必要とされる他人の個人番号を記載した書面の提出その他の他人の個人番号を利用した事務を行うものとされた者は、当該事務を行うために必要な限度で個人番号を利用することができる（9条3項）。これは、「個人番号関係事務」といわれるものである（2条11項）。例えば、事業主が、その従業員の厚生年金・健康保険の被保険者の資格取得に関する届出を年金事務所・健康保険組合に対して行うことや、給与の支払調書を税務当局へ提出することなどである。従って、本記述は正しい。
エ　正しい。
　法令や条例に規定されている事務の処理に関して必要とされる他人の個人番号を記載した書面の提出その他の他人の個人番号を利用した事務を行うものとされた者は、当該事務の全部又は一部の委託をすることができ、委託を受けた者も当該事務を行うために必要な限度で個人番号を利用することができる（9条3項）。従って、本記述は正しい。

問題8.　エ　個人番号及び特定個人情報の利用範囲・第三者提供の停止（9条、29条3項、31条）

　本問は、番号法における個人番号及び特定個人情報の利用範囲・第三者提供の停止（9条、29条3項、31条）についての理解を問うものである。
ア　誤り。
　個人番号は、①社会保障制度、②税制、③災害対策に関する分野その他これらに類する事務について利用することとされている（9条参照）。個人番号を、自社の顧客管理のために利用することはできない。従って、本記述は誤っている。
イ　誤り。
　個人番号取扱事業者は、特定個人情報ファイルを事業の用に供している個人番号利用事務等実施者であって、国の機関、地方公共団体の機関、独立行政法人等及び地方独立行政法人以外のものをいう（31条）。保有している個人番号の

数による制約はない。よって、保有している個人番号の数が5000を超えなくても、個人番号取扱事業者に当たる。従って、本記述は誤っている。
ウ　誤り。
　個人情報保護法では、あらかじめ本人の同意があれば、利用目的を超えて個人情報を取り扱うことができるとされている（個人情報保護法16条1項）。これに対して、番号法における特定個人情報の場合は、本人の同意があったとしても、利用目的を超えて特定個人情報を利用してはならないとされている（29条3項、個人情報保護法16条1項の読替え、32条）。従って、本記述は誤っている。
エ　正しい。
　特定個人情報が違法に第三者に提供されているという理由により、本人から第三者への当該特定個人情報の提供の停止を求められた場合であって、その求めに理由があることが判明したときには、遅滞なく、当該特定個人情報の第三者への提供を停止しなければならない（19条、29条3項、個人情報保護法27条2項の読替え）。従って、本記述は正しい。

問題9.　ウ　　特定個人情報の利用目的（29条3項）

　本問は、特定個人情報の利用目的についての理解を問うものである。
A　誤り。
　講演契約を締結した際に講演料の支払に伴う報酬、料金、契約金及び賞金の支払調書作成事務のために提供を受けた個人番号を、雇用契約に基づいて発生する源泉徴収票作成事務のために利用することはできない。利用目的が異なり、当初の利用目的と相当の関連性を有すると合理的に認められる範囲内での利用目的の変更であるとはいえないからである。従って、本記述は誤っている。
B　誤り。
　雇用契約に基づく給与所得の源泉徴収票作成事務のために提供を受けた個人番号は、利用目的を変更して、本人への通知等を行うことにより、健康保険・厚生年金保険届出事務等に利用することができる。本記述の場合、当初の利用目的と相当の関連性を有すると合理的に認められる範囲内での利用目的の変更であると解されることから、本人への通知又は公表を行うことにより、利用す

ることができる（個人情報保護法15条2項、18条3項）。従って、本記述は誤っている。
C　正しい。
　前年の給与所得の源泉徴収票作成事務のために提供を受けた個人番号については、同一の雇用契約に基づいて発生する当年以後の源泉徴収票作成事務のために利用することができると解される。利用目的の範囲内での利用と考えられるからである。従って、本記述は正しい。
　以上により、問題文ＡＢは誤っているが、Ｃは正しい。従って、正解は肢ウとなる。

問題10.　エ　　委託先の監督（11条）

　本問は、委託先の監督（11条）についての理解を問うものである。
A　正しい。
　個人番号利用事務等の全部又は一部の委託をする者は、当該委託に係る個人番号利用事務等において取り扱う特定個人情報の安全管理が図られるよう、当該委託を受けた者に対する必要かつ適切な監督を行わなければならないが、この「必要かつ適切な監督」には、①委託先の適切な選定、②委託先に安全管理措置を遵守させるために必要な契約の締結、③委託先における特定個人情報の取扱状況の把握が含まれる。従って、本記述は正しい。
B　正しい。
　委託先の選定については、委託者は、委託先において、番号法に基づき委託者自らが果たすべき安全管理措置と同等の措置が講じられるか否かについて、あらかじめ確認しなければならないとされる。具体的な確認事項としては、委託先の設備、技術水準、従業者に対する監督・教育の状況、その他委託先の経営環境等が挙げられる。従って、本記述は正しい。
C　正しい。
　委託契約の締結については、契約内容として、秘密保持義務、事業所内からの特定個人情報の持出しの禁止、特定個人情報の目的外利用の禁止、再委託における条件、漏えい事案等が発生した場合の委託先の責任、委託契約終了後の特定個人情報の返却又は廃棄のほか、従業者に対する監督・教育、契約内容の

遵守状況について報告を求める規定等も盛り込まなければならない。従って、本記述は正しい。

なお、これらの契約内容のほか、特定個人情報を取り扱う従業者の明確化、委託者が委託先に対して実地の調査を行うことができる規定等を盛り込むことが望ましいとされる。

以上により、問題文ＡＢＣはすべて正しい。従って、正解は肢エとなる。

問題11. エ　　個人番号利用事務等実施者の責務（13条）

本問は、個人番号利用事務等実施者の責務（13条）についての理解を問うものである。

A　誤り。

「個人番号利用事務実施者」とは、個人番号利用事務を処理する者及び個人番号利用事務の全部又は一部の委託を受けた者をいう（2条12項）。すなわち、個人番号利用事務の全部又は一部の委託を受けた者も含まれる。従って、本記述は誤っている。

B　誤り。

個人番号関係事務実施者には、13条に規定されているような、個人番号利用事務実施者の責務と同様の責務は規定されていない。従って、本記述は誤っている。

C　誤り。

相互に連携して情報の共有をする方法の具体例としては、情報提供ネットワークシステムの活用等を通じて各機関間で特定個人情報を授受することで必要な情報を入手することなどが考えられる。なお、マイナポータルとは、番号制度のシステム整備の一環として構築することが予定されている情報提供等記録開示システムのことをいう（番号法附則6条5項）。従って、本記述は誤っている。

以上により、問題文ＡＢＣはすべて誤っている。従って、正解は肢エとなる。

問題12. ア　　本人確認の措置（16条）

本問は、個人番号利用事務実施者及び個人番号関係事務実施者（以下「個人番号利用事務等実施者」という。）が、本人から個人番号の提供を受ける場合にお

ける本人確認の措置（16条）についての理解を問うものである。
A　誤り。
　「個人番号利用事務等実施者」は、14条1項の規定により本人から個人番号の提供を受けるときは、本人確認の措置をとらなければならない。これは、他人の個人番号を告知してなりすましを行う行為を防ぐためであり、個人番号利用事務等実施者（民間事業者を含む）に課せられているものである（16条）。従って、本記述は誤っている。
B　正しい。
　本人から個人番号の提供を受ける場合、個人番号カードの提示を受けることは、本人確認の措置といえる（16条）。従って、本記述は正しい。
C　正しい。
　通知カードのみの提示では本人確認の措置とはいえず、本人の身分証明書（運転免許証、パスポートなど）の提示など、主務省令で定める書類の提示が必要となる（16条、番号法施行規則（平成26年内閣府・総務省令第3号）1条1項）。もっとも、個人番号の提供を行う者と雇用関係にあること等の事情を勘案し、人違いでないことが明らかであると個人番号利用事務実施者が認めるときは、身元確認書類は要しない（番号法施行規則（平成26年内閣府・総務省令第3号）3条5項）。従って、本記述は正しい。
　以上により、問題文BCは正しいが、Aは誤っている。従って、正解は肢アとなる。

問題13.　ア　　特定個人情報の提供の制限（19条）

　本問は、特定個人情報の提供の制限（19条）についての理解を問うものである。
A　誤り。
　同じ系列の会社間等で従業員等の個人情報を共有データベースで保管しているような場合、従業員等の出向に伴い、本人を介在させることなく、共有データベース内で自動的にアクセス制限を解除する等して出向元の会社のファイルから出向先の会社のファイルに個人番号を移動させることは、19条に違反すると解される。従って、本記述は誤っている。

B　正しい。

　同じ系列の会社間等で従業員等の個人情報を共有データベースで保管しているような場合、従業員等が現在就業している会社のファイルにのみその個人番号を登録し、他の会社が当該個人番号を参照できないようなシステムを採用し、従業員等の出向に伴い、共有データベースに記録された個人番号を出向者本人の意思に基づく操作により出向先に移動させる方法をとれば、本人が新たに個人番号を出向先に提供したものとみなすことができるため（19条3号）、19条に違反しないと解される。従って、本記述は正しい。

C　正しい。

　個人情報保護法においては、個人データを特定の者との間で共同して利用するときに第三者提供に当たらない場合を規定している（個人情報保護法23条4項3号）が、番号法においては、個人情報保護法23条の適用を除外している（29条3項）。よって、この場合も19条における「提供」に当たる。従って、本記述は正しい。

　以上により、問題文BCは正しいが、Aは誤っている。従って、正解は肢アとなる。

問題14.　イ　　特定個人情報の収集・保管（20条）

　本問は、特定個人情報の収集・保管（20条）についての理解を問うものである。

ア　正しい。

　事業者は、給与の源泉徴収事務や健康保険・厚生年金保険届出事務等の目的で、従業員等の特定個人情報を保管することができる（19条3号）。従って、本記述は正しい。

イ　誤り。

　雇用契約等の継続的な契約関係にある場合には、従業員等から提供を受けた個人番号を、給与の源泉徴収事務や健康保険・厚生年金保険届出事務等のために翌年度以降も継続的に利用する必要が認められることから、特定個人情報を継続的に保管することができると解される。従って、本記述は誤っている。

ウ　正しい。

　土地の賃貸借契約等の継続的な契約関係にある場合、支払調書の作成事務の

ために継続的に個人番号を利用する必要が認められることから、特定個人情報を継続的に保管できると解される。従って、本記述は正しい。

エ　正しい。

扶養控除等申告書は、所得税法施行規則76条の3により、当該申告書の提出期限（毎年最初に給与等の支払を受ける日の前日まで）の属する年の翌年1月10日の翌日から7年間保存することとなっていることから、当該期間を経過した場合には、当該申告書に記載された個人番号を保管しておく必要はなく、原則として、個人番号が記載された扶養控除等申告書をできるだけ速やかに廃棄しなければならないとされている。なお、個人番号が記載された扶養控除等申告書等の書類については、保存期間経過後における廃棄を前提とした保管体制をとることが望ましいとされている。従って、本記述は正しい。

問題15.　エ　　安全管理措置

本問は、安全管理措置（物理的安全管理措置）についての理解を問うものである。

ア　適　切。

管理区域における入退室管理及び管理区域へ持ち込む機器等の制限をすることは、物理的安全管理措置として望まれる手法といえる。

イ　適　切。

特定個人情報等を取り扱う機器、電子媒体又は書類等を、施錠できるキャビネット・書庫等に保管することは、物理的安全管理措置として望まれる手法といえる。

ウ　適　切。

特定個人情報等が記録された電子媒体を安全に持ち出す方法としては、持出しデータの暗号化、パスワードによる保護、施錠できる搬送容器の使用等が、物理的安全管理措置として望まれる手法といえる。

エ　不適切。

特定個人情報等が記録された機器及び電子媒体等を廃棄する場合、削除又は廃棄した記録を保存することが、物理的安全管理措置として望まれる手法といえる。これらの記録を確実に削除又は廃棄したことが確認できるようにしてお

かないと、保管していた特定個人情報等が手元に存在しない場合において、適正に削除又は廃棄されたものなのか、盗難又は紛失等によるものか把握できなくなるおそれがあるからである。

なお、専用のデータ削除ソフトウェアの利用や物理的な破壊等による復元不可能な手段を採用することも、物理的安全管理措置として望まれる手法といえる。

問題16. ウ　安全管理措置

本問は、安全管理措置についての理解を問うものである。

ア　正しい。

組織的安全管理措置の内容としては、「組織体制の整備」、「取扱規程等に基づく運用」、「取扱状況を確認する手段の整備」、「情報漏えい等事案に対応する体制の整備」、「取扱状況の把握及び安全管理措置の見直し」が挙げられる。従って、本組合せは正しい。

イ　正しい。

人的安全管理措置の内容としては、「事務取扱担当者の監督」、「事務取扱担当者の教育」が挙げられる。従って、本組合せは正しい。

ウ　誤り。

物理的安全管理措置の内容としては、「特定個人情報等を取り扱う区域の管理」、「機器及び電子媒体等の盗難等の防止」、「電子媒体等を持ち出す場合の漏えい等の防止」、「個人番号の削除、機器及び電子媒体等の廃棄」が挙げられる。なお、B欄の「外部からの不正アクセス等の防止」や「（通信経路における）情報漏えい等の防止」は、技術的安全管理措置に分類される。従って、本組合せは誤っている。

エ　正しい。

技術的安全管理措置の内容としては、「アクセス制御」、「アクセス者の識別と認証」、「外部からの不正アクセス等の防止」、「（通信経路における）情報漏えい等の防止」が挙げられる。従って、本組合せは正しい。

第2編 第3章 過去問チャレンジの解答と解説

〈3級〉

問題1．ア　情報提供ネットワークシステム（2条14項、19条～21条）

　本問は、番号法における情報提供ネットワークシステム（2条14項、19条～21条）についての理解を問うものである。

ア　正しい。

　情報提供ネットワークシステムにおいては、個人番号を直接用いず、情報保有機関別の「符号」（情報照会者又は情報提供者が特定個人情報の授受を行う場合に個人番号に代わって特定個人情報の本人を識別するために用いるもの。2条8項参照）を用いて情報を連携する仕組みが採られる予定になっている。従って、本記述は正しい。

イ　誤り。

　不正な情報提供がなされないよう、①情報提供のパターンごとに、情報提供の求めができる機関（情報照会者）、情報提供の求めに応じて情報を提供することができる機関（情報提供者）、利用事務及び提供される特定個人情報を全て法律に規定することで、情報の提供ができる場合を法律上限定列挙している（19条7号、別表第2、21条2項1号）。従って、本記述は誤っている。

以上により、正しい記述はアであり、従って、正解は肢アとなる。

〈2級〉

問題2．イ　情報提供ネットワークシステム（21条）

　本問は、情報提供ネットワークシステム（21条）についての理解を問うものである。

ア　正しい。

　総務大臣は、特定個人情報保護委員会と協議して、情報提供ネットワークシステムを設置し、及び管理するものとされている（21条1項）。従って、本記述は正しい。

イ　誤り。

　情報提供ネットワークシステムにおいては、個人番号を直接用いず、情報保有機関別の「符号」（情報照会者又は情報提供者が特定個人情報の授受を行う場合に個人番号に代わって特定個人情報の本人を識別するために用いるもの。2条8項参照）を用いて情報を連携する仕組みが採られる予定になっている。従って、本記述は誤っている。

ウ　正しい。

　情報提供ネットワークシステムによる情報提供できる範囲は、法律上、限定列挙されている（19条7号、別表第2、21条2項1号）。従って、本記述は正しい。

エ　正しい。

　情報提供ネットワークシステムを利用した情報連携は、平成29年1月から開始される予定である。従って、本記述は正しい。

問題3.　エ　　情報提供ネットワークシステム（23条）

　本問は、番号法における情報提供ネットワークシステム（23条）についての理解を問うものである。

ア　義務がある。

　情報照会者及び情報提供者は、番号法上、「情報照会者及び情報提供者の名称」について、記録し、かつ保存する義務がある（23条1項1号）。

　なお、「情報照会者」とは、情報提供ネットワークシステムを使用して特定個人情報の照会を行う者をいう（19条7号参照）。また、「情報提供者」とは、情報照会者からの照会を受け、情報提供ネットワークシステムを使用して特定個人情報の提供を行う者をいう（19条7号参照）。

イ　義務がある。

　情報照会者及び情報提供者は、番号法上、「提供の求めの日時及び提供があったときはその日時」について、記録し、かつ保存する義務がある（23条1項2号）。

ウ　義務がある。

　情報照会者及び情報提供者は、番号法上、「特定個人情報の項目」について、記録し、かつ保存する義務がある（23条1項3号）。

エ　義務はない。

「特定個人情報の適正な取扱いに関する安全管理措置の内容」については、23条には規定されておらず、番号法上、情報照会者及び情報提供者に記録し、かつ保存する義務はない。

問題4. エ　情報提供ネットワークシステムにおける秘密の管理（24条）

本問は、情報提供ネットワークシステムにおける秘密の管理（24条）についての理解を問うものである。

A　正しい。

24条における「情報提供等事務」には、例えば、①情報提供ネットワークシステムを運営する機関の職員が行う、情報提供、照会に使う符号を管理する事務、情報提供、照会を稼働させるプログラムの作成、その点検、情報の授受の仲介、アクセス記録の確認などの事務や、②情報提供者又は情報照会者の職員・従業者が行う、情報提供、照会に使う符号を管理する事務、情報の提供、情報の受領などの事務が含まれる。従って、本記述は正しい。

B　正しい。

24条における「秘密」とは、一般に知られていない事実であること（非公知性）、他人に知られないことについて相当の利益があること（秘匿の必要性）を要件とする。従って、本記述は正しい。

C　正しい。

24条で求められている適切な管理のために必要な措置には、物理的保護措置、技術的保護措置、組織的保護措置が含まれる。従って、本記述は正しい。

以上により、問題文ＡＢＣはすべて正しい。従って、正解は肢エとなる。

問題5. イ　情報提供ネットワークシステムにおける秘密保持義務（25条）

本問は、情報提供ネットワークシステムにおける秘密保持義務（25条）についての理解を問うものである。

A　誤り。

25条は「情報提供等事務又は情報提供ネットワークシステムの運営に関する事務に従事する者又は従事していた者は、その業務に関して知り得た当該事務に関する秘密を漏らし、又は盗用してはならない。」と規定している。よって、

現在従事している者のみならず、過去に従事していた者にも、秘密保持義務が課せられている。従って、本記述は誤っている。

B　正しい。

　25条は「情報提供等事務又は情報提供ネットワークシステムの運営に関する事務に従事する者又は従事していた者は、その業務に関して知り得た当該事務に関する秘密を漏らし、又は盗用してはならない。」と規定しているが、この秘密保持義務の主体は、情報提供ネットワークシステムを運営する機関の職員、これを利用する情報照会者及び情報提供者の役員、職員、従業者、これらの機関に派遣されている派遣労働者、さらに、これらの機関から委託を受けた受託者及び再受託者やその従業者・派遣労働者が含まれると考えられている。従って、本記述は正しい。

C　誤り。

　特定個人情報ファイルの不正提供は罰則の対象になっており（67条）、個人番号の不正提供・盗用も罰則の対象になっている（68条）。また、情報提供等事務又は情報提供ネットワークシステムの運営に関する事務において、その業務に関して知り得た当該事務に関する秘密を漏えいする場合にも罰則の対象になっている（69条）。従って、本記述は誤っている。

　以上により、問題文ＡＣは誤っているが、Ｂは正しい。従って、正解は肢イとなる。

第２編　第４章　過去問チャレンジの解答と解説

〈２級〉

問題1.　イ　　特定個人情報保護評価（26条、27条）

　本問は、特定個人情報保護評価（26条、27条）についての理解を問うものである。

A　正しい。

　特定個人情報保護評価とは、特定個人情報ファイルを保有しようとする者が、特定個人情報の漏えいその他の事態を発生させるリスクを分析し、そのような

リスクを軽減するための適切な措置を講ずることを宣言するものである（26条1項）。従って、本記述は正しい。

B　誤り。

　特定個人情報保護評価の対象者は、行政機関の長、地方公共団体の機関、独立行政法人等及び地方独立行政法人、地方公共団体情報システム機構のみならず、情報提供ネットワークシステムを使用して情報連携を行う個人番号利用事務実施者としての民間事業者も含まれる（27条1項における「行政機関の長等」は、2条14項に規定されている。）。すなわち、情報提供ネットワークシステムを使用して情報連携を行う個人番号利用事務実施者としての民間事業者は、制度への関与の程度が深く、特定個人情報ファイルの保有が本人に対して与える影響も大きいものと考えられ、公的性格の強い事業者が予定されているため、特定個人情報保護評価の対象者に含まれるものとされている。例えば、健康保険組合等が挙げられる。従って、本記述は誤っている。

C　正しい。

　特定個人情報保護評価の実施が義務付けられていない事業者が、任意に特定個人情報保護評価の手法を活用することは、特定個人情報の保護の観点から有益であると考えられている。従って、本記述は正しい。

　以上により、問題文ＡＣは正しいが、Ｂは誤っている。従って、正解は肢イとなる。

問題2.　ア　　特定個人情報保護評価（26条、27条）

　本問は、特定個人情報保護評価（26条、27条）についての理解を問うものである。

ア　誤り。

　行政機関の長等がなすべき特定個人情報保護評価は、事後的対応にとどまらない積極的な事前対応を行う目的で実施するものであるため、「特定個人情報ファイルを保有する前に」実施しなければならないものとされている（27条1項）。従って、本記述は誤っている。

イ　正しい。

　行政機関の長等は、特定個人情報ファイル（専ら当該行政機関の長等の職員

又は職員であった者の人事、給与又は福利厚生に関する事項を記録するものその他の特定個人情報保護委員会規則で定めるものを除く。）を保有しようとするときは、当該特定個人情報ファイルを保有する前に、特定個人情報保護委員会規則で定めるところにより、27条1項に掲げる事項を評価した結果を記載した書面（評価書）を公示し、広く国民の意見を求めるものとされている（27条1項）。従って、本記述は正しい。

ウ　正しい。

　行政機関の長等は、特定個人情報保護委員会規則で定めるところにより、特定個人情報保護評価の結果の公示により得られた意見を十分考慮した上で評価書に必要な見直しを行った後に、当該評価書に記載された特定個人情報ファイルの取扱いについて特定個人情報保護委員会の承認を受けるものとされている（27条2項）。従って、本記述は正しい。

エ　正しい。

　特定個人情報保護委員会は、評価書の内容、報告・資料の提出を求め、立入検査（52条1項）により得た情報その他の情報から判断して、当該評価書に記載された特定個人情報ファイルの取扱いが指針に適合していると認められる場合でなければ、当該評価書に記載された特定個人情報ファイルの取扱いについて承認をしてはならないとされている（27条3項）。従って、本記述は正しい。

第2編　第5章　過去問チャレンジの解答と解説

〈2級〉

問題1.　イ　　個人情報保護法の適用

　事業者のうち、個人情報取扱事業者は、個人情報保護法の適用を受けるが、本問は、特定個人情報の適正な取扱いにおける個人情報保護法の適用の有無についての理解を問うものである。

ア　適用を受ける。

　番号法には、個人情報の利用目的の特定についての規定がないため、一般法たる個人情報保護法15条の適用を受ける。

イ　適用を受けない。

　番号法は、全ての事業者を対象に、19 条で特定個人情報を提供できる場合を限定的に定めているため、特定個人情報の提供については、第三者提供の制限に関する個人情報保護法 23 条は適用されない。従って、適用を受けない。

ウ　適用を受ける。

　個人情報保護法における「保有個人データ」とは、個人情報取扱事業者が、開示、内容の訂正、追加又は削除、利用の停止、消去及び第三者への提供の停止を行うことのできる権限を有する個人データであって、その存否が明らかになることにより公益その他の利益が害されるものとして政令で定めるもの又は 1 年以内の政令で定める期間以内に消去することとなるもの以外のものをいう（個人情報保護法 2 条 5 項）。番号法には、保有個人データの開示に関する規定がないため、特定個人情報が、この「保有個人データ」に当たる場合には、個人情報保護法 25 条の適用を受ける。

エ　適用を受ける。

　番号法には、個人情報の取扱いに関する苦情の処理についての規定がないため、一般法たる個人情報保護法 31 条の適用を受ける。

第 2 編　第 6 章　過去問チャレンジの解答と解説

〈3 級〉

問題 1.　ア　特定個人情報保護委員会（37 条、50 条）

　本問は、特定個人情報保護委員会（37 条、50 条）についての理解を問うものである。

ア　正しい。

　特定個人情報保護委員会は、国民生活にとっての個人番号その他の特定個人情報の有用性に配慮しつつ、その適正な取扱いを確保するために必要な個人番号利用事務等実施者に対する指導及び助言その他の措置を講ずることを任務とする機関である（37 条）。従って、本記述は正しい。

イ　誤り。

特定個人情報保護委員会は、番号法の施行に必要な限度において、個人番号利用事務等実施者に対し、特定個人情報の取扱いに関し、必要な指導及び助言をすることができる。この場合において、特定個人情報の適正な取扱いを確保するために必要があると認めるときは、当該特定個人情報と共に管理されている特定個人情報以外の個人情報の取扱いに関し、併せて指導及び助言をすることができる（50条）。従って、本記述は誤っている。

　以上により、正しい記述はアであり、従って、正解は肢アとなる。

〈2級〉

問題2．ウ　　特定個人情報保護委員会（50条、51条）

　本問は、特定個人情報保護委員会の業務（50条、51条）についての理解を問うものである。

A　誤り。

　特定個人情報保護委員会は、番号法の施行に必要な限度において、個人番号利用事務等実施者に対し、特定個人情報の取扱いに関し、必要な指導及び助言をすることができる（50条）。よって、指導や助言の対象となるのは「個人番号利用事務等実施者」（個人番号利用事務実施者及び個人番号関係事務実施者）であり、民間事業者も含まれる。従って、本記述は誤っている。

B　誤り。

　特定個人情報保護委員会は、番号法の施行に必要な限度において、個人番号利用事務等実施者に対し、特定個人情報の取扱いに関し、必要な指導及び助言をすることができる。この場合において、特定個人情報の適正な取扱いを確保するために必要があると認めるときは、当該特定個人情報と共に管理されている特定個人情報以外の個人情報の取扱いに関し、併せて指導及び助言をすることができる（50条）。従って、本記述は誤っている。

C　正しい。

　特定個人情報保護委員会は、特定個人情報の取扱いに関して法令の規定に違反する行為が行われた場合において、特定個人情報の適正な取扱いの確保のために必要があると認めるときは、当該違反行為をした者に対し、期限を定めて、

当該違反行為の中止その他違反を是正するために必要な措置をとるべき旨を勧告することができる（51条1項）。従って、本記述は正しい。

　以上により、問題文ＡＢは誤っているが、Ｃは正しい。従って、正解は肢ウとなる。

第2編　第7章　過去問チャレンジの解答と解説

〈3級〉

問題1．イ　　法人番号（58条）

　本問は、番号法における「法人番号」（58条）についての理解を問うものである。
ア　正しい。
　「法人番号」とは、58条1項又は2項の規定により、特定の法人その他の団体を識別するための番号として指定されるものをいう（2条15項）。従って、本記述は正しい。
イ　誤り。
　「法人番号」は、国税庁長官が指定するものとされている（58条1項）。従って、本記述は誤っている。
ウ　正しい。
　「法人番号」は、①国の機関、②地方公共団体、③設立登記法人（会社法その他の法令の規定により設立の登記をした法人）、④その他の法人、⑤人格のない社団等を対象とするものである（58条1項）。従って、本記述は正しい。
　なお、④その他の法人、及び⑤人格のない社団等については、その者の商号又は名称及び本店又は主たる事務所の所在地その他財務省令で定める事項を国税庁長官に届け出て法人番号の指定を受けることができるとされている（58条2項）。
エ　正しい。
　国税庁長官は、法人番号保有者の、①「商号又は名称」、②「本店又は主たる事務所の所在地」、③法人番号を公表するものとされている（58条4項）。そして、公表されたこの3情報については、原則として、自由に取得して利用すること

ができる。個人のプライバシー権等を侵害する危険性が限られているからである。従って、本記述は正しい。

なお、人格のない社団等については、公表に当たり、あらかじめ、その代表者又は管理人の同意を得なければならないとされている（58条4項但書）。

〈2級〉

問題2. エ　法人番号（58条）

本問は、番号法における「法人番号」（58条）についての理解を問うものである。

ア　正しい。

法人番号とは、58条1項又は2項の規定により、特定の法人その他の団体を識別するための番号として指定されるものをいう（2条15項）。従って、本記述は正しい。

イ　正しい。

法人番号は、国税庁長官が指定し、通知する（58条1項、2項）。従って、本記述は正しい。

ウ　正しい。

法人番号は、その指定を受けた者に書面により通知された後、速やかに、インターネットを通じて公表されることになっている（番号法施行令（平成26年政令第155号）41条）。従って、本記述は正しい。

エ　誤り。

法人番号の通知は、個人番号で用いられる「通知カード」ではなく、別途書面により通知される予定である（番号法施行令（平成26年政令第155号）38条）。従って、本記述は誤っている。

問題3. イ　法人番号（58条）

本問は、番号法における「法人番号」（58条）についての理解を問うものである。

ア　正しい。

「法人番号」は、①国の機関、②地方公共団体、③設立登記法人（会社法その他の法令の規定により設立の登記をした法人）、④その他の法人、⑤人格のない

社団等を対象とするものである(58条1項)。従って、本記述は正しい。

なお、④その他の法人、及び⑤人格のない社団等については、その者の商号又は名称及び本店又は主たる事務所の所在地その他財務省令で定める事項を国税庁長官に届け出て法人番号の指定を受けることができるとされている(58条2項)。

イ　誤り。

法人番号は、指定対象が「法人」とされていることから、1つの法人に対して1つの法人番号を指定することになっており、法人を構成する事務所・営業所等に対しては、法人番号は指定されない。従って、本記述は誤っている。

ウ　正しい。

国税庁長官は、法人番号保有者の「商号又は名称」、「本店又は主たる事務所の所在地」、「法人番号」を公表するものとされている(58条4項本文)。しかし、人格のない社団等については、公表に際してその代表者等の同意が必要とされている(58条4項但書)。従って、本記述は正しい。

エ　正しい。

「法人番号」の取得、利用、提供については、個人番号のような規制はなされていない。法人番号は、個人番号と異なり、個人のプライバシー権等を侵害する危険性が限られているからである。従って、本記述は正しい。

第2編　第8章　過去問チャレンジの解答と解説

〈3級〉

問題1.　ウ　罰則（67条〜77条）

本問は、番号法における罰則(67条〜77条)についての理解を問うものである。

ア　正しい。

個人番号利用事務等に従事する者が、特定個人情報ファイルを正当な理由なく提供したときは、67条により、4年以下の懲役若しくは200万円以下の罰金又は併科に処せられる。従って、本記述は正しい。

イ　正しい。

　個人番号利用事務等実施者の職員を装って本人から個人番号を聞き出す行為は、人を欺く行為による取得であるといえることから、70条1項の適用がある。よって、本記述のような行為をした者は、3年以下の懲役又は150万円以下の罰金に処せられる。従って、本記述は正しい。

ウ　誤り。

　他人になりすましてその者の通知カードの交付を受けることは、偽りその他不正の手段により通知カードの交付を受けたといえることから、75条の適用がある。よって、本記述のような行為をした者は、6月以下の懲役又は50万円以下の罰金に処せられる。従って、本記述は誤っている。

エ　正しい。

　他人になりすましてその者の個人番号カードの交付を受けることは、偽りその他不正の手段により通知カードの交付を受けたといえることから、75条の適用がある。よって、本記述のような行為をした者は、6月以下の懲役又は50万円以下の罰金に処せられる。従って、本記述は正しい。

〈2級〉

問題2.　ア　　罰則（67条〜77条）

　本問は、番号法における罰則（67条〜77条）についての理解を問うものである。

ア　誤り。

　個人番号利用事務等に従事する者が、特定個人情報ファイルを正当な理由なく提供したときは、4年以下の懲役若しくは200万円以下の罰金又は併科に処せられる（67条）。本記述のように「1年以下の懲役又は50万円以下の罰金」のように軽い法定刑ではない。従って、本記述は誤っている。

イ　正しい。

　国の機関、地方公共団体の機関若しくは機構の職員又は独立行政法人等若しくは地方独立行政法人の役員若しくは職員が、その職権を濫用して、専らその職務の用以外の用に供する目的で個人の秘密に属する特定個人情報が記録され

た文書、図画又は電磁的記録を収集したときは、2年以下の懲役又は100万円以下の罰金に処せられる（71条）。従って、本記述は正しい。

ウ　正しい。

特定個人情報保護委員会による命令に違反した者は（51条2項、3項違反）、2年以下の懲役又は50万円以下の罰金に処せられる（73条）。従って、本記述は正しい。

エ　正しい。

52条1項の規定による報告若しくは資料の提出をせず、若しくは虚偽の報告をし、若しくは虚偽の資料を提出し、又は当該職員の質問に対して答弁をせず、若しくは虚偽の答弁をし、若しくは検査を拒み、妨げ、若しくは忌避した者は、1年以下の懲役又は50万円以下の罰金に処せられる（74条）。従って、本記述は正しい。

第2編　第9章　過去問チャレンジの解答と解説

〈2級〉

問題1．エ　　マイナポータル

本問は、マイナポータルについての理解を問うものである。なお、「マイナポータル」とは、情報提供等記録開示システムの正式名称である。

ア　正しい。

マイナポータルとは、番号制度のシステム整備の一環として構築することが予定されている情報提供等記録開示システムのことをいう（番号法附則6条5項）。平成29年1月からの利用が予定されている。従って、本記述は正しい。

イ　正しい。

マイナポータルでは、なりすましにより特定個人情報を詐取されることのないように、利用の際は情報セキュリティ及びプライバシー保護に配慮した厳格な本人認証が必要であると考えられている。従って、本記述は正しい。

ウ　正しい。

マイナポータルでは、行政機関が、個人番号の付いた自分の情報を、いつど

ことやりとりしたのかを確認することができるように整備することとされている(アクセス記録の閲覧)。従って、本記述は正しい。

エ　誤　り。

　マイナポータルでは、行政機関が保有する自分に関する情報や行政機関から自分に対しての必要なお知らせ情報等を、自宅のパソコン等から確認することができるように整備することとされている(特定個人情報の閲覧)。例えば、各種社会保険料の支払金額や確定申告等を行う際に参考となる情報の入手等が行えるようにすることも検討されている。従って、本記述は誤っている。

　なお、マイナポータルでは、他にも、複数の行政手続を一度に実行できる機能(ワンストップサービス)、行政機関などから一人ひとりに適したお知らせを掲載する機能(プッシュ型サービス)を盛りこむことも検討されている。